嘉应学院创建国家教师教育创新实验区丛书

学科教学论教师
课程育人与理论创新研究

主　编　袁　铎
副主编　杜德栎　张德生

暨南大学出版社
JINAN UNIVERSITY PRESS

中国·广州

图书在版编目（CIP）数据

学科教学论教师课程育人与理论创新研究/袁铎主编；杜德栎，张德生
副主编 . —广州：暨南大学出版社，2020.10
（嘉应学院创建国家教师教育创新实验区丛书）
ISBN 978 – 7 – 5668 – 2980 – 1

Ⅰ.①学…　Ⅱ.①袁…②杜…③张…　Ⅲ.①教学研究—文集
Ⅳ.①G420 – 53

中国版本图书馆 CIP 数据核字（2020）第 180627 号

学科教学论教师课程育人与理论创新研究
XUEKE JIAOXUELUN JIAOSHI KECHENG YUREN YU LILUN CHUANGXIN
YANJIU
主　编：袁　铎　副主编：杜德栎　张德生

出 版 人：张晋升
策划编辑：杜小陆
责任编辑：王莎莎
责任校对：刘舜怡　黄亦秋　王燕丽
责任印制：汤慧君　周一丹

出版发行：暨南大学出版社（510630）
电　　话：总编室（8620）85221601
　　　　　营销部（8620）85225284　85228291　85228292　85226712
传　　真：（8620）85221583（办公室）　85223774（营销部）
网　　址：http：//www.jnupress.com
排　　版：广州良弓广告有限公司
印　　刷：佛山市浩文彩色印刷有限公司
开　　本：787mm×960mm　1/16
印　　张：14.5
字　　数：270 千
版　　次：2020 年 10 月第 1 版
印　　次：2020 年 10 月第 1 次
定　　价：59.80 元

总　序

　　为全面贯彻落实《中共中央　国务院关于全面深化新时代教师队伍建设改革的意见》和《广东省教育厅关于印发〈广东"新师范"建设实施方案〉的通知》精神，2018年春，广东省教育厅下发了《广东省教育厅关于遴选广东省创建国家教师教育创新实验区的通知》（粤教高函〔2018〕29号），决定在全省师范院校实施创建国家教师教育创新实验区的建设工作。经过教师专业发展中心、教务处等多个部门的协作申报，嘉应学院被确立为11个立项建设高校之一。创建国家教师教育创新实验区是推进广东"新师范"建设的重要举措，是嘉应学院全面深化内涵建设，创新师范生培养模式，打造现代化教师教育建设新高地的重要契机，是嘉应学院实施"冲一流、补短板、强特色"计划取得的重要阶段性成果。

　　嘉应学院创建国家教师教育创新实验区的建设合作单位是梅州市教育局与梅州市有关中小学、幼儿园，建设周期为三年。实验区的建设必须坚持以党的十九大精神和习近平新时代中国特色社会主义思想为指导，建立以"教育实习与社会实践、合作研究与成果推广、教师专业发展与教育咨询服务、优质教育资源共享和教师教育现代化、教育均衡优质发展与学习型社会建设"等为主要内容的多功能综合性教师教育创新实验区，以见习、研习、实习为重要内容的师范生实践基地，以高校、地方、实验示范名校共同管理为合作模式，以"建立新机制、打造新平台、建设新模式、育好新教师"为重点，构建起高校、地方和实验示范名校互助共生的教师教育培养培训新体系，引领和服务客家区域基础教育的改革发展，实现"政府—高校—中小学（含幼儿园）"三位一体共建共生的教育发展目标。

　　实验区重点建设内容是"一种机制，四项工程"，即建立"政府—高校—中小学（含幼儿园）"教师教育的协同培养机制，实施优秀教师协同培养项目、教师专业化发展项目、优质教学资源共建共享项目和教育改革合作研究项目四项工程。近两年来，在学校领导下，通过项目组全体教师和实验学校的共同努力，实验区建设取得了比较丰硕的成果，达到了预期目的。为进一步深入推进嘉应学院创建国家教师教育创新实验区项目建设，总结提升高校教师教育研究人员、梅州市教研工作者、中小学教师、在校师范生积极深入开展教师教育创新协同的研究成果，及时宣传和推广实验区建设经验，学校决定组织编辑出版"嘉应学院创建国家教师教育创新实验区丛书"。

编写"嘉应学院创建国家教师教育创新实验区丛书"旨在探索实验区创建的基本理论，为实验区可持续发展提供指导；进一步汇集实验区建设的研究成果，提高实验区的显示度，创新教师专业发展途径，营造良好学术生态。丛书由《学科教学论教师课程育人与理论创新研究》《实验区教育教学改革优秀论文选编》《卓越师范生成长录》等组成。

"嘉应学院创建国家教师教育创新实验区丛书"的出版，既是嘉应学院创建国家教师教育创新实验区教师教育改革实践的成果和结晶，又是嘉应学院创建国家教师教育创新实验区各学校之间的一次学术交流和大融合。希望丛书的出版，能够激发实验区广大研究者的学术创新性，促进实验区的各项建设，为更好地推动嘉应学院建成全国知名的教师教育高校，建构"新师范"的新模式和打造南方教育新高地贡献力量。

袁铎

2020 年 2 月

前　言

百年大计，教育为本；教育大计，教师为本。学科教学论教师是培养教师的教师，学科教学论教师的素质是教师教育的基础，只有一流的学科教学论教师才能培养出一流教师。

为不断提升嘉应学院学科教学论教师的整体水平，理解"立德树人""核心素养"背景下高校学科教学论教学的相关政策和前沿理论，打造"金课"，提高嘉应学院师范教育人才的培养质量，更好地推进嘉应学院国家教师教育创新实验区建设，服务地方基础教育发展，嘉应学院于2019年7月12日至17日在陕西师范大学成功举办学科教学论教师课程育人与理论创新高级研修班。全校学科教学论教师，负责教学工作的副院长，教务处、教师专业发展中心、教师职业技能教学部等相关部门负责人，以及嘉应学院国家教师教育创新实验区教师代表共50人参加了本次研修活动。

本次研修活动围绕"课程育人与理论创新"主题，采取模块式设计，研修内容主要包括"学校管理创新与实践探索""基于问题的课堂教学设计""大学有效教学的行动样态""高校教师如何打造'金课'""基于核心素养培育的课堂教学模式创新""指向深度学习的大学课程改革""学生核心素养发展与高校课程建设"七个理论专题以及陕西师范大学"教育博物馆"现场观摩教学。研修活动名家荟萃，理论传授含金量高，有广度，有高度，有深度；目标明确，针对性强，操作性足，教育性实。全体学员精神饱满，情绪高昂，学习刻苦，参与度高，收获颇丰。

本书就是参加本次研修活动的学员在研修后撰写的学习心得和论文，共42篇。理论篇主要是学员对"课程育人"等问题的理论思考；实践篇主要是学员结合自己的教育教学实际所作的实践探索。

本书既是全体学员参加研修后的学习总结，也是嘉应学院学科教学论教师在"课程育人与理论创新"问题上思考与探索的成果汇集，希望本书的出版能够激发广大教师不断结合时代变化和学生特点自觉持续提升课程育人与理论创新综合素养，探索教师教育发展规律，进一步完善和发展教师教育新模式、新机制，推进嘉应学院创建国家教师教育创新实验区工作，为更好地建设"新师范"和打造南方教育新高地贡献力量。

编　者

2020 年 2 月

目　录

理论篇

实践篇

理论篇

鲍勃·派克创新性培训技术
EAT 模式的结构和运用①

杜德栎②

做好职后教师培训工作，促进教师专业发展，是教师教育的重要内容。学科教学论教师既是在校师范生的主要教师，又是中小学教师职后培训师资的主力军。因此，根据中小学教师的特点，系统设计教师培训项目和采用高效的培训方法进行培训，是增强培训效果亟须解决的现实问题。美国鲍勃·派克的创新性培训技术 EAT 模式是目前学界公认可以提高成人培训效果的最有效模式。笔者现结合自我培训实践，就创新性培训技术 EAT 模式谈些自己的认识，以利大家借鉴和运用。

一、鲍勃·派克及创新性培训技术 EAT 模式的产生

（一）鲍勃·派克简介

鲍勃·派克，美国著名的培训师，培训界公认的思想大师，美国培训与发展协会（ASTD）专业团体分会主任和全国理事会成员。1969 年，派克开始在商业、工业、政府部门以及其他行业中开展职业培训项目。作为国际创造性培训技术公司总裁、组织资源协会主席，派克每年主持的研讨会超过 150 场，主题涉及领导力、态度、激励、沟通、决策、问题解决、个人与组织效率、冲突管理、团队建设和生产力管理等。自 1980 年起，派克先后被列入"美国中西部名人录"和"美国金融、工业界名人录"。

近年来，全球参与派克创新性培训技术研讨会的培训师超过 5 万名。作为一名顾问，他与诸多公司合作进行员工培训，其中包括美国运通公司（American Express）、普强药厂（Upjohn）、美国贺曼贺卡公司（Hallmark Cards）、国际商业机器公司（IBM）、公共服务电力和天然气公司（PSE&G）、壳牌石油公司（Shell Oil）等。派克主编了《重构学习体

①　本文为 2018 年度教育部人文社科项目"基于学校整体发展的乡村教师专业发展模式研究"（18YJA880014）、广东省教育科学"十三五"规划 2018 年度教育科研重点项目"基于学校整体发展的教师专业发展模式研究"（2018JKZ017）的阶段性成果。
②　杜德栎，嘉应学院教师专业发展中心教授，主要研究方向为课程与教学论、教师教育。

验——以学员为中心的创新性培训技术》《创意培训技术通讯》《创造性培训技术手册》等21本著作，并为《培训杂志》《人事管理者》《自身发展期刊》等刊物撰写文章。[①]

（二）创新性培训技术 EAT 模式产生的原因

1. 对培训目的的再认识

"培训不是关注学员知道了什么，而是关注学员知道了这些内容后，可以做什么。"[②] 任何培训项目的目的都在于产生结果，带来社会效益。人们参加培训的真正目的是比培训前更加有效地工作。只有那些能够使培训者增加新知识、掌握新技术，甚至转变工作态度和专业理念的培训，才能称得上是真正的培训。其本质在于建立一个"以学员为中心，以讲师为引导"的学习过程。[③]

2. 对培训对象——成人学习特征的认识

派克认为，成人学习与孩童学习最大的区别就在于，成人本身是具有一定学习经验和生活基础的；而孩童相比之下则更像一张白纸，等待老师带领他们进入学习的新领域、新世界。所以，在成人教学中，我们必须采用体验式教学，让培训者能够把自己的学习经验和人生感悟与培训内容紧密联系，这样才能提高学习效果。

3. 体验学习的理论基础

自20世纪60—70年代以来，体验式学习和具身认知对培训产生了极大影响，为创新性培训技术 EAT 模式的产生提供了理论基础。体验式学习是一种以学习者为中心的学习方式，这种学习方式的开展需要结合实践与反思才能获得期望的知识、技能和态度。在传统教学中，教师是教学的中心，学生只需专心听讲、认真记笔记即可。而体验式学习则要求学习者发挥主动精神，对自己的学习负主要责任，真正成为教学过程的主体。体验式学习强调学习者积极主动地参与，并认为没有这种参与，就不能产生任何体验，也不能理解、运用和内化知识，更谈不上完成学习过程。

具身认知是包括大脑在内的身体的认知。生理体验"激活"心理感

---

① 鲍勃·派克. 重构学习体验——以学员为中心的创新性培训技术 [M]. 孙波，等译. 南京：江苏人民出版社，2015：319－320.

② 鲍勃·派克. 重构学习体验——以学员为中心的创新性培训技术 [M]. 孙波，等译. 南京：江苏人民出版社，2015：8.

③ 鲍勃·派克. 重构学习体验——以学员为中心的创新性培训技术 [M]. 孙波，等译. 南京：江苏人民出版社，2015：20.

觉，反之亦然。简言之，就是人在开心的时候会微笑，微笑又会让人变得更开心。"具身认知的研究纲领强调的是身体在有机体认知过程中所扮演的角色……"，它同传统认知主义视身体仅为刺激的感受器和行为的效应器的观点截然不同，它赋予身体在认知的塑造中以一种枢轴的作用和决定性的意义，在认知的解释中提高身体及其活动的重要程度。具身认知理论将身体再次纳入认知过程中，并强调身体、认知和环境的互动融合，为改善员工培训现状、增强培训效果提供了创新且适切的理论背景。①

二、创新性培训技术 EAT 模式的结构

（一）创新性培训技术 EAT 模式的概念

EAT 是三个英文单词的缩写：experience（体验）、awareness（认知）和 theory（理论）。EAT 模式是创新性培训技术中的一个重要组成部分，它的理论基础是建立在成人特有的学习模式之上的。所以，在成人教学中，创新性培训技术更倾向于采用体验式教学。培训师在培训中不能仅仅照本宣科，而需要对知识点进行深度加工，采用各种形式和方法来激活培训知识点与成人本身具有的学习经验之间的联系，使学员从中产生新的感悟，做到对知识的"善喻"。这个时候，培训师再通过讲解相关理论或者知识点，帮助学员进一步巩固和强化产生的意识和感悟，从而提升学员在今后的工作中落实培训内容的意愿，并最终获得更好的培训效果，实现"知道了这些内容后，可以做什么"的目标。

EAT 模式与激发学习者的动机密切相关。众所周知，在管理和日常生活中，要激发一个人去行动是十分困难的。事实上，我们（外界）无法激励任何人。所有人在做一件事情的时候都有其自身的内部动机，都是以自己为出发点，而不是受别人影响。在 EAT 模式的培训下，学员学到的新知识其实是从本身就具有的经验中感悟和提取出来的，并在老师的进一步引导之下形成。这样得到的知识，比起传统填鸭式教育模式下所教授的知识，对于学员来讲自然更容易吸收和接受。这也是创新性培训技术强调"人不和自己的数据争辩"的缘由。②

---

① 叶浩生. 身体与学习：具身认知及其对传统教育观的挑战 [J]. 教育研究，2015（4）：104－113.

② 鲍勃·派克. 重构学习体验——以学员为中心的创新性培训技术 [M]. 孙波，等译. 南京：江苏人民出版社，2015：55.

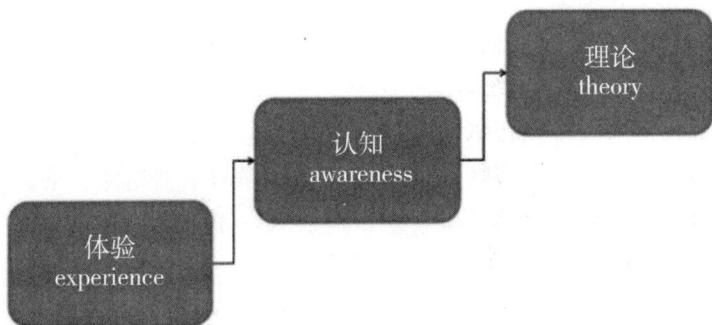

图1　人类学习的自然步骤——EAT 模式

（二）创新性培训技术 EAT 模式的变式

EAT 模式的最大特点就是针对成人本身具有的学习经验，在培训时突出创设体验活动激活学员的认知过程。但我们也发现很多学员对 EAT 模式提出疑问——"老师，我们承认 EAT 模式更贴近成人的学习模式，但是我们认为这种模式是有局限性的。假设我们要教学生解一道奥数题，如果我们不事先告诉他这道题应该运用的公式，就让他直接去体验解题的话，有的学生可能一辈子也解不出来。"如何解决 EAT 模式在实践运用中的局限性，派克在其著作《重构学习体验——以学员为中心的创新性培训技术》中对此做了分情况讨论，提出在 EAT 模式的基础上，可以根据教学内容建立 TEA 模式和 ETA 模式，我们将这两种模式称为 EAT 模式的变式。

变式一：TEA 模式。如前所述，EAT 模式是建立在成人已经具有相关学习经验的假设之上的。在这种情况下，从学员本身的学习经验和已有知识出发，激发他们形成新的感悟，并进一步强化成理论知识，无疑是更有效率的一种学习方式。然而，成人也会有对某一主题毫无接触或者了解的时候。这时，成人等同于一名孩童，是"长着高大身躯的小宝宝"，等待着老师帮助他在白纸上建立起最初的方法和知识。[①] 这种情况下，派克提倡用 TEA 模式，即先引入一些理论（theory），然后再给他们创造一些体验（experience），以便他们最终形成新的认知（awareness）。这一模式可以被广泛应用于职业指导与辅导当中。对于新教师，校长首先要他们树立正确的教师职业道德规范和行为准则，为他们引入最初的

---

① 鲍勃·派克. 重构学习体验——以学员为中心的创新性培训技术［M］. 孙波，等译. 南京：江苏人民出版社，2015：55.

师德修炼方法和理论；其次，新教师在实际工作中按照校长的指导进行实践，体验校长教给他们的东西；最后，新教师从校长的反馈中得出对自己的认知，认识到自己与标准的差距，并找出可以着手改善的地方。所以，创新性培训技术并不是一味推崇 EAT 模式，而忽视了成人学习的其他情形。在不同的培训情景之下，对于不同的培训对象，采取不同的培训策略，挑选更加适合学习者的培训模式，才是创新性培训技术的终极目的。

变式二：ETA 模式。ETA 模式，即教学中先给学员一定的体验（experience），然后告诉他们体验背后的道理（theory），最后帮助学员提炼和产生新的认知（awareness）。如在教学建构主义教学理论时，我们可以先让学员观看"鱼牛故事"动画，体验湖中小鱼根据自己的生命体验建构"牛"的认识的过程。

学员自然会思考："为什么湖中小鱼会形成一个长着胡须、鳞甲、鱼鳍和尾巴的牛的认知？"这一体验激发了学员的求知欲，这时教师再开始系统介绍皮亚杰的建构主义理论（constructivism），指出"建构主义理论也译作结构主义理论（structivism），是认知心理学派中的一个分支。该理论认为图式（schema）是个体对世界的知觉理解和思考的基本方式，或是人类心理活动的框架或组织结构。图式是认知结构的起点和核心，是人类认识事物的基础。因此，图式的形成和变化是认知发展的实质，认知发展一般要经历同化、顺应和平衡三个过程"。

在学员对建构主义理论有了初步的基本认识后，教师再进一步深入讲授图式、同化、顺应、平衡等具体问题，引导学员对建构主义理论形成理解，让学员产生新的认知。

以上就是 ETA 模式的操作程序。在实际教学中，培训师如果按照这个程序去操作，可以增强培训效果。

三、创新性培训技术 EAT 模式运用的步骤和方法

（一）创新性培训技术 EAT 模式运用的步骤

运用创新性培训技术 EAT 模式进行培训时，要针对自己要讲的主题和学员学情，首先做好课程设计。其主要步骤如下：

第一步，梳理知识点。培训师要明确所讲的内容，并梳理所有要传达给学员的知识点，并根据学员的实际情况确定总授课时间、培训目标。

第二步，设计活动让学员参与。培训师需用 20 分钟针对每个知识点设计一个 EAT 体验模型的教学活动，从而让培训师与学员之间展示、交流学习成果。这是运用该模式的关键。

第三步，复习检测，反思巩固。根据前两步的结果，为每一个知识点规划在培训结束前如何复习，从而对学习目标以各种方式进行检测，并进一步反思和总结。

（二）创新性培训技术 EAT 模式运用的主要方法

针对多年对"当代中小学教学改革发展研究"这门课程的设计与教学实践，运用 EAT 体验模型，主要从体验、认知和理论三个维度来促进学员和教师的互动，从而增强学员积极参与学习的效果。

（1）体验。体验是学员的一段活动经历，它需要学员的积极参与，甚至是全身心投入，把自己当作体验的主体，而不是旁观者、评论者。设计学员的"体验"，关键是用学员的真实感受刺激他们思考。体验不一定是一个游戏或者体验活动，只要能让学员行动起来，或者学会观察任何一个有意义的活动，如动画、故事、演示等，这些都有可能成为好的"体验"。

（2）认知。认知是促使学员体验升华的关键，它是对体验活动的总结和归纳，可以通过讨论和交流等方式，鼓励学员更多地开口总结和提炼。

（3）理论。理论是教师想通过体验活动带给学员的知识点和技能，也是教师讲述该知识点所做的"画龙点睛"之笔。

调动学员参与体验、主动思考，常用的教学方法和策略有：

（1）头脑风暴法。让所有学员在自由愉快、畅所欲言的气氛中，自由交换思想，激发创意思想。

（2）分组讨论法。对所有学员进行分组，有针对性地进行讨论，达到小组成员主动互助学习的目的。

（3）提问法。提问法是指教师在课堂学习中对知识点进行提问，让所有学员来回答的一种方式。教师在运用提问法时，可以采用开放式提问、限定式提问和封闭式提问等方法，也可以实行抢答。

（4）游戏激励法。根据所讲主题，设计游戏活动，通过让学员参与游戏，体验授课主题的含义。

（5）猜谜活动。通过设计与主题相关的谜题，来刺激学员积极思考，出乎意料的答案会让学员有机会通过讨论分析出知识点。

（6）模型展现活动。在培训中，教师要善于运用各类模型（比如曲线、四个象限等）来说明知识点。为了让学员更深入地理解，我们不妨在地上画出和所说明的曲线或象限一样的图形。

比如，在课程设计与开发培训中，我们会介绍几种不同类型的学习风格，并在地上画出标尺（见图 2），在解释完信息型与实践型的概念以后，请学员思考自己的学习习惯，并找到对应的位置，排列站好。这样，学员能清晰地看到其他学员都属于什么类型，会觉得这种排列非常有趣。随后，教师会请临近的学员讨论自己偏好的教师风格、学习习惯等。这样可以让学员站起来、动起来，既活动了身体，也活跃了思维。

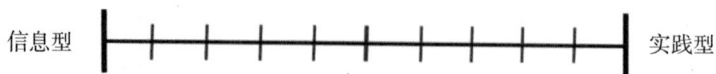

信息型　　　　　　　　　　　　　　　　　　　　实践型

图2　画在地上的标尺

（7）填写活动。一般来说，学员非常喜欢一些简单的填写活动，比如填空、连线、分类、走迷宫等。如果某些部分的知识点讲述起来有点枯燥，不妨安排一些小的填写活动，以吸引学员的注意力。

语文核心素养生成的逻辑与落实对策

刘义民①

2014 年 3 月，教育部出台的《关于全面深化课程改革落实立德树人根本任务的意见》文件提出研制"发展学生核心素养体系"，落实"立德树人"任务，推进教育改革的要求。核心素养成为我国教育改革的研究热点。2018 年初，《普通高中课程方案和各学科课程标准》发布，核心素养研究开始进入课程教学实施阶段。核心素养是课程改革新理念，有自身的生成逻辑、教学范式和实践方式，不能简单等同"双基"教学、"三维目标"教学改革。本文拟从核心素养生成的逻辑探讨教学与语文核心素养生成的关系，提出落实语文核心素养的生成举措，为新课程改革提供借鉴。

一、核心素养生成的逻辑与特点

（一）核心素养生成的逻辑

核心素养是"培养什么样的人"及其规格的一种设想，但要落实核心素养这一育人目标理念，还需要理解把握核心素养生成的逻辑，从而为教育实践提供行动指导和操作规范。核心素养生成逻辑是核心素养教学的实施前提，没有对核心素养生成逻辑的理解与把握，核心素养的培养就只能暗中摸索。核心素养生成的逻辑研究主要有宏观、中观和微观三个层面。

袁利平等借鉴临床医学领域的"循证实践"治疗模式，从宏观层面研究了核心素养的有效生成，② 认为循证教育（evidence – based education，EBE）把整个教育事业当作一盘棋，把教育研究者、教育者、受教育者和管理者纳入同一教育体系，构成一个知识可持续积累、实践可持

---

①　刘义民，山东聊城人，嘉应学院文学院副教授，博士，研究方向为语文课程与教学论、教师教育研究。

②　袁利平，温双. 基于循证实践框架的核心素养生成 [J]. 陕西师范大学学报（哲学社会科学版），2018（4）：157 – 166.

续改进的教育框架,① 进而形成核心素养生成的"循证实践"四主体结构系统。② 在这个系统中,教育研究者扮演核心素养证据的生产者、维护者等角色,为核心素养的"循证实践"提供有效的理论证据支撑;教育者作为核心素养生成的"循证实践"的主导者,是核心素养生成的证据探索者和实践应用者;受教育者作为核心素养生成的实践受体和行动者,是核心素养生成的"循证实践"目标与归宿,是核心素养生成的证据来源和反馈者;管理者宏观协调核心素养生成的整体运作,是核心素养生成的证据评估者、规范者和协调者。四元主体通力合作,共同致力于学生核心素养生成的"循证实践"过程,构成了核心素养生成的动态系统。这一系统打破了核心素养生成的研究者(教育研究者、管理者)"构想"与实践者(教育者、受教育者)"看到"之间的隔膜,从宏观整体上形成了"基于证据"的核心素养生成多方协同、持续对话和实践的关系,回应了核心素养生成的诸多理论与实践问题,最大限度地保障了核心素养有效生成的价值蕴含。

余文森从中观层面探讨了学科方面的核心素养生成的课程教学逻辑,③ 认为学科核心素养是学生通过学科学习逐步形成的关键能力、必备品格和价值观,围绕学科核心素养的生成重构学科教育范式是当前全面深化基础教育课程改革的重头戏。学科知识是学科核心素养生成的主要载体,学科活动是学科核心素养形成的主要路径,它们共同构成了学科核心素养生成的两翼。学科知识的关键是要思考什么样的学科知识,或者怎样选择、组织、设计学科知识,才能有利于学科核心素养的生成。为此,其主张以学科大概念整合学科知识,注重显性知识和隐性知识的提炼概括,提升学科知识的整体性、联系性和基础性;关注知识生成的情境,提高学生学习兴趣,方便知识学习、迁移与创新,进而合理设计教材教法,使知识内容前后相互蕴含、自然演进,为学生提供一个由已知到未知的学习通道。学科活动要注重外在活动(身体、双手)和内在活动(心理、大脑)的配合、协调,使学生学习不仅"劳力"而且"劳心"。④ 学科知识重构和教材结构重整为核心素养的生成提供了可操作的课程(教学)资源凭借。

---

① 杨文登,叶浩生. 缩短教育理论与实践的距离:基于循证教育学的视野 [J]. 教育研究与实验,2010 (3):11 – 17.

② 张云昊. 循证政策的发展历程、内在逻辑及其建构路径 [J]. 中国行政管理,2017 (11):73 – 78.

③ 余文森. 论学科核心素养形成的机制 [J]. 课程·教材·教法,2018 (1):4 – 7.

④ 中央教育科学研究所. 陶行知教育文选 [M]. 北京:教育科学出版社,1981:79.

　　笔者从微观层面研究了核心素养有效生成的教学实践,① 认为核心素养是一种能力,它的形成和展现需要基本要素支撑,具体包括特定情境、复杂问题、基础知识基本技能、主体和评价五个方面,并在此基础上形成发现复杂需要、规划设计、活动、反思再实践的核心素养生成教学机制。这种机制是实践层面的,更接近教学实施和学生学习的过程,为核心素养生成的教学实践提供了可操作规范。

　　核心素养生成的逻辑研究从宏观、中观和微观三个层面构成了素养生成的复杂生态系统,核心素养生成既离不开大环境系统(包括管理者、教育研究者、教育者和受教育者等)的支撑,也离不开中环境系统(包括学科课程与教学设计)的支撑,以及小环境系统(课堂教学)在具体实践上的支撑。但无论哪个层级系统的核心素养落实,都离不开教学,因为教学是核心素养生成的关键,它衔接了目标理念与教育主体的关系,决定了核心素养生成的成败与优劣。同样,语文核心素养的生成也不例外。

(二) 核心素养生成的特点

　　核心素养生成逻辑仅仅为核心素养生成实践提供了操作的想象演绎和规范,而核心素养的生成则是一个脚踏实地的"旅程",永远在路上,需要时时把握其行程中"生成"的表征,以观实效,以正践行。核心素养"生成"的表征有以下五点:

　　1. 主体性

　　确切地说,核心素养是学生个体的一种特殊的个性化能力,它必须由学生个体来展现,也必然由主体的活动来生成,任何企图替代学生主体性的活动捷径和想法都是愚蠢的。德国教育家第斯多惠说:"发展与培养不能给予人或传播给人。谁要享有发展与培养,必须用自己内部的活动和努力来获得。"② 学生的主体性包括自主性、能动性和创造性。教学中学生主体性的培养和发挥是核心素养生成的关键。③

　　2. 互动性

　　人是一种社会性存在,人的社会关系决定了人的存在本质。经济合作与发展组织(OECD)启动"素养的界定与遴选:理论和概念基础"项目(简称 DeSeCo 项目),把核心素养划分为互动地使用工具、在异质团体中互动和自主行动三个方面,④ 体现了人的社会关系本质——互动。教

　　① 刘义民. 核心素养形成的基本要素和机制初探 [J]. 教育导刊, 2017 (9): 5 - 9.

　　② 第斯多惠. 德国教师培养指南 [M]. 袁一安, 译. 北京: 人民教育出版社, 2001: 78.

　　③ 刘义民. 学生主体性自我建构的问题与对策 [J]. 现代中小学教育, 2016 (8): 37 - 40.

　　④ 杨惠雯. OECD 核心素养框架的理论基础 [J]. 外国中小学教育, 2018 (1): 20 - 28.

学中学生的互动包括师生互动、生生互动、自我互动（反思），与书本、课程学习资源，以及社会实践、自然探索等的互动。课堂教学中，教师是否指导、引导学生互动，并参与互动，决定了学生核心素养的生成质量和效果。

3. 长期性

核心素养发展具有历史性和生命性。不同时代，核心素养的具体内容、发展维度和程度都不相同；核心素养随着个体生命发展而发展，随着个体生命终结而结束，学生从出生到成年期间（大学阶段），其核心素养都处于急剧提升阶段，而一节课、一学期、一学年的核心素养发展只是他们核心素养生命长河中的一个节点。因此，核心素养发展是一种长期的、阶段性的、渐进性的发展，核心素养目标规划和持续实施是核心素养生成的长期性见证。

4. 综合性

核心素养是综合性素养。注重核心素养研究的主要国家、地区和机构都按一定标准对核心素养进行了划分。如经济合作与发展组织把核心素养划分为互动地使用工具、在异质团体中互动和自主行动三个方面；欧盟把核心素养划分为母语沟通能力、外语沟通能力、数学和科技基本素养、数字（信息）素养、学会学习、社会与公民素养、创新与企业家精神、文化意识和表现八个方面，对于每一素养又从知识、技能与态度三个维度具体描述；美国 21 世纪技能联盟把核心素养划分为"学习与创新技能"（创造力与创新、批判思维与问题解决、交流沟通与合作）、"信息、媒体与技术技能"（信息素养、媒体素养、ICT 素养）、"生活与职业技能"（灵活性与适应性、主动性与自我导向、社会与跨文化素养、效率与责任、领导与负责）三个方面。① 其实，学生核心素养的培养并非局限于本学科，也或隐或显地蕴含着其他学科核心素养或跨学科核心素养。同样，学科核心素养，如语文学科又划分为不同维度，将我国语文学科核心素养具体划分为语言建构与运用、思维发展与提升、审美鉴赏与创造、文化传承与理解四个方面。② 这充分说明，核心素养是综合性的，其生成也是综合性的。

5. 实践性

学习是一种间接或直接性实践。接受前人的经验是间接性实践，而

---

① 师曼，刘晟. 21 世纪核心素养的框架及要素研究［J］. 华东师范大学学报（教育科学版），2016（3）：29 - 38.

② 中华人民共和国教育部. 普通高中语文课程标准：2017 年版［S］. 北京：人民教育出版社，2018：4.

把前人的经验内化后指导行动，以及提炼概括行动经验，都离不开直接实践。现代认知科学强调具身认知，强调学习要亲身参与，用身体与外部世界互动。① 王阳明的知行合一、杜威的"做中学"，都强调实践的重要作用。语文核心素养本身就是一种解决现实生活复杂问题的言语能力，也必须通过实践、为了实践、在实践中进行。因此，核心素养培养具有实践性。

二、语文教学与语文核心素养生成的非正比关系

（一）教学仅是语文核心素养生成的一种途径

严格地说，教学是学校实施的有目的、有计划的教与学的活动。在这项活动中，语文课程标准规定了教学的目标、内容和方式，语文课程提供了比较全面均衡的核心素养教学内容和资源。对此，教育研究者提出了基于标准的语文教学：根据课程标准确定教学目标，再根据教学目标确定内容主题及具体内容材料，设计评估，确定达到目标的学习机会，然后实施，最后评估与反馈，并准备进入下一主题。② 从理论设想看，基于标准的教学遵循了语文核心素养生成逻辑。但是，教育从来不只是学校的事情，只是囿于社会分工，学校成为教育的主要阵地，语文核心素养生成成为学校教学的"专利"。而随着生产力的发展，社会分工的融合与再分工，教育必将突破校园藩篱，漫延到社会各个角落，语文核心素养培养也将脱离学校教学，飞抵世界各个学习角落。

首先，泛在学习使语文核心素养生成着力点落在学习者个体身上。学习者不必跨进校园教学场域，只需携带智能学习终端，在网络覆盖的任何时空都可以自选内容、方式、时间和环境，通过自学评估发展自身语文核心素养。《易经》云："天行健，君子以自强不息。"这是古代学子自发自觉学习的精神写照，也是现当代知识社会、学习型社会学生发展自身核心素养的应然写照。

其次，泛在教育多元空间涌现。在信息技术的发展和教育社会化的环境下，社区学习、创客学习、研学旅行、社群学习，以及打通"最后一公里"的培训学校或机构等学习空间的存在，使学生核心素养培养可以完全脱离学校教学。这些学习空间虽然也存在"教师和学生"现象，但是，教师已经不是学校的专业教师了，而是隐形的教师，他们或者是

---

① INUI T. Editorial： experimental approach to embodied cognition ［J］. Japanese psychological research，2006，48（3）：123 – 125.

② 王少非．论基于标准的教学［J］．教育发展研究，2006（9A）：10 – 13.

学生学习的同伴，家长，社区、社群的相识，甚至是素昧平生的网络隐形人、智能机器人、移动学习终端。学习过程挣脱了学校的教师与学生之间那种"契约"关系，成为社会成员（包括学生）的自觉自发行为、社会行为、集体行为。语文核心素养也就由学校的专门化教学培养转变为学校和社会共同体共同培养，甚至可能发展为社会共同体培养。

最后，汉语言特点也为学习者挣脱学校教学、自主学习、培养语文核心素养提供了便利。汉语属于汉藏语系，是一种孤立语，没有性、数、格、态等复杂语法变化，只要掌握定量的字和词就可以逐步提高语文素养。王宁教授说，汉语语言能力（或素养）的培养有两条途径：一是熟读和背诵，二是语理学习。语理学习又是通过熟读和背诵形成的，语理学习的重点应放在词汇上，即词义的理解、语义的把握和词汇的积累。① 中国古代语文学习在掌握了定量的汉字后，基本上就是字词理解与积累学习，即阅读和对韵练习。古代科举考试，强调"《文选》滥，秀才半"；当代语文教材总编辑温儒敏提出阅读大概念，朱永新建议国家设立"阅读节"，"把全民阅读提升为国家战略"，其也有培养学生语文核心素养之意。因此，学校教学仅仅是学生语文核心素养培养的一种途径而已，尽管学校教学不可能在短时间内被取代。

（二）语文教学未必能促进学生语文核心素养的生成

教育是一个复杂问题。学生通过教学获得的教育经验既可能是"教育性经验"，也可能是"非教育性经验"，甚至是"反教育性经验"。② "教育性经验"是与具体教学目标一致的经验；"非教育性经验"是与具体教学目标不一致的经验，但目标方向相同；"反教育性经验"则是与教育目标相悖的经验，基于语文核心素养的教学也存在这种可能。

首先，核心素养目标并非学生的必然选择。学习是人的一种本能，为促进学习，教学便随之产生，但是，随着社会经济的发展和学生个性的张扬，学校的教学也有促进学生的本能回归——自由选择③的可能，从而不能真正培养学生的语文核心素养。在古代社会，"学校"教育主要是为原始社会全体成员的生存发展而实施的，受教育者极少，他们倍加珍惜学习机会；在工业社会，学校教育是为工业化企业培养技术人员，提升企业生产率，是为促进社会发展和维护国家治理服务的，更大的需要

---

① 李节. 语言学视野中的语文教学——北京师范大学民俗典籍文字研究中心主任王宁教授访谈 [J]. 语文建设，2008（9）：4-7.

② 佐藤学. 课程与教师 [M]. 钟启泉，译. 北京：教育科学出版社，2003：151.

③ 乔丹·艾伦伯格. 魔鬼数学：大数据时代，数学思维的力量 [M]. 胡小锐，译. 北京：中信出版社，2015.

则是个体生存，因而学习者为生存和发展而不得不努力接受学校的教学。但在后工业社会，生产力飞速发展，社会财富急剧增长，个体生存所面临的不再只是生命威胁，学校教学在很大程度上转变为促进人的全面发展，人的发展的外驱力威胁大大减弱，甚至完全消失，这时人的自觉自为的发展成为一种自由选择的义务和责任，学校教学对人的发展目标的达成也就存在失效的可能。20 世纪 70—80 年代，日本成了世界制造业先进国之一，而日本学生选择理工科的比例却逐渐下降，新加坡、韩国也出现了这种情况。美国前总统约翰·亚当斯也敏锐地发现，当一个国家走向稳定与繁荣时，学生就拥有了更多的自由去选择他们真正感兴趣的学科。[①] 我国经过 70 年的发展，经济日益繁荣，尽管离中国梦还有一段距离，但是，国家经济的总体发展已经足够给学生提供自由选择发展的可能，因而学校的核心素养教学也未必就是每个学生的必然选择了。

其次，教学认知偏差制约了语文核心素养的正确生成。教学认知是教师的一种教学能力，教师往往会产生教学认知偏差，影响教学效果。教学认知偏差是教师对包括自身在内的教学现象及事件的内涵、功能、意义及其关系特性等方面的不正确或偏颇反映。[②] 教师的认知偏差体现在学校以学生发展目标为导向的课程教学规划、设计、实施与评价中，体现在校长、教师、学生和管理者形成的学生核心素养培养的学习共同体中，体现为提升学生核心素养培养效率而促进教师专业素养发展的政府、学校、社会形成的学习共同体中，也体现在泛在学习引发的学生自主学习培养核心素养的过程中，更体现在信息技术发展导致的多元泛在教育促进学生核心素养发展的过程中，以及其他影响学生发展的相关因素中。

教学认知偏差主要源自教师自身专业素养差异和教育教学信息不对称。教师是课堂教学改革的关键，也是课程改革的最底层践行者，对核心素养课程教学改革的政策信息、课程和教学信息等的掌握不对称，加之课程改革管理和培训不到位，教师对核心素养课程教学改革产生误解，不能教学、不会教学，甚至误入教学歧途，制约理想的核心素养教学实施，也是实然。对教师的认知偏差重视和研究不足，给教师专业发展和

---

① 克莱顿·克里斯坦森，迈克尔·霍恩，柯蒂斯·约翰逊. 创新者的课堂颠覆式创新如何改变教育［M］. 李慧中，译. 北京：中国人民大学出版社，2015.

② 彭豪祥，李红梅. 教师教学认知偏差的调查研究［J］. 心理学探新，2011，31（6）：529–533.

教学埋下了诸多隐患。[①]

最后，教学惰性阻碍了语文核心素养的有效生成。教学惰性是教师无法按照既定目标有效实施教学行动而影响教学质量的一种消极心理状态。教学惰性是人固有的本性，也是人不易改变的落后习性、传统的行动范式等。[②] 教学惰性直接表现在以实现教学目标为主线的教学观念、教学内容、教学方式和评价方式，以及师生关系处理上，可用教学范式来概括；间接表现在为提升教学效率而产生的阻碍教师专业素养的提升与改进上，可用教师专业发展的范式来概括。教学惰性的直接表现又可分为两种情况：一是对既有教学目标的实现应该具有一定的教学思想、行动和态度要求，而实际上却没有或不能达到要求的消极状态；二是基于新的教学目标理念转变而要求教学思想、行动和态度发生与之一致的改变，而实际上却不能积极转变的消极状态。语文核心素养生成的教学惰性即是第二种情况。

教学惰性由多种原因造成，但主要原因是教学无能、教学不能和教学不愿。教学无能是教师有培养学生核心素养的愿望，但没有培养学生核心素养的实际能力或者专业素养，而形成的惰性教学心态；教学不能是教师有教学愿望，也有教学行动，却不能提升学生核心素养，而产生的挫败无奈的消极心态；教学不愿是教师在情感态度与价值观上不愿意付出努力来提升学生核心素养的敷衍心态。核心素养改革是一种新课程改革理念，很有可能造成教师的教学惰性，进而制约语文核心素养的有效生成。

三、语文核心素养生成的教学举措

（一）转换教学范式，形成语文核心素养培养新模型

教学范式是人们对教育领域的教学现象及其复杂活动的最基本理解或看法，[③] 包括教育理念、价值观念、教学信念，以及相应的教学操作规范。不同时期的教育理念、价值观念不同，其教学信念、教学操作模式也不相同，教育教学的历史实际上就是教学范式演进的历史。当前，为适应国际化新型人才培养的需要，我国实施核心素养课程改革，与此前的"双基"教学、"三维目标"教学改革有很大不同，前者是以知识学习为主的教学改革，侧重工具理性价值教育，后者则是以人的发展为主的

① 彭豪祥，李红梅. 教师教学认知偏差的调查研究 [J]. 心理学探新，2011，31（6）：529-533.

② 李桂荣. 试论高校教师的教学惰性及其消释 [J]. 黑龙江高教研究，1998（4）：87-90.

③ 陈晓端. 当代教学范式研究 [J]. 陕西师范大学学报，2004（5）：113-118.

教学改革，侧重人的（核心）素养价值教育，相应地，教学目标、内容、方式及评价等也必然发生极大改变，同时，教师的教学信念也必须随之改变，并对教学操作实践充满自信和勇气，形成新的教学范式。

目前，我国核心素养研究已经从理论引介、课标解释，开始进入教学实施领域。研究的重点是课程内容组织和教学方式，如单元教学、主题教学、群文教学、问题教学、项目教学等，这对核心素养培养有一定帮助，但是，这种改变仅仅是教学范式的一小部分，还没有从范式整体上转型。因此，要促进语文核心素养教学范式转型，把握核心素养课程改革的价值、理念，为教师教学范式转型奠定理论基础；要提升教师的专业素养，培养课程整合力、教学领导力、课程教学研究力和发展力，提高教师核心素养实施的教学信念；要探讨核心素养生成的课程教学设计、实施和评价系统，为语文核心素养培养提供具体操作规范。

（二）建构学习共同体，协同推进语文核心素养有效生成

教育是一个共同体，涉及国家、社会、学校、家庭等多元主体。在历史上，教育有社会本位和个体本位之分。其实，从社会发展看，教育是以社会本位为中心兼顾个体本位的，因为社会存在决定个体存在。但是，个体本位发展毕竟不能完全依附于社会本位发展，二者需要兼顾。不同的主体存在不同的教育需求和认识差异，必然影响学校教育，导致学校教育遭遇"囚徒困境"。此外，泛在学习和泛在教育的涌现，社会力量普遍承担教育责任和使命共识的增长，以及家庭对教育的热切关注，使得学校教育成为引领学生教育发展正途的"砥柱"。因此，构建以学校为中心的多元学习共同体①，形成协同机制，凝聚合力，成为学生核心素养有效生成的关键。学习共同体包括国家、政府、研究者（大学或研究机构等）、中小学组成的宏观系统层面的共同体，着眼于社会本位的国家发展战略的实施落实；校长、教师、学生和管理者组成的微观层面的学习共同体，着眼于具体的学校发展目标的规划设计、课程教学建设和实施评价，保障学生核心素养的有效发展；学校、社会（包括社区、相关学习机构、教育资助力量等）、家庭组成的中观层面的学习共同体，协调社会、家庭和学校的利益关系，增加对学校的理解支持，协同学校发展学生核心素养。学习共同体的宗旨是促进学生语文核心素养有效生成，其共同体主体必须共同学习，形成学生核心素养发展之共知；必须对话，达成学生核心素养发展之共识；必须协同参与学生核心素养发展实践，解决现实问题；学校（教学）在学习共同体中务必发挥学生核心素养的

---

① 马和民，周益斌. 走向对话与支持的教育共同体 [J]. 南京社会科学，2010 (3)：116 – 121.

示范引领作用，激发教育创新，形成优势教学效应，提升核心素养生成效率。

（三）掌握学习规律，激发学生个性化学习活力

核心素养是一个抽象概念，落实到每个学生的具体发展上必然是个性化、个体化的核心素养，即不同个性、性格、特长的活生生个体。教育教学只有把握学生的发展规律，激发活力，才能最终实现学生语文核心素养个性化发展。

首先，教师要深化心理学知识，了解学生发展特征，掌握个性发展指导策略，寻找激发学生学习的驱动力。学习是人的潜能或本能，但人也有抗阻学习的潜能或本能，因此，学习潜能需要被激发。[①]

其次，教师要有科学的学习观，掌握学习规律、核心素养发展规律。学习不是简单的教授与接受关系，而是以学习动机（学习者）为中心，以学习内容为凭借，多元主体（教师、学生等）互动的张力结果；[②] 学习包括积累、同化、顺应和转化四种，只重视积累学习而忽视其他学习，必然造成教学机械化、片面化和固化。核心素养形成有自身规律，如何化知识为能力，进而创新；如何整合重构课程，形成互动衔接关系；如何组合再构自主合作探究教法学法，促进学生学习，等等，都需要教师把握理解。

最后，教师要做塑造学生灵魂、引领学生人生的导师。运用教育智能和大数据算法，掌握学生发展的目标、现状、趋向、方式、节点，做学生发展的"缺点转化师""综合评价师""私房菜厨师""实践动议师""心灵按摩师""智能协作师"，[③] 激发并促进学生个性化学习，提升其语文核心素养生成效度。

---

① 克努兹·伊列雷斯. 我们如何学习：全视角学习理论 [M]. 孙玫璐，译. 北京：教育科学出版社，2018：273–277.

② 克努兹·伊列雷斯. 我们如何学习：全视角学习理论 [M]. 孙玫璐，译. 北京：教育科学出版社，2018：273–277.

③ 徐蓓. 袁振国：未来的教育，需要你重新想象 [J]. 决策探索，2019（7）：82–85.

以产出为导向，
提高语文师资培育的有效性
——学科教学论教师课程育人与理论创新研修心得

古晓君①

2019 年 7 月 12 日至 17 日，笔者随嘉应学院学科教学论教师课程育人与理论创新高级研修班学员一道赴陕西师范大学学习一周。此次研修以讲座为主，不同专家、不同主题的讲座，精彩纷呈。其中引人注意的是，无论什么角度，专家都不约而同地强调了"以学生发展为中心""有效教学""高效课堂""深度学习""金课"等概念，"有效""高效"成为此次培训的高频词。基于此，笔者结合当前师范教育专业认证要求和师范生教师资格证考试背景，反观自己的日常教学，思考如何改进课堂，真正引发学生的深度学习。

一、低效：以产出为导向的问题审视

基于产出导向的教育是目前国际高等教育倡导的一种先进理念，也是新时代我国开展师范类专业认证的核心理念。以产出为导向，就是强调以师范生的学习效果为导向，对照师范毕业生核心能力素质要求，评价师范类专业人才培养质量。关注师范毕业生"学到了什么"和"能做什么"，而非仅仅是"教师教了什么"。

汉语言文学师范专业以培养合格的中小学语文教师为己任。那么，一个合格的教师应该具备什么样的素质？应根据什么标准来评判一个教师是否合格，是否卓越？2012 年教育部颁发的《小学教师专业标准（试行)》和《中学教师专业标准（试行）》从专业精神、专业知识、专业能力三个维度为我们明确了评判一个合格教师的专业标准，而 2015 年开始全面实施的教师资格考试，更是严把教师职业入口关。我们培养的师范生能否顺利考取教师资格证，能否在竞争激烈的考编路上脱颖而出，顺利竞得教师岗位，是检测我们人才培养是否有效或高效的重要参照指标。可是反观当前师范毕业生考证通过率和考编过关率，结果都不尽人意。

---

① 古晓君，广东梅县人，嘉应学院文学院副教授，研究方向为语文学科教学论。

广东省师范生 2018 年下半年全面参加教师资格证考试，笔试通过率仅 31.17%，面试通过率不足 70%。嘉应学院文学院 2016 级师范生笔试通过率不足 80%，这意味着还有 20% 的师范生没有获取面试资格。嘉应学院 2019 届师范生成功考编人数刚刚过半。这些数据说明我们培养的师范生至少还有 20% 未能达到基本的教师专业标准，市场竞争力更是不强。究其原因，无论是课程设置还是课程实施，都不够合理。

从课程实施的角度看，师资培育潜藏的最大危机是日常教学中广大教师以学科为本位的课程思想：长期以来，高师课堂流行的都是以书本为媒体、以知识教育为主导的教学方式。大学教师更加关注的是在有限的教学时间内，向学生描绘尽可能详细的本学科的内容体系及自己在其中的心得和建树，鲜少有专业教师关注课程内容的设置与师范生职业成长所需的专业知识之间的相关度和匹配度。也就是说，教师更多关注的是自己要"教什么"、能"教什么"，而不是学生需要"学什么"。而在知识授受过程中，又忽略了对教师成长有着重要意义的实践性知识的培养和获得。

另一个严重问题是"怎么教"。目前大多数地方高师院校习惯采用"理论学习＋技能培训＋实践应用"的教师培养模式，这种由理论知识流向技术运用的单向静态训练模式看似兼重教育理论与教育实践，但其最大的问题是"去情境化"。它把理论和实践理解成简单的支撑和被支撑的关系，这种"知识＋技术"的教学方法，虽然顾及了专业知识对人的素质发展所起的基础作用，却由于在训练方式上重知识记忆而轻思维培育，严重遏制了学生深层心智能力的培养和发展。这种培养思路培养出来的充其量是"熟练的教书匠"，而不是当前基础教育领域所需求的立足于教师专业成长的反思性实践者。

如何按照专业认证所要求的"反向设计，正向施工"的原则思路，依照基础教育对教师专业素质的需求，以培养目标和毕业要求为出发点，采用匹配的教学内容和教学方法，提高教师教育课程实施的有效性，是当前亟待思考和解决的问题。

二、"教什么"的变革：从学科知识的授受到实践性知识的建构

正如教育部部长陈宝生所要求的"把'水课'变成有深度、有难度、有挑战度的'金课'"那样，当前大学课程改革指向学习主体的深度学习。这一要求引发我们对传统课堂教学进行深刻反思，当我们把课程窄化为学科知识的授受时，学生的学习就存在着简单化、浅表化、机械化、符号化、碎片化等问题。要解决这一问题，首先需要教师们更新教师知

识观和教师培养观。

长期以来，学术界都不认为教师具有自己独特的知识，大家把教师拥有的学科知识默认为学科专家的知识，把教师所拥有的学科教学知识等同或类似于教育学、心理学专家的知识，"教师被认为处于知识生产和消费的流水线末端，知识由'专家'生产，教师的任务只是消费知识而已"①。然而，陈向明等研究者却认为，教师具有自己特有的知识，这类知识通过教师对自己所积累的教育教学经验进行不断反思而形成和发展，并通过自己的日常行动表现出来。② 这类知识就是实践性知识。与学科专家或教育学、心理学专家的知识相比，实践性知识具有明显的情境性、个体性、实践性等特征。随着教师知识研究的深入和发展，人们普遍认同教师实践性知识的增长对教师的专业发展具有不可或缺的作用。2011年《教师教育课程标准（试行）》首次把"帮助学生建构实践性知识"列为重要的课程目标，并明确要求"发展教师的实践性知识，培养反思精神和能力"③。当前国家教师资格证考试的内容和各类题型，也都特别注重综合性、情境性与应用性，突出对教师实践性知识和能力的考查。

实践性知识是师范毕业生核心能力素质的基本表征。关注教师实践性知识的成长，为我们摆脱教师教育先理论再实践的线性模式，弥合专业理论与教育实践长期背离割裂提供了解决问题的新视角。同时，知识观的更新，也要求教师在教学中关注师范生实践性知识生成和发展的规律，注重学习主体的思维激发和学习情境的建设。

三、"怎么教"的变革：从知识场到情境场，促进学生的深度学习

"教什么"的变革会直接带来"怎么教"的变革。长期以来，左右我们教师教育课程的传统操作思路是"理论—应用"模式，然而，教师的专业成长并非单纯依靠外部的知识与技能。从师范生成长为一名真正的教师，不仅仅需要自身的实践体验，更需要在实践体验的过程中"调动经验所赋予的默然的心智考察问题，并在同情境对话中展开反思性思维"④。只有将课堂真正从简单化、机械化、碎片化、浅表化的"知识

---

① 陈向明，等.搭建实践与理论之桥：教师实践性知识研究［M］.北京：教育科学出版社，2011：2.

② 陈向明，等.搭建实践与理论之桥：教师实践性知识研究［M］.北京：教育科学出版社，2011：2.

③ 教育部教师工作司组编.教师教育课程标准（试行）解读［M］.北京：北京师范大学出版社，2013：1.

④ 陈向明.范式探索：实践—反思的教育质性研究［J］.北京大学教育评论，2010，8（4）：40－54.

场"变成能充分激发学生主体思维的"情境场",才能真正促进学生的深度学习。

有研究表明,影响教师实践性知识形成和发展的核心要素是主体、问题情境、行动、反思。这提示我们,教育的价值在于唤醒学生主体个性的解放。要保证教学的有效性、促进学生的深度学习离不开真实的学习情境的支持。所以,当前的课堂教学改革首先要做的是营构一个基于问题的对话情境。教师要改变那种隔在知识与学生之间,用某种手段将现成的知识转交给学生的习惯做法,而将知识与技能放在真实的问题情境中,通过问题激发学生对学习内容的兴趣,有效启动、活跃学生的思维,将学生带入真正的、深刻的、有效的思维活动中,让学生在主动积极的思维和情感实践活动中体验知识发现的过程,加深对知识的理解和体验。

对话的核心是问题。美国教育学家肯尼思·H. 胡佛指出:整个教学的最终目标是唤醒学生的质疑和审问意识,培养学生正确提出问题和回答问题的能力。基于问题探索的课堂情境,可以有效创造教学契机,并将学生引领到主动求知、深入探索的路途上来。教师应将学习内容巧妙转化成基于问题研究的案例探索模式,通过案例的认读与探究,引起学生的研究、比较、发现、创造、发展等一系列学习行为。学生则在不断审问、探究中,把学习任务变成他们内在的自觉要求。如此,传统的授受模式才能由以往的重教、重知、重灌向重学、重思、重导转变。

四、结语

教师职业的专业性最终体现在其专业实践中,"将师范生的专业教育重心转移到基础教育的实践情境中去",是当前教师教育改革普遍追求的操作策略。指向深度学习的大学课程需要从内容到方法的彻底变革,而在教学内容上关注教师实践性知识的增长,在教学方法上关注这一独特的知识类型的生成要素和生成媒介,是我们改善课堂教学、提高教学有效性的有力抓手。

新形势下应用型本科高校构建先进课程体系的现状与对策

侯聪玲①

新时期，随着经济的迅猛发展，国家急需大量创新型、国际化、高素质人才，肩负人才培养重任的高等教育必须做出与新时代新形势相适应的调整，高等教育改革已进入刻不容缓的关键时期。2018 年教育部发文要求狠抓本科教学，全面整顿教育教学秩序，淘汰"水课"、打造"金课"。教育部高等教育司司长吴岩针对"水课"低阶性、陈旧性和不用心的问题，强调要建设具有高阶性、创新性、挑战度的"金课"，这标志着本科教育改革将课程改革提上议事日程。

一、加强课程体系建设的重要性

课程是实施人才培养的基本途径，课程体系是人才培养的基本框架，决定着人才培养的规格、标准和质量，课程体系改革与重构是改革的重中之重。课程体系建设问题探讨多年，但至今距离"科学"课程体系仍有一定的差距。在实际工作中，我们对开设哪门课程、设置多少学分、怎样科学地设计人才培养方案往往心存疑虑，其实就是对课程体系没有一个清晰的、科学的认识。

什么叫课程体系？根据刘道玉先生的观点：所谓体系就是一个系统，而课程体系是指诸多课程相互联系而构成的整体。从层次上来说，课程体系可以分为宏观、中观和微观三个层次。② 宏观的课程体系是指一所大学根据本校制定的培养目标而设计的课程整体。课程体系不是简单地指课程设置，而每所大学的课程体系也应当是不同的，这是创办富有特色大学的必要条件。中观课程体系是指一个系的课程体系，它们不应当是相互割裂的，而是互相联系而构成的整体。微观课程体系是指一个专业或一门课程的结构体系。

---

① 侯聪玲，广东梅州人，嘉应学院政法学院副教授，研究方向为思想政治教育。
② 刘道玉. 创造：一流大学之魂［M］. 武汉：武汉大学出版社，2009：206.

课程体系在整个教学中处于核心地位，它不仅决定了课程教学的有效性，而且也规定着大学生的合理知识结构。课程体系与一门课程的关系，犹如本与末的关系。如果只抓一门课程或一个专业课程体系的改革，只能是舍本逐末，不能从整体上设计培养大学生的规格。正如南京大学学者谢鑫、张红霞所言：我国一流大学的一流本科教育建设不应仅仅执着于课堂教学、网络教学、混合式教学、虚拟仿真教学、现场教学等教学方式方法的改革，当前亟待建设的"金课"应首先是或至少同时是"金"课程体系，而不是跨越式地追求"金"课堂效果。① 课程体系建设无疑是一流大学本科教育质量保障的基础性工作，是教学和学习的前置性要素，不可跨越式地跳过课程体系建设而追逐教学与学习效果。

二、当前高校课程体系的普遍性弊端

（一）通识教育课程界定含糊

通识教育课程体系中仍有大比例的传统公共基础课，大幅度跨学院、跨文理的课程以及交叉学科课程仍然比较缺乏。正如别敦荣教授所言：部分一流大学将所有非专业课程纳入通识课，通识课程体系庞杂，大多是早已存在的英语公共课、计算机基础课等，有的甚至将思政课、职业生涯规划课、"双创"教育课、心理健康教育课都收纳其中，一些大学以通识或学科大类课程之名而行公共课或专业课之实。可见，当前我国高等教育课程体系改革正处于由专业和分科化转向通识和整合化课程体系的过渡期，专业教育积习顽固，推行通识课程的阻力较大。

（二）通识教育课程开设不足，或流于形式

通识核心课程是通识教育的"核心"，其核心领域应覆盖人类知识的古今、中外、文理三维，学生借此来对人类丰富多样的知识版图和认知方法有一个全面的接触，并从中获得多元贯通的思想价值观念和理性思维方式，给专业课程的学习铺设良好的路基，为培养综合化、跨学科、创新型人才打下必要根基。但是当前高校通识教育课程普遍开设不足，要么课程数量不足，要么学分占比偏低，即便开设了课程，课程本身质量、学生学习质量也都堪忧。我国研究型高校普遍存在这类问题，地方高校情况更甚，这与学校的办学条件、师资条件息息相关，有待逐步改善。

（三）课程体系的纵向梯度设计欠合理

课程体系呈扁平化特征，从低阶思维目标到高阶思维目标的梯度明

---

① 谢鑫，张红霞. 一流大学本科教育的课程体系建设：优先属性与基本架构 [J]. 江苏高教，2019（7）：32–38.

显不足。特别是"顶点"课程缺位的问题不容忽视,目前的毕业论文和实践实习因循守旧,在实施过程中常常流于形式、走走过场,难以适应大四学生的学习需要,甚至出现大四"虚化"现象,即学生在大四这一本应进一步整合和升华前三年所学的年级反而收获很少。学校应精心设计和改进现有的毕业论文、实习实践环节,并积极推进"高级研讨班""本研衔接课程""企业研发项目"等课程创新,构建富有挑战度和创新性的大四"顶点"课程。

三、构建科学课程体系的对策

(一)以国际视野借鉴先进经验

20 世纪 80 年代前后,美国高等教育界对课程过度碎片化和重科研轻教学等问题进行了一系列反思,而真正大规模提高本科教育质量的课程改革行动在博耶等倡导的整体知识观课程思想的影响下,从 20 世纪 90 年代后期才全面开始。1998 年美国卡耐基教学促进会发布《重建本科教育:美国研究型大学发展蓝图》(《博耶报告》)直面时弊,报告指出:"很多学生在不断累积学习一些必修课程,但是仍然缺乏对知识的整体一致性认识,不清楚一种知识是如何与其他知识相互联系的。他们直到毕业时仍未学会如何有逻辑地思考、清晰地写作或口头表达。大学仅仅是给了他们一纸名不副实的文凭来帮助其找到第一份工作。""大学并未找到一种将本科生与他们最为珍视的科研使命整合起来的方法。高深研究和本科教学分道扬镳,前者是荣誉、认可和奖励的来源,后者则或多或少只是为了维持大学的生存。"该报告的目的就是"将本科生变成研究型大学里的大事"。其具体改革举措多数落在了课程体系的建设上。

2007 年,美国加州大学通识教育委员会发布的《21 世纪的通识教育》报告中也强调了类似的课程创新要点:①大一、大二研讨课;②自助餐式的课程广度要求;③跨学科课程群;④问题导向的课程;⑤本科生科研参与;⑥顶峰课程(capstone course)。可见这一课程架构在美国一流大学的本科教育中已获得广泛认可。

(二)以专业标准和专业认证为指引和导向

"质量为王、标准先行",2017 年底教育部正式颁布《普通高等学校本科专业类教学质量国家标准》(简称《国标》),这是向全国甚至全世界发布的第一个高等教育教学质量国家标准,涵盖了普通高校本科专业目录中全部 92 个本科专业类、587 个专业,涉及全国高校 56 000 多个专业点。《国标》把握三大基本原则:一是突出学生中心。注重激发学生的学习兴趣和潜能,创新形式、改革教法、强化实践,推动本科教学从

"教得好"向"学得好"转变。二是突出产出导向。主动对接经济社会发展需求，科学合理设定人才培养目标，完善人才培养方案，优化课程设置，更新教学内容，切实提高人才培养的目标达成度、社会适应度、条件保障度、质量有效度和结果满意度。三是突出持续改进。强调教学工作要建立学校质量保障体系，把常态监测与定期评估有机结合起来，及时评价、及时反馈、持续改进，推动人才培养质量不断提升。

此次发布的《国标》涵盖了普通高校本科专业目录中全部92个本科专业类，尽管专业类之间各不相同，但《国标》内容形式基本一致。其中，针对培养目标，要求明确该专业类的培养目标，对各高校制定相应专业培养目标提出原则要求；针对培养规格，要求明确该专业类专业的学制、授予学位、参考总学时或学分，提出政治思想道德、业务知识能力等人才培养基本要求。此外，对师资队伍、教学条件、质量保障体系等也做出要求。特别是在附录部分，要求列出该专业类知识体系和核心课程体系建议，并对有关量化标准进行定义。

吴岩司长要求"标准为先、使用为要"。立标准很重要，使用标准，让标准发挥"以标促建、以标促改、以标促强"的作用更重要，绝不能把标准束之高阁或者只挂在墙上。让高校动起来，各高校要根据《国标》修订人才培养方案，培养多样化、高质量人才。

专业标准的学生中心、产出导向、持续改进原则与专业认证的原则一脉相承。因此，要结合专业认证（包括工科、师范类专业认证）的标准做好各类专业的课程体系建设。

一要做好基于地方经济的社会需求分析。在"中国制造2025"和"工业4.0"背景下，在地区经济驱动下，各产业将呈现更深层次的网络化和智能化特征，引领产业向智能化、新型化发展，先进机器人、智能制造、绿色生产、智慧农业和智慧城市等方向将成为战略新兴产业。电子信息等产业将以高于经济增速两倍左右的速度快速发展，产业前景广阔。为服务和支撑产业转型升级，广东省走在全国前列，较早谋划了"新工科"建设。构建完整的工程专业课程体系，需先确定好人才需求规格和典型工作任务，根据各专业本科生人才市场上的典型工作岗位、工作任务及其能力需求调查结果做好汇总。

二要根据行业、企业调研结果制定人才培养目标，确定课程体系。搜集已毕业五年的校友及其用人单位评价本专业独立实践教学环节设置及其在实际工作中的作用的调查意见。根据调查结果和企业、行业对专业本科人才的需求，把专业方向归类。根据专业方向，分别制定每一个专业方向的培养目标，也就是预期"学习产出"，从而来确定专业课程体系中的主干核心课程群。

三要根据社会对专业人才的岗位能力要求的调研结果，分析人才规格要求，建立好毕业要求与课程体系关系矩阵。根据市场调查信息来确定本专业主要工作岗位所需的知识、能力和素养，作为课程体系构建的主要依据，然后建立好毕业要求与课程体系关系矩阵，从而建立一体化专业课程体系。①

四要解决"顶点"课程缺位问题。"顶点"课程是一种让学生整合、拓展、批判和应用在学科领域学习中所获得的知识、技能和态度等的课程。"顶点"课程具有发展学生综合素质和帮助学生从学校向职场过渡的功能，因而在美国的高等职业和技术教育中得到较广泛的应用。"顶点"课程也可作为我国应用型院校发展学生综合素质，增强学生职场竞争力和适应性的一种有效方法。"顶点"课程最显著的两个特点：一是为学生提供整合已得的知识、技能和态度等的机会；二是为学生进入真实社会做准备，即通过要求学生完成一些应用性的项目，如服务性实习等，为学生提供参与真实社会生活的机会，让学生把先前所学知识和技能应用于解决实际问题，为学生进入职业领域做准备。比如嘉应学院工科专业，引入工程教学的观念，根据课程特点，采用工程项目化的教学方式，使学生能有效感受项目研究、设计、开发与实现的全流程，不仅提高了学生的实践能力，还培养了学生的兴趣，充分调动学生的主观能动性，突出学生在设计中体验到的工程设计观念，也可以让学生在实践中充分发挥自己的想象力，突出学生的创新意识。

（三）以本校实际和特色为落脚点

课程是专业的基本构成元素，面对当前专业认证的严峻形势，课程改革与课程建设是当务之急。课程建设可以从课程资源、课程结构、课程实施（课堂教学）等不同侧面进行探讨和研究，而课程体系（架构）的优化应该是课程建设和课程改革的首选任务。课程体系构建又基本体现在专业人才培养方案之中，涉及专业人才培养方案的制订，因此这是一个系统工程。教育改革必须遵循教育规律，依靠广大教师，尊重他们的积极性和创造性。大学的主要任务是培养人才，因而必须依靠广大教师，任何好的教学方案，都必须由他们去实施。各校、各院、各专业、各课程都有自己的个性特点，应充分发挥每位教师的力量做好课程体系设计，以及人才培养方案设计。

---

① 李月华，郭玮，杨斌．基于工程教育专业认证的课程体系构建探讨——以南华大学电子信息工程专业工程教育专业认证为例［J］．教育现代化，2018，5（14）：107-108.

引用刘道玉先生的观点:"在吸取通识教育的基础上,我试图设计一种新的课程体系,姑且把它称作'以方法论为主线的四板块'的课程体系,以区别于以核心课程为主的三板块通识课程体系。……我所指的'四板块'的课程体系,是以方法论为主导,包括科学方法论;人文科学基础(分 A、B 两类课型,A 型适用于文科学生,B 型适用于理科学生);自然科学基础(分 A、B 两类课型,A 型适用于理科学生,B 型适用于文科学生);主修专业课(由各专业教师设计必修科目)。在课时比例上,方法论课占 30%,通识课(包括人文科学基础和自然科学基础)占 40%,主修专业课 30%。至于各类课程设置,应由各校制定,允许有自己的特色,科目和课时也可以有一定的弹性。"①

地方高校必须从现在起就开始转变观念,逐步加大教学内容和课程体系改革力度。基于嘉应学院实际情况,课程改革的方向应是,改革通识课程,围绕培养适应地方经济社会发展需要、具有创新精神和实践能力的应用型人才,精心建设一批课程,减少课时总量,增加课程门数,提升教学效果;强化学科基础课,围绕培养厚基础、宽口径、强能力的高级人才的应用型本科教育的基本要求,适度增加基础学科课程,加强和完善主干学科课程;改造专业课,围绕提升学生就业竞争力的现实要求,建设精干专业主干课程,扩展专业方向课程,适当压缩纯操作性的实务专业课。

应用型本科教育不是职业教育,课程设置必须有较充足的理论基础以满足学生可持续发展的要求,这是本科生最基本的需要;应用型本科教育的课程是专业定向而不是学术定向,课程设置必须有较好的职业训练以满足学生就业的要求,这是高等教育大众化后大学生最现实的需要。要科学构成学校、二级学院、专业各层面的应用型本科课程体系,明确各课程模块的内涵、作用和构成,才能达成提升地方高校应用型本科教育水平和教育质量的终极目标。

课程改革任重而道远,可喜的是,国家已出台《普通高等学校本科专业类教学质量国家标准》和《普通高等学校师范类专业认证实施办法(暂行)》,为改革提供了有力的支点和依托。

基于暑期的培训学习,笔者更加关注课程问题,在此仅仅提出一点思考,期待课程体系问题能够得到更充分的重视。更多的探索有待进一步深化,特别是有待各方专家学者、广大教师共同探讨,形成合力、达成共识,从而促进学校教育教学水平的真正提高。

---

① 刘道玉. 论大学本科课程体系的改革 [J]. 高教探索,2009(1):5-9.

高校"金课"的内涵及打造策略探究

李春刚①

一、"金课"的内涵

2018 年 6 月 21 日，教育部部长陈宝生在新时代全国高等学校本科教育工作会议讲话中首次强调，应该扭转"玩命的中学、快乐的大学"的现象，真正把"水课"变成有深度、有难度、有挑战度的"金课"。随后，2018 年 8 月 27 日，教育部印发《关于狠抓新时代全国高等学校本科教育工作会议精神落实的通知》，明确要求高校要淘汰"水课"、打造"金课"，合理提升学业挑战度、增加课程难度、拓展课程深度，切实提高课程教学质量。这是教育部首次对高校提出建设"金课"的要求，同时也是在高校教育质量引起社会共鸣与担忧之际，教育部吹响了高校"金课"建设的号角，所有高校、专业、教师都应响应政策号召，投入到"金课"学习和打造过程中。

当下高校中的"金课"是一种隐喻，特指具有较高"含金量"和高度学术性或实用性价值，像黄金一样有高价值负载的课程。② 教育部高等教育司司长吴岩将"金课"的标准概括为"两性一度"，即高阶性、创新性和挑战度。③ 打造"金课"的目的是提高高校教育教学质量，培育卓越、有用、高能的社会主义现代化人才。

高校作为培育高级人才资源、服务社会发展最重要的输出源平台，其教育教学质量直接影响着个人前途，甚至影响国家发展和未来命运。课程作为大学生学习最重要的媒介载体，最能体现和反映高校教育教学质量。对 G 省 280 名大二和大三学生的调查显示，超过 69% 的大学生认为大学课程存在大量"水课"。所以，高校淘汰"水课"，打造和建设"金课"，是当前高校推进教育教学改革、提升教育教学质量建设的重要

① 李春刚，甘肃靖远人，嘉应学院教育科学学院讲师，主要研究方向为学前教育。

② 王运武，黄荣怀，彭梓涵，等. 打造新时代中国"金课"　培养"卓越拔尖"人才[J/OL]. 中国医学教育技术，2019（4）：379 - 384，388［2019 - 07 - 28］. https://doi.org/10.13566/j. cnki. cmet. cn61 - 1317/g4. 201904001.

③ 吴岩. 建设中国"金课"[J]. 中国大学教学，2018（12）：4 - 9.

机遇，也是促进高校教育教学质量实现跨越式提升的源动力，很有意义和必要性。

二、高校"金课"打造策略

"金课"是教师教育责任、教学能力，学生学习态度，学校教学激励机制、教学媒介体系等的合力体。根据课程实施要素，"金课"由"金"的师资，"金"的课程、教学与环境等媒介体系（"金"的课程理念、"金"的课程目标、"金"的课程内容、"金"的课程评价、"金"的教学过程、"金"的积极与支持的教学环境），"金"的学习态度的学生等构成，所以，高校打造"金课"是一项复杂的系统工程，需要多方合作协同打造和建设。

（一）激发教师乐于、善于用心教学的内部驱动力

"金课"打造的关键是教师，可以说教师的教育责任心和教学能力是决定课程是"金课"还是"水课"的最大影响因子。故而，高校打造"金课"，首先要打造"金"教师。"金课"打造的目的是提高高校教育教学质量，培育卓越、有用、高能的现代化人才。而教育质量提升的关键不在于能出一个或几个"名师"，而在于大多数教师能上"金课"。①基于社会大背景、高校教育教学特点和矛盾，要想让学校大多数教师有"金课"，需要内、外激发与施压，学、做、研结合，激发地方高校教师重视教学、用心教学的内部驱动力。

1. 内、外激发与施压

高校教师作为社会风尚的重要引领群体，有着较高的职业道德和社会责任素质，理应积极响应社会和政策号召，通过打造"金课"提升教育教学质量。教师内在驱动力是打造"金课"的源动力，所以，高校教师要重视和乐于教学，重视和负责教学质量，重视和追求每一课时都有"金课"。高校教师一方面要突显自身科研优势，重视以科研促进教学；另一方面也要不忘初心，牢记教师的使命和本职是教书育人，即在教学与科研的关系中，教学永远是高校教师的第一要务。高校教师重点要从提升自身职业道德责任和教学兴趣两方面重视教学，善于从总结和反思中获得教学的能力、培养用心教学的习惯。

此外，学校也要重视和积极促成一些外在制度，来促进和保障每一位教师积极参与打造"金课"，制度主要包括以下两方面：切实鼓励和支持教师积极参与教学，从多方面大力奖励有"金课"的教师；限制没有

---

① 周海燕."水课"里的"水"怎么挤出去？[J]. 高校教育管理，2019，13（4）：64-71.

参与教学或有"水课"的教师职称晋升。学校甚至需要牵头设立重点项目，组成"金课"建设团队和邀请指导专家，形成"金课"建设方案，专心攻破"金课"建设难题。

2. 学、做、研结合

当前，"金课"还是一个新兴的未成熟体，需要所有高校、教师、科研与教学机构等积极投入探索。高校教师对于"金课"尚属于摸索阶段，在"金课"打造过程中将会面临一系列难题，如没有模仿对象体、参照指标体系，甚至不理解"金课"内涵等，所以高校教师在"金课"打造过程中需要将学习"金课"、创造"金课"、研究"金课"结合起来，在摸索中学习如何打造，实现教师与课程共同进步。同时，高校教师要积极参与国内外"金课"打造的系列培训与交流，以及优秀"金课"实践观摩，广泛深入接触"金课"的最新研究和实践成果。在学、做、研中理解"金课"，建设符合自身特点的"金课"，努力实现每位教师有"金课"、学生每节学"金课"的目标。

（二）革新课程、教学与环境体系，体现"两性一度"的标准特征

适宜的课程、教学与环境体系是构成"金课"的重要因素。优质的课程、教学与环境体系在一定程度上可以吸引学生注意和积极参与，激发教师打造"金课"的激情和信心。所以，在打造"金课"过程中需要重视革新课程、教学与环境体系。

1. 优质的课程大纲

优质的课程大纲是打造"金课"的必要条件，高校、教师等要大力改善和用心编制优质的课程大纲，优质的课程大纲包括先进的课程理念、卓越的课程目标、丰富和有深度的课程内容、积极和诊断性的课程评价。教师要系统学习相关课程，熟悉课程知识体系、逻辑、最新研究动态、在专业中的作用价值等，清晰把握学生的学习规律与特点，引导学生批判创新思维、认识与解决现实问题等高阶能力的发展。课程大纲既要有严密的计划性，也要留有生成和创造知识的空间，定期或不定期更新升级。设计的优质课程大纲一定要体现"金课"高阶性、创新性、挑战度的标准特征。

2. 高效的教学过程

高效的教学过程是最能体现和检验"金课"的空间，也是建设和打造"金课"最关键的时间点。当前，对高效的教学过程尚没有统一的认识，不同教师和专家有不同的理解和标准，高效的教学过程不一定能满足大多数学生个性化的学习需求，但一定能引导大多数学生深度参与和思考，并产生继续迁移学习的兴趣和欲望。高校教师要不断实践—反思—再实践，打造学习者和教学者皆满意的高效能的教学模式。教学过程中应坚持"教师主导—学习者主体"的双主教学模式，教学方法多样化，依据教学内容选择适宜的教学方法；坚持产教研融合、协同育人、知行创合一理念；不但要有极具挑战度的理论，也要有丰富的实践体验活动，更要有高质量的互动和研创；不但要有前沿的信息理论，也要有合理清晰的解释，更要善于启发引导和思考运用迁移；考核方式和主体多元化，过程与结果相结合，考核以努力程度、思维能力和操作技能为导向。教学过程突出"金课"高阶性、创新性、挑战度的标准特征。

3. 适宜的教学环境

教学环境对"金课"打造有重要的影响，适宜的教学环境标准较多，但主要指优良的物理和心理环境，如安全、清洁、温湿度适宜、通风良好、无线网络覆盖、桌椅摆放可变动、有无线话筒等有益于智慧互动课堂的学习活动室，师生比适宜，学习氛围浓厚，有定期的教学督导，师生关系融洽等。学校要重视适宜的教学环境的建设，尤其是心理环境的建设，切实支持和服务学校教学和校园学习。

（三）点燃学生乐于学习的热情，引导学生成为自主的学习者

打造"金课"的重要目的是培育卓越、有用的现代化人才，而卓越、有用的现代化人才一般也是热爱学习和自主学习的学生。学生的学习投入度与学习收获（即享受到的教育服务价值程度）是判断一门课程是"水课"还是"金课"的重要标准。[①] 所以，激发学生乐于学习的内部驱动力对于打造"金课"非常重要。

1. 引导学生树立人生理想追求，发现和选择感兴趣的专业

学生是学习的真正主体，理想和兴趣是学习的重要动力。拥有正确的人生理想，有利于找到学习和努力的方向与目标，找到感兴趣和对人生目标有助益的专业无疑会增加学生学习的积极性，对于激发学生学习内部驱动力非常重要。学生的学习态度是打造"金课"的重要因素，要想让学生全情投入、认真专注，就要引导他们树立正确的人生理想，也要给他们选感兴趣专业的机会。学校要给予制度保障，教师要积极耐心引导和鼓励。

2. 课程实用且有含金量，引导学生积极参与和创造

课程作为学生学习的最重要载体，需要他们全程高度参与和高效学

---

① 王运武，黄荣怀，彭梓涵，等. 打造新时代中国"金课" 培养"卓越拔尖"人才 [J/OL]. 中国医学教育技术，2019（4）：379－384，388［2019－07－28］. https：//doi. org/ 10. 13566/j. cnki. cmet. cn61－1317/g4. 201904001.

习。要想激发和保持学生的学习热情，就需要课程实用且有含金量。高校大多数课程都较为实用，但其意义和实用之处需要教师深度分析和清晰解释，这样学生才能明白，含金量高的课程更需要教师用心费时花力雕琢和阐述。同时，教师还要引导学生积极参与课程，亲身体验和直接感受知识理论的产生、发展和成型的过程，理解其意义和深刻背景，使学生有兴趣深度学习，并能创造知识，形成创造性思维。

总之，当下高校打造"金课"很有意义和必要性，可以从"金"师资、"金"媒介体系、"金"学习者三方面打造：激发教师乐于、善于用心教学的内部驱动力；革新课程、教学与环境体系，体现高阶性、创新性、挑战度的标准特征；点燃学生乐于学习的热情，引导学生成为自主的学习者。

打造高校"金课"的若干思考
——以"小学数学教学论"课程为例

李运华①

"金课"一词是教育部部长陈宝生于 2018 年 6 月 21 日在四川成都举行的新时代全国高等学校本科教育工作会议上提出来的。2018 年 11 月 24 日，在广州召开的第十一届"中国大学教学论坛"上，教育部高等教育司司长吴岩对"金课"做出详细分析说明，指出提出"金课"的大背景是中国教育普遍存在"玩命的中学、快乐的大学"现象。许多大学生以"一年级放松、二年级适应、三年级学习、四年级找工作"的模式度过大学四年，他们需要合理"增负"。"金课"相对于"水课"具备高阶性、创新性、挑战度，即要培养大学生的综合能力和高级思维，培养大学生的探究精神和个性化，培养大学生勇于接受有一定难度的挑战的能力。②

打造"金课"是弥补中国大学教育短板、突破中国大学教育改革瓶颈的关键所在。本文以"小学数学教学论"课程为例，谈谈对于高校打造"金课"的一些思考。

一、打造"金课"是新时代教育要求

（一）中国高等教育改革需要"金课"

1999 年高校开始大规模扩招，我国高等教育迈向普及化阶段，高等教育规模从此得到迅速发展，大学生在校人数急剧增加。但规模扩张导致质量问题，高校办学质量难以满足日益发展的社会、经济需要，难以满足学生的多样化需求。高校有必要大力开展教育改革，走内涵式发展之路，打造自己的"硬核"。高校的"硬核"是课堂教学质量，课堂教学质量既要满足社会发展需要，又要满足学生成长需求。

高等教育改革路径有两条：自上而下和自下而上。自上而下是高校按国家和政府主导的宏观指导进行改革，自下而上是各个院校自发进行

① 李运华，广东五华人，嘉应学院教育科学学院副教授，主要研究方向为儿童心理学、认知心理学。

② 吴岩. 建设中国"金课"[J]. 中国大学教学, 2018（12）：4-9.

内部的自主性改革。高校不能坐等上级指示，而要激发自身改革活力，增强自我革命的动力，积极主动开启学校内涵式发展改革之路，提高学校竞争力。高校内部自主性改革需要依靠高校教师自觉参与到教育改革中来，需要每一位高校教师进行自我革新。新时代高校教育要求高校教师对自己的课程教学进行大胆、科学的改革，使自己的课堂教学能有效地为新时代社会、经济服务。

（二）大学生可持续发展需要"金课"

大学生就业形势严峻，许多大学生希望能从大学里学到可以"安身立命"的知识技能，提高就业能力，希望在大学期间练就"接受社会挑选"的一身本领。课堂是大学生学习的主阵地，但因为高校教师肩负着沉重的科研压力，很多高校教师把大部分精力花在科研上，无暇顾及课堂教学，大学生迫切的学习需求与教师课堂教学边缘化这一矛盾呼唤"金课"的出现。"金课"是知识能力素质的有机融合，其课程内容反映前沿性和时代性，教学形式呈现先进性和互动性，课程有一定难度。[①]"金课"能满足大学生的学习需求，大学课堂需要"金课"。

高校课程普遍存在"重理论、轻实践"弊端，[②] 课程开设"重理论"，且有些理论知识比较陈旧；课程讲授"重理论"，脱离实践。"小学数学教学论"是一门实践性较强的课程，课程内容要与当今小学数学教育实际紧密联系在一起；课程形式不应是单一的"教师讲授"，而应重视实践教学，让学生在教学实践中去感受和体验，去训练和提升教学技能，去发展教学能力。

二、打造"金课"的几点思考

"金课"有深度、有难度、有挑战度，既能反映新时代社会要求，又能满足大学生个性成长需求。打造"金课"课堂最重要的是做好如下工作：

（一）"金"教学内容

教学内容是"金课"的第一要素，是体现有深度、有难度、有挑战度的重要载体。

教学内容要有利于新时代课程目标的实现，课程要为社会主义新时代建设培养有用的人才，育人是回归教育本质的必然要求。"小学数学教学论"教学内容的组织和设计要考虑社会需求，考虑小学教育所需要的

---

① 吴岩.建设中国"金课"[J].中国大学教学，2018（12）：4-9.
② 李运华.师范生教师核心能力实证研究[J].教师教育学报，2018，5（3）：23-30.

人才规格和质量，教学内容要有利于培养师范生适应基础教育实践，有利于师范生毕业后顺利走向小学讲台。当前一些高校的"小学数学教学论"课程理论讲授过多，可操作的实践技能训练过少，学生修完课程后仍不敢站在小学教室的讲台上，仍难以独立开展小学数学课堂教学。

课程教学内容不仅要着眼于小学教育实际需求，还要有利于新时代大学生的成长。课程教学内容要满足大学生的心理需求和学习需要，在当前严峻的就业形势下，很多大学生担心毕业后无法找到合适的工作，或者担心就业后无法发挥自己专业的优势。"小学数学教学论"教学内容的组织和设计要采纳贴近学生能力水平、来自小学一线教师的实践案例，这类案例来源于实践，接近学生实际，受到学生喜爱，能激发学生的学习兴趣和参与课堂活动的积极性，有效吸引和启发学生。

因此，我们要大胆改革"小学数学教学论"课程内容，精心组织和设计"小学数学教学论"教学内容：把小学数学教学的基础知识、基本技能有机地结合起来，把小学数学教师的教学经验、可操作的技能，能提升学生教学实践能力的素材等融合在课程内容中。例如把如何分析小学数学概念，规则教学的算法是什么，如何帮助小学生构建空间与图形模型，如何挖掘统计观念，等等，作为课堂教学的主要问题，让学生研讨，使学生通过研讨来提高教材分析和掌控能力。

（二）"金"教学方法

"金"教学方法是教师提高教学效率、学生学习成功的有效途径。不少专业课侧重理论教学，一些学生在课堂上感觉所学教育理论近在眼前，但又摸不着、抓不住，难言有高质量的学习。"金"教学方法就是要教师重视理论与实践相结合，选择有效的教学方法，激发学生的学习自觉性和自主性，提高学生的课堂学习难度，提升教学效率。

"小学数学教学论"的应用性、实践性较强，课程理论知识点和教学技能繁杂，课程教学需要把理论和实践两者结合起来。传统教学方法容易忽视学生需求，忽视教学理论的实践应用，因此我们可以改革"小学数学教学论"的教学方法，采用"讲授＋案例＋教师提问＋学生讨论＋学生提问＋教师解惑＋学生实践＋最后总结"的组合教学模式。在这个组合教学模式中，以教育理论、案例、学生实践等为主要教学元素，结合具体教学内容和学生实际，灵活采用讲授、探索、尝试等教学方法，引导学生自觉地、主动地钻研所学教育理论，积极地进行小学数学教学尝试，获取数学教学实践的感受和经验，提升课堂教学实践能力。

（三）"金"教学实践

俗话说，"是骡子是马，拉出来遛遛"，教学实践是组成"金课"的关键要素，是学生是否真正学有所成的"试金石"。师范专业的教学改革核心是实践教学，学生只有在教学实践中才能收获教学经验，才能形成内化的教学技能，"小学数学教学论"课程教师应创建符合小学实际的教学实践场景，让大学生在教学实践中学以致用。

打造"小学数学教学论"这一门"金课"，需要构建课内融合课程，搭建开放的实践平台。应把课程融合于小学数学教学实践，让学生在实践平台上综合利用专业知识，在实践中检验和应用专业知识，把专业知识变成自己的实践体会、实践经验、实践技能，形成自己的专业能力。在充分利用课内融合教学实践平台的同时，还要充分利用校内外的各种教育实践活动，为学生搭建课外多元化实践平台。

我们可以利用校内、校外的实践机会，最大化发挥学校微格教室、教育实习基地、教学实践活动等平台功能，在校内外开展丰富多彩的教学实践活动。[1] 如举办三笔一画、上课、说课等教师教学技能比赛，[2] 建造一些优质教育实践基地，精心挑选一些名校以及有特色的小学作为教育实践基地。[3] 通过各种实践平台，培养学生的专业兴趣，提升学生的专业能力。

三、结语

打造"金课"是新时代教育改革的应然要求，是满足大学生成长需要的重要举措。"金课"具有高阶性、创新性、挑战度特征，我们可以通过打造"金"教学内容、"金"教学方法和"金"教学实践来打造"小学数学教学论"课堂教学：教学内容要针对学生学习需求，让学生学到实用的基础知识和课堂教学技能，提高教学能力；教学方法可以采用"讲授＋案例＋教师提问＋学生讨论＋学生提问＋教师解惑＋学生实践＋最后总结"的组合模式，激发学生的学习兴趣，让学生边学边用，发展学生的教学操作能力；构建多元化教学实践平台，让大学生"真刀真枪"开展小学数学教学实践，帮助他们在实践中获取教学体验，形成和发展专业能力。

---

① 李运华. 地方高校学生对小学教育专业认同感的研究——以广东省地方高校为例［J］. 教学研究，2013，36（3）：107－124.

② 李运华. 大学生小学教育专业认同感调研与理性思考——以广东高校为例［J］. 教育文化论坛，2013（2）：47－51.

③ 李运华，彭旭，罗泳桃. 高校小学教育专业学生专业认同感实证研究——以广东高校为例［J］. 教师教育学报，2014，1（4）：84－90.

以案例为主体的"小学语文课程与教学论"课程目标与内容建构的思考

刘锡娥①

课程一般会随社会的发展而发展，如何优化课程内容以满足基础教育对小学语文教师素质结构的需求，是师范教育小学教育专业面临的主要任务之一。案例具有时代性，将案例引入课程是改革和创新的有效途径。郑金洲指出："在案例教学中，课程设计占据着突出的地位，因为在师范教育或师资培训中，案例教学几乎无现成的、固定的教科书或教学参考书，不仅是教学材料需要任课教师准备，而且教学目标等也需要教师具体确定、落实。"② 据此，本文尝试对以案例为主体的"小学语文课程与教学论"进行建构性阐释。

一、以案例为主体的课程内涵

"案例"一词最早出现于医学界和法学界，目前对案例的含义比较公认的一种简单说法是：案例是对含有疑难问题的实际情境的真实描述。用于师范教育的案例是教育教学实践经验的积累，描述的是中小学的教学实践，一般应具有真实性、典型性、情景性、完整性、时代性和问题性等特征。以案例为主体的课程内容源于案例教学的需要，哈佛商学院和公共管理学院的研究者们认为，案例教学是以案例为基础完成特定学习目的的教学方法，③ 案例是课堂教学的基本内容。因此，以案例为主体的课程是由案例和讨论题组成的（课程内容和课程目标隐含于其中），即通过案例反映课程内容、达成课程目标的课程。由于研究者们着眼的角度不同，对案例的分类也不尽相同。根据案例的性质，可分为成功案例、研究探讨型案例和失败案例；根据案例的内容特点，可分为意外案例、专题式案例和综合式案例；根据案例的呈现形式，可分为文字类案例、

① 刘锡娥，辽宁丹东人，嘉应学院教育科学学院副教授，研究方向为课程与教学论及教师教育。

② 郑金洲. 案例教学指南［M］. 上海：华东师范大学出版社，2000：36.

③ 孙军业. 案例教学［M］. 天津：天津教育出版社，2004：17.

视听类案例和现场类案例。

二、将案例引入"小学语文课程与教学论"的必要性

(一) 反思缄默知识

缄默知识即我们常说的"只可意会不可言传"的隐性知识。缄默知识对认识与实践的影响是非常复杂的，无论你是否意识到，缄默知识总是存在着，并以其特有的方式发挥着作用。正如当代著名心理学家斯滕伯格所说："缄默知识既能成为一种提高行为效率的资源，也能成为导致行为效率低下甚至失败的根源。缄默知识的功效取决于人们对它们的接受及有效使用。"[①] 对师范生而言，他们关于小学语文教育教学的知识并非空白，而是存在着许多来自他们受教育经历的缄默性教育教学知识（包括教学内容、方法、过程、师生行为等）。由于我国正处于新课改时期，师范生的缄默性教育教学知识大多是不良的，但师范生自己很难意识到，而能使师范生意识到自身不良的缄默知识的唯一途径就是使缄默知识显性化。案例作为教育教学实践经验的积累，呈现的是真实的教学情境，能使教改中存在的问题显性化，师范生结合案例可以反思执教者的成功所在（优秀案例）或问题所在（研究探讨型案例或失败案例），认识缄默知识的存在及其所发挥的作用，并在教学设计和实践中主动扬弃，学会有效利用或控制缄默知识。

(二) 内化显性知识

师范生的理论与实践相脱离的原因可能有很多，但解决问题的关键所在就是要意识到显性知识只有转化为缄默知识才能支配师范生的教学行为，而通常情况下显性知识是不能直接转化为缄默知识的，必须有一个内化、建构的过程。在师范生的显性知识与实践之间存在着一个中间地带，显性知识作为共性知识，只有借助案例这个中间地带，才能不断地转化为个性知识，并呈现在师范生面前。也就是说，师范生只有借助一个个生动鲜活的案例分析，才能内化显性知识，并逐步构建属于自己的个性化的缄默知识结构，从而支配他们的教学行为。

因此，师范教育课程改革只关注显性知识是不够的，认识和理解缄默知识是课程目标得以实现的必要前提。案例作为个性知识可以有效解决"教育智慧不可言传"的问题，是师范生头脑中的缄默知识与显性知识相互转化的载体，是引导师范生反思缄默知识，并将显性知识内化、运用于教学实践的有效途径。

---

① 石中英. 知识转型与教育改革［M］. 北京：教育科学出版社，2001：230.

三、以案例为主体的课程目标构建的思考

以案例为主体的课程目标是否合理，需要关注以下几方面内容：

（一）是否通过案例分析来实现

在以案例为主体的课程中，案例是其主要课程内容，课程目标中应体现案例的作用和地位，所有课程目标都要借助案例分析来实现。

（二）是否符合现代课程目标的价值取向

一般来说，课程目标的价值取向主要体现为三个维度：从课程职能倾向的维度看，表现为个体本位或社会本位的价值观；从课程内容遴选和组织的维度看，表现为知识本位、能力本位或观念本位的价值观；从课程设计和开发主体的维度看，表现为教师本位或学生本位的价值观。①任何课程目标都应遵循一定的价值取向，以案例为主体的课程也不例外。结合上述分析，笔者认为本课程目标的价值取向应为：注重师范生的个性发展，以提高能力、更新观念为主，突出师范生的主体地位，同时也要兼顾基础教育的需求。

（三）是否突出课程的重难点

以案例为主体的"小学语文课程与教学论"课程的重难点一般包括两个方面：一是案例及其类型的选择问题。案例的选编是课程建构的重点，也是其关键，目前并没有这方面的专门案例资源库，所选案例能否反映课程内容并达成课程目标至关重要。二是课程在师范教育课程体系中的地位问题。虽然目前普遍认为"小学语文课程与教学论"属教育类课程，但对其地位和重难点的厘定还存在一定偏颇，大多认为应以技能性和实践性为主。但从师范教育的课程体系来看，这种定位是欠准确的，理由很简单，师范教育课程一般分为三大类，即公共课程、专业课程和实践课程，其中专业课程分为学科课程、教育类课程和技能类课程，教育类课程又包括教育学、心理学、学科教学法（课程与教学论）、教育政策与法规、教育科学研究方法、学校与班级管理、教育心理学、中外教育史等。可见"小学语文课程与教学论"属专业课中的教育类课程，而非技能类课程，更非实践课程。但从课程间的关系来看，它既是实践课的基础，也是教学技能训练课的基础，与实践课和教学技能训练课有一

---

① 郭大民. 大学英语课程内容建构的理论依据和原则［J］. 黑龙江高教研究，2004（11）：124－126.

定的相关性。对教育类的其他课程来说，它是研究如何把理论转变为一个个具体的可操作的教学设计方案；对实践课和教学技能训练课来说，它是研究如何将设计好的教学方案顺利地付诸教学行为。因此，研究小学语文教学设计及其理论依据，形成初步的小学语文从教能力，是"小学语文课程与教学论"的重点和难点。

结合以上分析，笔者依据师范生的实际需要，尝试从知识与技能、过程与方法、情感态度价值观三个维度，将以案例为主体的课程目标确定为如下三大模块：

模块一	借助对典型优秀（专题和综合）案例的分析，明确并掌握语文学科教学的基本理论和基本工作常规，感受教学设计
模块二	借助各类典型案例，研究小学语文各领域、各类课文教学的内容指向及重难点，领悟教学设计的科学性，了解缄默知识及其在教学中所发挥的作用，尝试运用学科教学理论进行教学设计，增强从教自信心
模块三	通过微格教学实践反思自己的教学设计，认识支配自己行为的缄默知识，并借助典型案例的分析（别人的或师范生自己的），形成反思意识和习惯，完成缄默知识与显性知识的相互转化，构建师范生个人的实践知识结构

四、以案例为主体的模块化课程内容构建的基本模型

课程内容的构建要考虑很多因素：一是课程目标的需要，二是职前教师的需要，三是教师专业发展的需要。完整的以案例为主体的"小学语文课程与教学论"课程内容的构建是一个复杂的过程，也是一个动态发展的过程。

（一）模块化课程内容的选择与组织

构建模块化课程内容结构，既是课程目标的需要，也是案例选编的需要。只有针对相对完整或确定的知识点，才能选编好恰当的案例。模块化课程内容的选择与组织需关注以下几点：

1. 重要性与实用性

这是针对课程内容的选择来说的。案例教学以案例为主要教学内容，但并非不需要学理论，而是在案例分析中得出理论，是从实践到理论。所以可以说案例教学是一种倒过来的教学方法，不强调理论学习的系统

性，其理论知识点的确定重点关注两方面内容：一是重要性，关注的是课程的地位，即课程内容的选择要突出课程的重难点——教学设计和初步从教能力的培养。二是实用性，关注的是师范生的需要，即课程内容的选择必须考虑师范生的需要，既包括目前的需要，也包括其专业发展的需要。从这一点来说，课程内容的选择既要关注基础性，也要关注发展性。

2. 完整性与层次性

这是针对模块化课程内容的组织来说的，完整性是从内容的角度关注模块内部的构成，层次性则是从师范生学习过程和发展的角度关注模块的内部结构或模块之间的组合关系。即模块化课程内容的组织既要注意模块内容的相对完整性，也要注意模块内部或模块之间的层次性。这既是师范生学习过程的需要，也是模块化课程和案例教学的需要。

依据上述分析，笔者将原有的课程内容改造并整合为重点突出、相对完整又体现层次的三大模块，即"学科教学理论""教学设计研究""教学实践"。每个模块内部都可根据师范生的实际需要设计既关注基础性又关注发展性的小模块或更小的模块。如"学科教学理论"模块可包括小学语文教材分析的方法、语文课程理念与教学规律、小学语文教学工作常规（教案编写、听评课、说课）、基本的教学研究方法等。"教学设计研究"模块可分为阅读教学、识字与写字教学、口语交际、习作、综合性学习五个领域进行研究。其中阅读教学设计还可分成几个更小的模块分别研究，比如可按低、中、高三个阶段来分，也可按课文的类型（散文、记叙文、说明文、古诗、寓言、童话）来分，每个模块既要研究教学指向和教学设计，也要研究设计的理论依据。"教学实践"模块即微格教学实训，这一模块可与案例分析交叉、并行安排。模块内部的相对完整性和层次性体现为某一内容的理论学习、设计指导和实践指导三个层次，如"教学设计研究"中的"板书设计"要体现的三个层次为：板书设计的方法和要求；研究板书设计及其理论依据；实际课堂教学中如何呈现板书内容。

（二）模块化课程内容构建的基本模型

1. 基本模型与特点

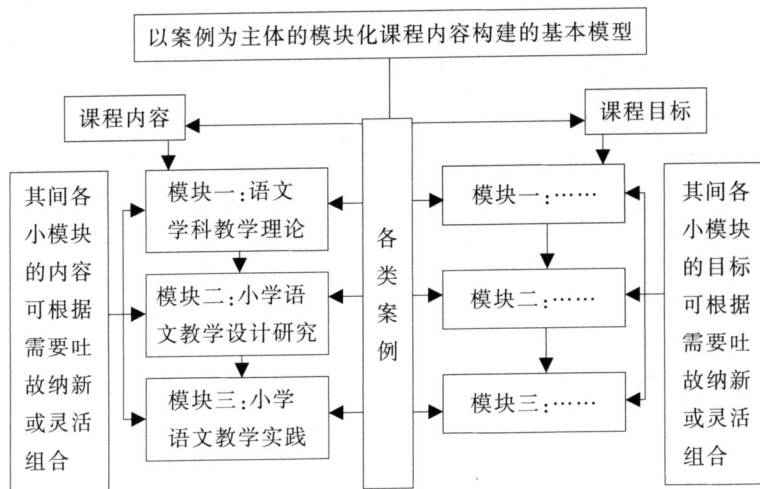

这是一个以模块化课程内容的选择与组织为依据，通过案例反映课程内容，并预期达成课程目标的模块化课程结构的最基本模型。将案例与模块整合的课程，实际上是一个动态发展的、开放的、个性化的课程。具体特点如下：

（1）灵活性。这是模块化课程内容的本质属性，主要体现在两个层面：一是课程层面，这种课程结构灵活性大、针对性强，可以通过调整不同模块的组合，及时调整课程内容，形成个性化的课程，培养个性化的人才，而且课程内容还可以以模块为单位灵活地吐故纳新，这也是模块化课程内容的优势之一。二是实施层面，实施中模块三可与模块一、模块二并行安排，各小模块还可依师范生的实际需要再次移动组合。

（2）开放性。这是以案例为主体的课程内容的本质属性，因为案例本身具有时代性，可以随着时代的发展不断更新，既要能体现新理念、新要求，又要能满足各类思维类型学生的需要，而且案例中讨论题的设计也是开放的。因此，以案例为主体的课程内容可随时代的发展常换常新，可以满足各层次师范生发展的需要。

（3）反思性。这是由案例的功能决定的，案例是师范生实践、反思和发展的有效载体，能使师范生认识自身存在的缄默知识，并通过反思完成缄默知识和显性知识的转化，帮助师范生构建个人的实践知识结构。

2. 案例选编的原则

选编案例是构建以案例为主体的课程内容的重要环节，所选案例在多大程度上反映课程内容，以及案例类型、案例中的讨论题是否恰当等，都将直接影响课程目标的达成度。

（1）案例质量第一的原则。案例的质量基本上反映了课程内容的质量，构成课程的案例不应是教师随意选出来的，案例及其问题设计必须以能完成一定的课程目标为准则。案例要具有真实性、典型性、问题性和时代性。由于缺乏案例资源库，目前能搜集到的大多是教学实录或教学音像资料，很难找到适合需要的现成案例。因此，对这些资料进行选择、裁剪和编辑（加背景和讨论题）是案例选编的一项重要任务，也是教师必不可少的工作。如果能通过集体合作的方式完成这一任务，不仅能减轻教师的负担，还有利于提高案例的质量。

（2）各类案例相结合的原则。这既是培养目标的需要，也是师范生学习兴趣的需要。案例类型不同，其特点和作用也不相同，如文字类案例有利于反复阅读，音像类案例形象生动，成功的案例有利于教学设计的指导，研讨型案例能引导反思。只有将各种类型的案例进行组合，才能满足各种思维类型、各种层次师范生的需要。

（3）由简单到复杂的原则。这是由师范生学习方式的现状和专业发展的需求两方面决定的，即开始选择的案例内容不要太复杂，讨论题要从师范生的实际出发，难易适度，要考虑师范生的理论基础。当师范生适应了这种学习方式后，可逐渐选择综合的、复杂的案例，因为课程引入案例的目的就是要引导师范生学会在复杂的情境中解决问题，以满足专业发展的需要。

3. 各类案例与课程内容、课程目标整合的具体建议

案例与课程内容、课程目标的整合度是构建以案例为主体的课程的关键，笔者结合实践经验，从课程目标达成的角度出发，对具体课程内容与案例的整合提出如下建议：

分析小学语文教材时应先以一组教材为案例，研究单元内部各部分之间的横向联系，掌握各部分的编写意图，确定单元重难点（人文目标和读写训练重点），然后再以单元重点为主线研究一册及一套教材的编排体系；研究小学语文课程理念和教学规律时，最好选择典型的专题式案例，尤其是能反映当前新课改实施中存在的实际问题的案例，明确理念

和规律的落实方法；关于教学工作常规，可以以一节典型的优质课为案例（最好是音像案例），从不同角度引导师范生掌握教案编写、听评课、说课的基本步骤与方法；研究小学语文各类教学指向时，最好选择优秀案例（专题式或综合式），引导师范生感受执教者都讲了哪些词、句、段、篇的内容，开发了哪些课程资源，落实了哪些重难点；研究小学语文各类教学设计及其理论依据时，应先以典型的优秀案例为主，对各项教学设计逐项突破。当师范生有了一定的设计能力后，再根据其实际需要选择各类教学案例引导他们反思，这些案例可以是成功的，也可以是失败的，可以是专题的，也可以是综合的，可以是别人的，也可以是师范生自己的；研究小学语文教学实践时，可根据师范生的实际需要安排各类案例，包括来自他们自身的教学实践和来自当地小学的现场类案例。另外，所有案例中讨论题的设计都应体现引导师范生反思缄默知识、内化显性知识，帮助师范生构建合理的个人知识结构的原则。

（三）模块化课程内容示例

在以案例为主体的课程中，案例的质量尤为重要，为呈现其课程效果，笔者以第一模块中的一项内容为例，将案例与课程内容、课程目标整合的某小模块的具体内容构建如下：

文字类专题式研讨型案例	实施新课改以来，一线教师关于"人文内涵"的处理，一直存在一些问题。一位教师执教《狐狸和乌鸦》一文，在结课时提了这样一个问题："读了故事，大家能说说你心目中的狐狸和乌鸦是怎样的形象吗？"一位同学说："和这只愚蠢的乌鸦相比，我觉得这只狐狸特别聪明，他不费吹灰之力，就把乌鸦嘴里的肉骗到了自己的手里。"教师说："有道理，和乌鸦相比，狐狸的确很聪明。"课后讨论时，不少教师对执教者的评价持否定态度，认为学生的独特体验与我们的社会价值观是相违背的，因为这里的狐狸不是一种自然界的动物，而是代表着社会生活中的坏人——骗子，执教教师的评价是失之偏颇的。但执教教师坚持认为："学生这样言之有理的独特体验，应该得到尊重。说狐狸狡猾的，应该得到尊重；说狐狸聪明的，也应该得到尊重。甚至可以说，这位同学在大家都说狐狸狡猾的时候，他敢于说狐狸是很聪明的，这就是一种创新。"在肯定与否定之间，大家莫衷一是 讨论题：1. 案例中教师们产生分歧的原因是什么？2. 如果你是执教教师会怎样处理？为什么？

（续上表）

预期的讨论结果	1. 原因：案例中执教教师只尊重学生的独特体验，其他教师只关注文本的价值取向 2. 解决方案及具体的教学语言：对待学生的独特体验，简单的肯定与否定并不能解决问题。教师如果说学生不对，他们一定不会心服口服；如果说他们对，又明显与社会价值观相违背。这就需要教师在肯定与否定之间做一定的引导。因此可以这样说："狐狸的确有一个聪明的脑袋，但是狐狸的聪明用错了地方，他没有把自己的聪明用在劳动上，而是用来骗人，像狐狸这样用错了地方的聪明就不再是聪明，而是令人讨厌的狡猾，狡猾是要害人害己的。"这样既尊重了学生对"狐狸遇事善于思考"的独特体验，又顺理成章地将其独特体验引到正确的社会价值观
预反映的课程内容	语文课程理念中的一个知识点：关于人文内涵，既要注意教学内容的价值取向，同时也应尊重学生的独特体验
预达成的课程目标	通过案例分析，尝试运用显性知识反思缄默知识，明确分歧产生的原因，并能针对案例中的疑难问题提出解决方案，形成具体的教学语言，构建个人的实践知识结构

案例与课程内容、课程目标的整合是一个渐进的过程，模块化课程的灵活运用又是一个实践的过程，因此需要教师长期为之努力，才能取得好的教学效果。另外，由于在实际运用中，并不是所有的课程内容都适合通过案例来呈现，也不是所有的课程内容都适合采用案例教学法，因此只有适当地将讨论案例变为展现案例，将案例教学改为示例教学，使多种教学方法有效整合，这样才能更好地完成培养目标。

"有效教学"的思考

朱远平[①]

嘉应学院"学科教学论教师课程育人与理论创新高级研修班"于2019年7月12日至17日在陕西师范大学举行。笔者作为50位学员之一参加了本次研修学习。陕西师范大学远程教育学院组织了陕西师范大学课程与教学论首席专家、博士生导师陈晓端教授，比较教育学博士生导师袁利平教授，陕西省教师教育指导中心专家龙宝新教授，四川师范大学博士生导师朱晟利教授等七位专家进行授课。研修活动围绕"课程育人与理论创新"主题进行，研修内容主要包括"学校管理创新与实践探索""基于问题的课堂教学设计""大学有效教学的行动样态""高校教师如何打造'金课'""基于核心素养培育的课堂教学模式创新""指向深度学习的大学课程改革""学生核心素养发展与高校课程建设"七个理论专题；同时，组织学员到陕西师范大学"教育博物馆"现场观摩教学。研修内容针对性强、操作性足、教育性实，笔者感悟收获颇多。这对于学科教学论专业教师自我再发展，打造"金课"，推动嘉应学院教师教育内涵式发展，提高师范生培育质量，服务基础教育课程改革，促进嘉应学院国家教师教育创新实验区建设，具有重要意义。笔者通过这次学习，不仅加深了对课程育人与教学理论创新的认识，也增强了对国内一流师范大学教育教学改革的了解，开阔了学术视野，增长了见识，发现了差距，受到了鼓舞，增强了信心，激发了自我发展的勇气。下面笔者就学习陈晓端教授的"大学有效教师与有效教学：特征与行动"专题讲座，结合自身工作谈谈对有效教师、有效教学的认识和理解，在此基础上谈谈关于如何实施有效教学的几点思考。

一、"有效教师"的定义和特征

陈晓端教授在报告中提出，所谓的有效教师就是具有良好专业品质和明确教学认识，具备渊博教学知识和超强教学能力，并能通过有效组织教学活动，引发与促进学生有效学习的高素质教师。陈晓端教授指出

---

① 朱远平，广东平远人，嘉应学院生命科学学院高级工程师，主要从事大学化学教学。

有效教师必须具备九方面的特征，即有明确的角色认知、有良好的职业精神、有扎实的学科知识、有足够的教学理论、有浓厚的教学情趣、有超强的教学能力、有丰富的教学智慧、有积极的创新意识、有较高的学术水平。①

作为大学老师，首先要明确自己的定位、有浓厚的教学情趣和良好的职业精神，要认识和理解大学教学的意义及特点，喜欢、热爱教学工作，善于钻研教学学术，乐于指导学生学习，对工作敬业、乐于奉献。其次要扎实掌握所教学的学科知识、教育知识和人文知识，通过教育理论的学习达到超强的教学能力，不断丰富教学智慧。最后要积极参加科学研究，科学研究和教学相互促进。

二、"有效教学"的基本理念和特征

陈晓端教授认为，"有效教学"的基本理念是能够引发、维持并促进学生学习，进而使其获得良好发展。有效教学是本真的教学，是学校教育永恒的追求。有效教学有教学设计合理、教学准备充分、教学目标明确、教学内容丰富、教学方式多样、教学语言清晰、教学互动显著、学生参与积极、讲究教学艺术和教学评价全面十个特征。②

教学设计合理，就是要按照课程大纲要求进行教学设计，各个教学环节要完整和清晰，就是要考虑学生的学习特点。教学准备要充分，就是要对所教知识了如指掌，要与实际结合，内容有一定的深度和广度，了解学生学情、学校可以使用的资源等。确定教学目标时要围绕知识与能力、品德与情操、行为与方法等目标去设计。课堂教学时，应做到教学方式多样化、语言表达准确，师生要积极互动，鼓励学生主动参与，活跃课堂学习气氛。教学评价要做到全面，注重目标、内容和方式，评价时要公正客观，评价结果反馈及时，加强结果的运用，不断提升教学质量。

三、实施"有效教学"的几点思考

学习了陈晓端教授"大学有效教师与有效教学：特征与行动"专题讲座后，笔者对"有效教师""有效教学"的含义和特征以及实施有效教

---

① 陈晓端.大学有效教师与有效教学：特征与行动［Z］."学科教学论教师课程育人与理论创新高级研修班"讲座集，2019－07－14.

② 陈晓端.大学有效教师与有效教学：特征与行动［Z］."学科教学论教师课程育人与理论创新高级研修班"讲座集，2019－07－14；陈晓端，马建华.有效教学行为的四大特征[J].教育研究与评论，2016（6）：91.

学的方法和途径有了比较全面和系统的认识和理解。有效教学和传统教学有着本质的区别。传统教学只是强调知识的传授，只关注在教学时如何让学生接受知识，而没有考虑学生的自主学习能力，这种教学教师教得累，学生学得也累，且效果差。而有效教学强调的是"有效"二字，主要是指教师在一种先进教学理念指导下通过课堂的教学，除了让学生掌握知识外，还要让学生获得具体的进步和发展的方法和途径。下面笔者结合所教学的课程谈谈有关有效教学的几点想法。

（一）教师应该有扎实的学科知识、较高的教育理论水平和超强的教学能力

教师应该接受过本学科系统的专业理论和专业技能训练，扎实掌握了所教学科的基础理论、基本知识和基本技能，同时还具有文学、历史、艺术等方面的通识性知识。但仅仅有扎实的学科知识还远远不够，因为教学是一门艺术，它要同时具备学科知识和教育理论。因此必须要求教师除了加强学科知识学习外，还要加强教育理论学习。教师应能够熟练地运用现代教学手段，积极开展师生教学互动，提高教学质量；重视对教法的研究，注重因材施教，培养学生的批判性和创新性思维，提高实践能力，促进学生发展。教师要不断学习，从不断的教学、反思中提升教学能力，从而不断提高教学的有效性。要提高课堂教学的有效性，教师必须转变教学观念、创新教学模式，从学生主体性活动入手，培养学生的自主发展能力；注重教学过程中教师主导作用与学生主体作用的协调与统一，尊重学生的主体地位，激发学生的主体意识，着力培养学生主动学习、自主学习的能力，让学生自主去探索，自己去发展。总之，教师要不断学习，把握学科发展动态，不断更新教育理念，不断改进教学方法，主动优化知识结构，提高自身的综合素质。

（二）备课充分是有效教学的基础保证

课堂是教学的主阵地，要想站好、守住这个主阵地，课前的准备是非常必要的，精心的备课是课堂教学有效的前提。什么是备课充分？要怎样备课？一个充分的备课要包含备教材、备学生、备教法和备社会责任四个主要方面。首先教师要熟悉教材，认真钻研教材内容，明确所讲授的知识在教学体系中所处的地位，知识点与其他知识的关联性，确定好重点，选准难点，并考虑怎样去突破重点和难点。其次是备学生，教师要了解学生的基本情况，从学生实际出发，预测学生在理解和掌握本知识点时可能出现的问题，准备问题解决方法。再次是备教法，对教材有了充分的了解，对学生的学习能力也基本清楚了，就可以确定教法了。提出的教法要符合学科特点、教学原则和课程理念，可以实现教学目标。

在确定教法的同时要关注学生的学习方法，有目的地引导学生主动学习、自主学习。最后是备社会责任，教师不但要传授知识，培养学生的能力，还要培养学生的社会责任感，把知识性与思想性教学有机结合起来，注重学生科学素养的培养，渗透德育美育教育，这样才可以把教育的最大功效发挥出来。总之，课前准备充分了，有效教学的基础和前提就到位了。

（三）课堂教学技巧的运用可以使教学更有效

有效教学的基本理念是更关注学生的进步和发展，确立学生的主体地位。① 因此传统的教学方法不适应学生的进步和发展，在某种意义上说会阻碍学生的进步和发展。老师要转变教学理念，用先进的教学理论来进行教学，改变教学实施策略，使课堂教学变得更为有效。教师在教学时，要制造宽松融洽的课堂氛围，良好的心态更加有利于学生投入学习，使学生学得积极主动，真正成为课堂学习的主人，从而实现有效教学，提高学习的效率。教师要真正走进学生的心灵世界，以身作则，对学生要有爱心，不要伤害学生的自尊心，建立和谐融洽的师生关系。课堂上要多鼓励学生，及时鼓励学生。总之，课堂教学是一个双边活动过程，应营造一个宽松和谐的学习氛围，使学生学得主动积极，真正成为课堂学习的主人，使学生愿意学，达到有效教学。

（四）教学反思有助于教师专业发展

教学反思是有效教学的重要特征之一。教师给学生上了一堂课，并不意味着教学已经结束。教学完成后一定要进行教学反思，只有通过教学反思，才可以提高教学水平，这才是有效的教学。通过教学反思，可以找到教学成功的地方，以及存在的问题和不足，并有助于教师个人的专业发展。② 教学反思，是指教师对教育教学实践的再认识、再思考，并以此来总结经验教训，进一步提高教育教学水平。有效的教学反思应该做到：第一是反思教学成功的地方，教学理念的渗透与应用心得，教学过程中有没有达到预先设计的教学目的，教学方法和手段有什么创新等。第二是反思教学过程中的不足之处，课堂教学过程是一次教学艺术的表演过程，肯定会有不足的地方，要及时对不足进行系统的回顾、梳理，并做出深刻的反省，探究和剖析问题出现的原因，并拟定改进优化的措施。第三是要反思教学灵感和学生的学习，在课堂教学中，教师往往会

---

① 陈晓端，孙渊，何同舟. 我国有效教学研究的历史回顾与未来展望 [J]. 课程·教材·教法，2017 (7)：24 – 30.

② 陈玉梅，查啸虎. 教学反思与教师专业发展 [J]. 天津师范大学学报，2003 (9)：27 – 30.

应情应景出现瞬间灵感，即时运用这种灵感会收到意想不到的教学效果，课后要马上记录和总结，可供以后的教学设计借鉴。学生在课堂上有时会提出一些稀奇古怪的问题，或不同的想法和做法，教师要正确对待学生的这些问题，给予赞赏和激励，要及时总结、反思这些学生的见解，将其作为课堂教学的补充，这样可以拓宽教师的教学思路，提高教学水平。

浅谈打造高校"金课"的策略

郑清梅①

一、研究背景

课程是教育教学活动的基本依据，是实现教育目标的基本保证，是学校一切活动的中介。② 课程教学质量直接影响高校人才培养质量，是决定高等教育质量的关键要素。潘懋元等③认为："课程改革一向是改革的主战场。课程居于教育事业的核心，是教育的心脏。"大学课程是大学人才培养的载体，是大学教育的核心。近年来，大学课程改革也在不断进行，且取得了一系列成就，为社会培养了一批又一批大学毕业生。但随着社会的快速发展，社会对人才的需求不断增大。高校课程质量与社会所要求的卓越人才培养之间的矛盾日益凸显，高校课程已不能满足卓越应用型人才成长的现实需求。近年来，课程质量问题已成为中国大学普遍存在的短板、瓶颈和软肋。在现实中，大学课程在各种因素的影响下，其中心地位一直处于被忽视的状态，质量堪忧。调查结果表明，国内高校课程质量满意度低，不容乐观。④ 高校在课程理念与实践方面存在巨大落差，课程目标与课程评价脱轨严重，应试教育与功利主义倾向突出，不利于学生形成深层学习方式。⑤ 在第十一届"中国大学教学论坛"上，教育部高等教育司司长吴岩表示，课程是人才培养的核心要素，是教育的微观问题，解决的却是战略大问题。可见，高校课程质量不高是普遍现象，"水课"广泛存在。淘汰"水课"，打造"金课"是当前我国高校课程改革亟待解决的首要课题。

目前，高校"水课"问题已引起了教育主管部门的高度重视。2018

---

① 郑清梅，广东茂名人，嘉应学院生命科学学院副教授，主要从事生物学高等教学及水生生物技术研究。

② 刘献君. 论大学课程设计［J］. 高等教育研究，2018，39（3）：51－57.

③ 潘懋元，王伟廉. 高等教育学［M］. 福州：福建教育出版社，1995：128.

④ 陶学文，张志辉，江露薇. 大学课程教学质量分析及各类院校比较：基于 2015 年 CCSS 调查的分析［J］. 西华师范大学学报（哲学社会科学版），2017（4）：87－92.

⑤ 吴凡. 我国研究型大学课程目标与课程评价问题研究：基于"985 工程"高校大学生学习经验调查［J］. 中国高教研究，2017（10）：98－102.

年全国教育大会和新时代全国高等学校本科教育工作会议的胜利召开，吹响了新时代高等教育改革开启新征程的号角。2018 年 6 月，我国教育部部长陈宝生在第一届全国本科教育工作会议中指出，中国大学的课堂挑战性不足，高校仍存在一些内容陈旧、轻松易过的"水课"，应通过一系列措施将"水课"变成真正有深度、有难度、有挑战度的"金课"。随后，教育部颁发的《关于狠抓新时代全国高等学校本科教育工作会议精神落实的通知》（教高函〔2018〕8 号）中要求各高校全面梳理各门课程的教学内容，淘汰"水课"，打造"金课"，合理提升学业挑战度、增加课程难度、拓展课程深度，切实提高课程教学质量。"金课"一词被首次写进教育部的文件中。淘汰"水课"，打造"金课"，大学生要合理"增负"，这一理念引起了教育界的共鸣，受到广大师生的重点关注，引起了高校教育工作者的高度重视。2019 年，教育部启动实施"金专""金课"系列教育战略部署，在全国掀起建设"金课"的浪潮。这将会激发高校办学活力，推动新一轮的课程教学改革，掀起高等教育的"质量革命"。打造"金课"是提高本科人才培养质量的"金钥匙"，需要从理念和实践上变革教学范式，从"教师"为中心转变到以"学生"为中心，从以"教"为中心转变到以"学"为中心，这不但要求教师转变观念，掀起高等教育课程的"质量革命"，也要求学生转变角色，变被动学习为主动学习。

二、中国高校普遍存在的"水课"问题

不同学者对"水课"概念的理解有差异。教育部高等教育司司长吴岩认为，"水课"就是低阶性、陈旧性的课程，是不用心的课程。低阶性，指课程内容简单，学生不用"抬腿"就可以通过，学生经过课程学习后，相关能力没有得到很好的训练，素养也没有养成。陈旧性，指课程内容陈旧、过时，没有与时俱进，没有前沿知识。不用心的课，指学生听听就可以通过的课，也指教师没有好好备课，上课态度不积极的课。有学者认为，"水课"是指教师授课不专业、课程内容重复、考核方式过于简单的课程。[①] 也有学者认为，"水课"主要有两类：一类是课程内容比较重要，但教师疲于教学、消极怠工、不认真备课、糊弄了事的课程；另一类是课堂管理松散、缺乏实际价值、课程成绩高，利于学生顺利获

---

① 陈红雪，宋凯文，谭清美，夏后学. 基于扎根理论的高校"水课"教育改革研究 [J]. 高教学刊，2017（22）：15 – 18.

取学分但不利于就业的课程。[①]

目前，导致"水课"形成的因素很多。汪雅霜等的调查结果表明，目前很多高校教师对待教学不用心、不重视，他们认为主要原因是教师的评价制度不完善。目前，教学工作不像科研工作那样有许多量化指标，如发表的文章数量或主持的科研项目数等，可以非常明确地体现出来。在我国高校教师的评价制度中，对教师教学工作的评价标准不够明确或对具体工作量体现得不够充分，即教师付出了许多时间提高教学质量，却在评价中没有相应的回报或体现，从而导致大多数高校教师重科研、轻教学，这是"水课"形成的重要内因。[②] 可见，教师的评价制度是"水课"形成的前提条件，是我国高等教育工作的顶层设计出现了偏颇。汪雅霜等认为，"水课"是现有学分制教学体系下学生和教师"共谋"的结果，而教师个体特质是"水课"形成的充分条件，教师教学设计是"水课"形成的必要条件，课程特征是"水课"形成的催化剂。[③]

三、打造高校"金课"的策略

（一）何谓"金课"

教育部高等教育司司长吴岩为"金课"定义了三个属性，即高阶性、创新性、挑战度。因此，"金课"可以归结为具有"两性一度"的课。

1. 高阶性

高阶性就是知识、能力、素质的有机融合，培养学生解决复杂问题的综合能力和高级思维。课程教学不只是简单的知识传授，也不只是简单的知识、能力、素质的结合。对本科生毕业认证的一个关键要求，就是毕业生解决复杂问题的综合能力和高级思维，复杂问题没有唯一的或标准的答案，更多的是对能力和思维的训练。因此，教学活动的设计不能停留在低阶的对知识的记忆、理解和简单应用，而是应该将重点放在解决复杂问题或完成复杂任务上。这对老师和学生都是挑战。"名师出高徒"，教师的业务水平高，了解学科的前沿性或与生产应用紧密联系的知识，然后通过合理科学的高阶教学设计引领着学生从表层学习转向深度学习。

---

① 梁剑箫. 杜绝"水课"，回归大学之本 [N]. 经济日报，2018-09-13（09）.

② 汪雅霜，郝龙飞，钱蕾. 谁往课程里面掺了"水"——高校"水课"形成影响因素的质性研究 [J]. 重庆高教研究，2019，7（4）：64-74.

③ 汪雅霜，郝龙飞，钱蕾. 谁往课程里面掺了"水"——高校"水课"形成影响因素的质性研究 [J]. 重庆高教研究，2019，7（4）：64-74.

2. 创新性

课程的创新性主要体现在以下三个方面：一是课程内容有前沿性和实践性。课程内容要与时俱进，不断更新。教学内容陈旧的表现有：教师所选取的教学内容以书本为主且未及时更新，沿用之前的内容素材，未涉及学科前沿知识。教师在课堂上不能照本宣科，只讲授课本知识，而是要大力延伸课堂，增加前沿性或实践应用性的知识。因此，实践经验丰富的教师能够通过教学将其个体知识和实践性知识传递给学生，使其受益。反之，缺乏实践经验的教师无法满足学生对课堂学习的要求。二是教学形式体现先进性和互动性，不是"满堂灌"，不是我讲你听。以前传统的课堂是教师讲、学生听，学生作为被动接受者，课堂参与度低、学习积极性低，致使课堂缺乏活力。特别是现在几乎每个学生都有智能手机，如果沿袭教师"满堂灌"的教学方式，很容易形成学生集体低头看手机的情况。教师要从一个讲授者转变为学生课上课下学习活动的组织者和引导者，让课堂有充分的互动性与生动性。只有生动活泼的课堂，才能将学生从"手机刷屏"中拉回来，真正投入到课堂中。所以，为了提高人才培养质量，必须对课程教学范式进行改革，使"水课"变"金课"。三是学习结果具有探究性和体现个性化，不是简单告诉学生什么是对的、什么是错的，而是培养学生去探究，能够把学生的个性特点发挥出来。教师可采用翻转课堂的方式，课前布置相关探究性题目，引导学生自己去查阅资料，独立设计方案，自主探究。

3. 挑战度

课程的挑战度是指课程一定要有一定难度，需要学生和教师一起"跳一跳"才能够得着，教师要认真花时间花精力花情感备课讲课，学生课上课下要有较多的学习和思考时间作保障。对这样有挑战性的课程，一开始有不少学生会害怕甚至抵触较为繁重的学习任务，但是当他们在教师的指导下通过自己的努力取得越来越多的成果时，他们变得自信了，从而学习更加主动，对探索的渴望越来越强烈。一位好老师的标准是不仅"教得好"，还能够让学生"学得好"。

（二）如何从"水课"到"金课"

1. 积极的教学态度

泰戈尔说："你的态度决定你的高度。"积极心态是人们自我行为有效性的坚实基础，是人们事业取得成就的可靠保障。调查结果表明，教师态度不佳是课程"水"的源头。① 若教师的教学态度消极，将导致教学行为盲目，教学质量低下。态度是个体对特定对象做出反应时所持有的带有评价性的心理倾向，并且影响个体对行为的选择，使得某种行为的出现成为可能。② 教师对待课堂教学的态度会通过他外在的行为表现出来，并被学生所感知。若教师对待课堂教学态度积极、认真，学生会表现出积极的课堂行为；反之，学生则表现出消极的课堂行为。

2. 充分的课前准备

其一，形象准备。教师上讲台时的形象准备，包括健康的外表、端庄的仪表、卓美的举止。端庄形象表明教师在态度上尊重课堂，热爱课堂，并在学生中起到榜样作用。

其二，心理准备。走上讲台前，教师要做好充分的心理准备，做到有条不紊地走进课堂。①明确的角色定位：我是一名教师，是"人类灵魂的工程师"，是学生智力的开发者和个性的塑造者，起到传道、授业和解惑的作用，是学生身心发展过程的教育者、领导者、组织者。②知识准备：我是一名教师，特别是高校教师，知识储备更要与时俱进，不断更新原有知识，掌握更多的前沿知识。③信心准备：我是一名顶天立地的教师，每次登上讲台时，胸有成竹，信心饱满，相信自己有能力、有信心上好课。④心态准备：我是一名有爱心、有责任心的教师，将全力以赴、脚踏实地地做好教学工作，对每一位学生负责，不辜负学生的期望。

其三，科学的教学设计。科学的教学设计是"金课"的首要条件。首先，教师对讲授的内容进行梳理，统筹兼顾，系统地分析教材，明确教学单元的地位、内容、体系、结构，进一步斟酌其具体的教学目标、要求及单元的重点、难点，了解单元的能力培养目标；在设计教学时抓取核心知识，并将知识情景化、情景问题化，且关键结论一点到位。其次，选用合适的教学方法，如选择合适的演示实验或直观教具等。最后，开展模拟教学。在模拟教学中对不足进行修改，不断提高教学效果。在教学设计中，强调学生的学习主动性和自主性，无论是设计课程执行大纲，还是设计小组讨论、汇报展示、论文报告、实践项目等教学活动，教师都要仔细斟酌、精准评估这些活动是否真正有益于学生的全面发展和自主学习能力的提升，能否激发学生的学习兴趣和潜能。

① 汪雅霜，郝龙飞，钱蕾. 谁往课程里面掺了"水"——高校"水课"形成影响因素的质性研究［J］. 重庆高教研究，2019，7（4）：64-74.

② 李霞. 信念、态度、行为：教师文化建构的三个维度［J］. 教师教育研究，2012，24（3）：17-21.

3. 科学的教学策略

教学策略是为了达成一定的教学目的、完成教学任务，在对教学活动清晰认识的基础上对教学活动进行调节和控制的一系列执行过程。[①] 其中，教学方法的选择、师生互动的方式和课程考核的标准是其重要体现。若在课程教学中采用的教学方法不恰当，师生互动不充分，考核方式不完善，会对学生的课堂感知带来负面效应，使学生感觉课程"水"。一个好的教学策略还体现在对课堂氛围的调动方面，即课堂中要有有效的师生互动，师生之间能够处于持续的交互状态。[②] 若在课堂中教师无法充当师生互动的推动者，整个课堂便会陷入持续的沉默中，导致课堂气氛沉闷，学生学习热情不高。[③]

课堂上如何让师生充分互动呢？师生互动方法多样：①让学生以小组为单位讨论核心问题，即用问题引爆课堂；②让学生"学以致用"，适度增加与生产实践或应用相关的内容，理论联系实际，使教学内容贴近生活或应用，从而让师生互动生动活泼；③教师有效运用启发性、生动幽默的语言，深入浅出地讲解，让学生的思路紧扣教师的思路，听课过程如同在听扣人心弦的故事一样，从而起到良好的思维互动作用；④有效的课堂评价，教师热情中肯、形式多样的表扬，对学生积极参与课堂互动有着重要作用。学生在相互信任、相互赞美的课堂氛围中上课，容易以积极主动的态度参与课堂互动。因此，教师在教学中要使赞美发挥它的魔力，这样不仅能让课堂互动充满活力，还能让学生的人生旅途充满信心、希望和掌声。

4. 大力延伸课堂，为大学生提供自主探究的平台

传统的课堂是封闭的，教师和学生在特定的教室、特定的时间完成教学大纲规定的特定教学内容，学生始终是被动接受者的角色，怠于思考。在信息化时代，这种传统封闭式的单一教学模式显然无法满足高等教育培养高素质人才的需求。如何把课堂从时间、空间、内容三个维度进行整合、拓展，就成了高校课堂亟待解决的问题。

延伸课堂，即将教学场域发展成为没有"围墙"的教室。[④] 教师应有意识地延伸课堂，一方面，把课堂时间向课外延伸 2 倍左右，要学生在

---

① 全国十二所重点师范大学联合编写. 教育学基础 [M]. 北京：教育科学出版社，2002.

② 郭文革. 高等教育质量控制的三个环节：教学大纲、教学活动和教学评价 [J]. 中国高教研究，2016（11）：58 –64.

③ 王佳红. 影响计算机教学质量的因素及相应对策 [J]. 当代教研论丛，2015（7）：84.

④ 郑清梅. 延伸动物学实验课堂，营造创新思维场所 [J]. 生物学杂志，2010（5）：102，106 –107.

课下预习准备和复习巩固课堂内容；另一方面，把课堂向图书馆、网络、实验室等空间拓展，要学生在网络上预先学习一些视频公开课。教师布置的课前作业或课后作业有一定挑战性，不再考查记忆理解的内容，而是给出需解决复杂问题和没有统一标准答案的开放性题目，通过布置合理的课外学习任务，要求学生在课下利用图书馆和网络资源查找资料，延展学习内容的广度和深度，通过自主学习完成课前课后任务。

在课堂上，每个学生都要做学习成果展示，其他学生要针对汇报内容进行现场提问，汇报的学生则现场回答，每个学生都要作为评委去评判他人成果，最后由教师做现场点评。当看到学生经过认真思考和精心准备完成成果展示，看到学生在互动问答中碰撞出思想的火花，看到评委学生坐在第一排认真聆听做出评价时，教师会感到由衷的欣慰。学生的自主学习和他们之间的相互学习更能激发他们的学习兴趣和潜能，使课堂洋溢着青春活力，教师和学生形成了和谐的学习共同体。

5. 有效的教学评价反馈

评价形式再多，如果教师没有向学生做出及时的反馈，则考核的效果将大打折扣。如果反馈是机械的、冷漠的或呆板的，则考核评价对激励学生积极学习的效果是不佳的。因此，教师必须对各个环节的考核做出及时、积极的评价反馈，指导学生在课程学习过程中持续改进并不断树立学习自信，激发学生的学习动能。同时，教师也要根据考核结果对教学活动的设计和实施进行深入思考和持续改进。

四、结语

在中国高等教育快速发展、拓新变革的今天，如何打造"金课"是高校课程教学改革的一个扎实落脚点，也是每位高校教师神圣的职责。高校教师必须牢牢抓住这个改革契机，以高度的责任感和使命感把学生的发展放在中心位，努力探索革新教学方法，以实际行动来打造更多"金课"，为学生创造出有意义的学习经历，也为教师创造出崇高的职业追求。高校教育工作者打造的"金课"，是提升学生学习能力的"助推器"，是促进学生全面发展的"奠基石"和助力学生未来成长的"航标塔"，也是中国高校课程改革的核心和高等教育战略部署。众志成城，只要高校教育工作者共同努力，相信不久"金课"将在全国各地开花，使高校人才培养结出硕果。

英语专业课程有效教学的
课堂特征及途径思考

何家驹①

一、导语

英语作为一门特殊的外语，在中国的地位令人注目，其是高考的三门核心课程之一，也是大部分大学生的必修公共课。开设了英语专业的中国大学的数量已达到了九百多所，培养的人才质量参差不齐。多位学者指出，我国高校半个多世纪以来几乎一成不变地以语言实践课程为主体课程体系，为我们培养复合型外语人才目标的实现造成了很大的阻碍。② 按照《教育部关于全面深化课程改革　落实立德树人根本任务的意见》，英语学科教学应该为促进学生作为人的全面发展，发挥其应有的作用。学生的核心素养应该是涉及学生知识、技能、情感态度价值观等多方面能力的要求，是个体能够适应未来社会、促进终身学习、实现全面发展的基本保障。学者张连仲等人也将核心素养归纳为三个层次：第一个层次是外语学科必须做的事情，包括听说读写、语音、语法、词汇等，为 "of English" 的素养和能力；第二个层次是通过外语课程可以获得的素养和能力，如跨文化交际能力、国际视野、人际交往能力等，为 "with English" 的素养和能力；第三个层次是与外语课程联系不十分紧密但对学生发展和社会发展至关重要的能力，如创新能力和批判性思维等，为 "beyond English" 的素养和能力。③ 从英语核心素养的论述来看，目前英语专业的课程体系存在着比较大的问题，在思维能力和交际能力培养等方面存在比较大的短板。

此外，社会经济政治的发展和变化，让教学的两个主体（教师和学生）的关系发生了变化，对他们参与课堂教学的态度和行为方式有不同

---

① 何家驹，嘉应学院外国语学院副教授。

② 张建华．确立大文科外语专业的学科意识［J］．中国外语教育，2016（2）：4．

③ 冀小婷．英语学科核心素养培养的实现途径［J］．天津师范大学学报（基础教育版），2016（3）：48．

程度的影响。例如，陈新文指出：消费主义使师生演变成契约合同式关系，由于教育中消费主义倾向的影响，教师作为社会权威的地位正逐渐失去，学生的向师特征逐渐减弱，教师对学生的影响力逐渐下降。①

综上所述，英语专业教师要结合学科核心素养，研究各种教育现象，分析教育系统中各个生态因子之间的相互作用与影响，才能提高课堂教学的有效性。

二、英语有效教学的显著课堂特征

束定芳教授在其文章的结论里指出：英语学科的核心素养应该突出"外"字，突出"国际交流能力"，突出"国际视野"和"跨文化"，突出中西方不同思维方式碰撞和比较中的"思维品质"的提升。② 那么，在英语专业课程教学中，哪些教学行为或者特征能在培养英语四项基本语言技能的同时又突出上文提及的语言能力、文化品格和思维品格的养成呢？陕西师范大学的陈晓端教授在其讲座中指出：有效教师就是具有良好专业品质和明确教学认识，具备渊博教学知识和超强教学能力，并能通过有效组织教学活动，引发与促进学生有效学习的高素质教师。

笔者认为，有效的课堂教学首先要满足的一个前提条件是授课教师必须是一个有效教师或者是高效教师。他的课堂应该具备以下五个特征：①有足够的教育理论（包括学科教学和课程教学）；②教学方法多样；③师生互动显著；④师生关系融洽，课堂气氛良好；⑤教学评价客观全面。当然，观察课堂教学的维度有很多，每个学科的重点不一样，那么有效教学的衡量指标必然有所不同。但是，结合英语学科的核心素养，笔者认为这五个特征是最简洁的英语专业课程有效教学的归纳。

三、英语专业课程有效教学的途径

教师发展是提升教学质量的根本途径。教师教育和教师专业化发展已经成为全球教育改革的重要议题。李翠英等在研究各国英语教师能力标准的基础上，认为中国英语教师的能力应该包括四个领域：①国际视野：具备开放的心态和国际化视野，懂得并能引导学生理解和尊重不同语言文化，学会共存；②语言文化和教学：能引导学生批判地学习和吸收不同语言文化知识；③语言功能与测试：能引导学生应用语言完成任务并进行相应的评估测试；④人文素养：能引导学生在欣赏语言、文学、

---

① 陈新文. 试析我国教育中的消费主义倾向 [J]. 教育科学，2002（5）：16.
② 束定芳. 关于英语学科核心素养的几点思考 [J]. 山东外语教学，2017（2）：35.

文化的过程中更深入理解生命的本质，提升个体生命的自主性和社会责任。①

综合有效课堂特征和英语教师能力标准，笔者结合自身 20 多年的教学实践，粗浅地归纳出下面四个途径，希望能为英语专业课程教师提高教学的有效性提供一点帮助。

（一）以建构主义理论为指导，创建和谐教学生态

不少英语教师有这样的误解，认为只要英语功底好就可以胜任教学工作；教无定法，只要教学经验积累到一定程度，自然能成为一个好的英语教师。但是，教师专业发展包含了学科专业发展和教学专业发展两部分，学科专业发展是基础，教学专业发展是一个卓越教师的核心和根本，它是教师将其所学知识有效传播给学生的根本保障。结合外语学习的特点和英语学科的核心素养，建构主义理论是实现英语专业课程教学有效性的一个比较好的途径。建构主义对学习有四个共识：①学习者构建自己的理解；②新的学习依靠现有的理解；③社会性的互动可以促进学习；④意义学习发生在真实的学习任务之中。②

简单来说，学生的学习是一个积极主动的建构过程，教师要为学生创设良好的学习环境，设置适当的问题情境，引起学生的认知冲突，激发学生的积极思维。教学活动是教师通过创设良好的外部学习情境，引导学生主动建构知识意义的过程，核心是促进学生积极主动的思维发展。这是一种"从做中学"的教学步骤，在"做"中思维，通过思维提出问题和解决问题，并在"做"中验证效果。

当英语教师以建构主义理论作为教学指导时，就不会采用填鸭式教学或者传统的语法翻译教学法，而会采用学生参与课堂程度更高的其他教学方法，例如情景教学法、任务教学法、交际教学法等。采用这些教学方法时，学生在语言运用能力培养和交际能力培养以及思维能力培养方面都能得到锻炼。在建构主义理论的指导下，英语教师将有可能创设良好的教育生态，不仅使教学活动促进学生能力的提升，而且得到学生关于教学有效性的真实反馈，体现"教学相长"的现代教学理念。

（二）以学习为中心，促进学生的全面发展

传统的外语课堂教学注重语言形式的传授和语言技能的机械操练，教师扮演语言模范的教师角色，这种基于行为主义的教学方法不利于培

---

① 李翠英，孙倚娜. 国外英语教师能力标准对我国英语教师发展的启示［J］. 外语界，2014（1）：62.

② 崔允漷. 有效教学［M］. 上海：华东师范大学出版社，2009：54.

养学生的语言交际能力。现代外语教学流派强调在交际和互动中学习，学习不是互动的结果，而是发生于互动之中。以前不少人主张以"学习者"为中心，虽然比传统的以教师为中心有突破，但是现在的教育理论更加突出以"学习"为中心，即课堂里面的一切（包括内容、教学方法、教学活动、教师课堂话语等）都是为了触发学生学习的发生。有效的教学是给学生提供"脚手架"（scaffolding）的过程，即从学生已有的经验出发，给他们提供具有一定认知难度的学习项目，一步一步引导学生学习新内容，并内化为自己新的经验。①

在中国外语学习环境中，学习者缺乏实际使用语言的外部环境，主要依赖课堂进行语言学习。20世纪80年代以来，互动教学得到认知理论和社会文化理论的支持。Ellis 和 Gass 等学者指出，对于课堂教学来说，有意义的、涉及修正性的、可理解性输入、有目的性输出以及针对形式准确性提供反馈的互动是外语发展的必要因素。② 课堂互动是一种特殊的交际活动，课堂活动都是在人与人的交流互动下进行的，师生之间和谐关系的管理是课堂互动中需要考量的重要问题。

因此，以学习为中心的外语课程教学的一个核心特征是学生的参与和课堂互动。目前，自主学习、合作学习、探究性学习、任务型教学和翻转课堂教学都是突出以学习为中心的教学方法，值得英语教师在课堂教学中采用，以培养学生的交际技巧和创新思维能力。

（三）以民主型师生关系为纽带，打造良好课堂气氛

在教学过程中，教师的教和学生的学的活动之间有着复杂的关系，教与学之间的关系可以视为教学论意义上的师生关系。师生关系具有非常重要的教学功能。现实中，一个极端是权威式的师生关系，摆出权威架势的教师往往占课堂的主导地位，学生往往是被动的知识接受者。另外一个极端是放任式的师生关系，教师对学生的课堂表现不管不问，教与学是完全脱节的状况。这两种师生关系都不利于开展有效的课堂教学。

师生关系是制约教学效果的一个至关重要的因素。师生关系状况直接影响教师教、学生学的积极性，影响课堂气氛，从而影响课堂教学效果。融洽的师生关系，往往会使教师热情高涨，使学生表现出好学、乐学，使课堂气氛积极活跃。③ 那么，什么样的师生关系是最适合中国英语课堂教学的呢？笔者个人认为民主型的师生关系是最符合英语学科特点

---

① 崔允漷. 有效教学［M］. 上海：华东师范大学出版社，2009：53.
② 徐锦芬. 课堂互动与外语教学［J］. 中国外语教育，2015（4）：19.
③ 崔允漷. 有效教学［M］. 上海：华东师范大学出版社，2009：74.

和当今社会文化发展变化的。英语的核心素养不仅要求学生掌握关于语言的知识和技能，也要求发展使用英语的能力以及用英语做事情的潜能。改革开放后长大的中国学生个性更加鲜明，追求平等、民主的诉求更加突出。在民主型师生关系中，教师尊重、热爱、关心、信任学生，靠自己的德与才来吸引和影响学生；学生钦佩、尊敬教师。师生之间除了课堂正式交往外，课外的非正式交往也较多。英语教师在教学中，除了作为语言知识的传播者和语言技能的训练者，更多地扮演教学活动的设计者、观察者、参与者、辅助者、控制者和裁判员的角色。

课堂教学中的师生关系属于教育中的情感因素（affective），教育中的情感状态直接影响学习者的学习行为和学习效果，是促进人的发展的一个重要方面。民主型的"导师"善于营造有利于提高学习质量的课堂氛围，这种氛围包括和谐的师生关系、学生的安全感、教师对学生内在情绪的敏感度、倾听并接受学生的意见、非评判性的师生交流以及对自尊心的保护等。这种和谐的心理氛围不仅使得教师能够采取适当的教学方法，而且使得教师能够了解学生的学习心理和学习过程，缩短师生之间的距离，从而促进学习。[①]

（四）以客观公正为标准，科学评价学习效果

评价和测试是任何教学活动都不可缺失的一个环节。测试或评价对课堂教学的影响是两方面的：既能促进课堂教学改革和教学效果，也可能影响正常教学活动的开展。掌握形成性评估手段和终结性评估手段，客观检查课堂教学的效果，既是每一个教师必须有的专业素养之一，也是保证教学有效性的途径之一。

个人觉得形成性反馈（formative feedback）是有效教学的一个必要条件。反馈提供给学生的学能表现能帮助他们了解自己的优缺点，增强学习信心，产生内在的学习动力，进一步提高学习效能。教师也可以利用评价信息，修正教学方案，提高教学质量。[②] 教师的反馈可以分为评价性和描述性两类，积极的评价反馈包括鼓励、表扬等，而消极的评价反馈包括惩罚、批评等。描述性的反馈分为成就反馈和改进反馈。这些课堂评价手段的综合使用可以提高教学的有效性。除了教师的评价，学生参与评价也是外语教学的一个特色。在强调师生互动和生生互动的外语课堂中（如对话教学、小组合作学习、任务学习等），学生参与评价可以提高评价的全面性和公平性，同时也提高了学生的思辨能力。这样的机制

---

①　ARNOLD J. Affect in language learning［M］. 北京：外语教学与研究出版社，2000：140.

②　张敏. 外语教学中形成性反馈实证研究述评［J］. 大学英语教学与研究，2016（5）：23.

是有利于培养英语核心素养里面的创新能力和批判性思维能力的。

此外，如何公正全面地评判学生在课程学习中的表现是每个英语教师要探索的课题。教师应该掌握基本的语言测试技巧和评估手段，保证课程评价的信度和效度，从而提高教学的有效性。

四、结语

什么样的英语专业课程教学是有效的？要回答这个问题，笔者认为需要以英语学科的核心素养作为思考的出发点，以培养的能力目标为指引，先归纳出符合英语教学规律的有效课堂特征，然后总结实现教学有效性的基本途径。

教学是一门深奥的学问，值得研究的范围很大。但是一个有效的教师必须有先进的教学理念，对自己从事的学科有科学的认识，懂得如何处理师生关系和如何进行客观的教学评价。这几个重要途径是笔者个人教学经验的粗浅总结，期待专家学者和教师同行们的批评指正。

中小学英语教师的继续
教育与可持续发展

赖沛权①

　　实施素质教育的先决条件和有效保障是提高教师的素质。教师的发展问题已经成为世界各国教育界普遍重视的战略性课题。在教师队伍发展这个整体性课题中，在职教师的继续教育是不容忽视的重要环节。换句话讲，教师发展的关键阶段是教师在职发展阶段，在此阶段中，继续教育是在职教师可持续发展的重要因素。教师继续教育是加强教师队伍建设的重要环节，是推进素质教育、促进教育公平、提高教育教学水平和质量的重要保障。继续教育又称继续工程教育或大学后教育，它是指对专业技术人员进行知识更新补充拓宽和能力提高的教育。现代教育理论认为，在课程设置、教材编写、教学过程控制、教学评估和学生学习策略培养等诸多方面，教师都是最重要的因素。因此，培养一支具有创新能力、自主持续发展能力、熟练的课堂教学技能、高水平的英语专业知识和能力，以及基层英语教育指导能力的英语骨干教师队伍，便成为一项具有历史意义的工作。

一、中小学英语教师继续教育的重要意义

（一）英语教师继续教育是保障教学质量的生命线

　　现代的教育已经由精英化教育转化为大众化教育，但教育的宗旨还是培养既有实践能力又有创新性思维的人才。培养人才的宗旨没有变，这就要求英语教师的教学技能和知识要不断更新以适应新时代和新对象的要求。当教师面对学生能够很好地进行知识的传授和创新性思维的培养时，学生的学习质量才有保证，同时，他们才能够有较高的热情投入学习，提高教学质量。正如夏继梅所说"香花不美，美花不香"，又香又美的花在自然界是少数。教师要当又香又美的花，美在人格魅力，香在教学感染力。要美要香靠什么？古人云"梅花香自苦寒来"，教师正是用继续

---

　　①　赖沛权，嘉应学院外国语学院讲师，主要从事英语教学理论与方法课程教学。

教育的"苦"和"寒"换来了学生的喜爱和教学质量的"梅花香"。

（二）英语教师继续教育是自身可持续发展的重要前提

当前，我国的教育正处于一个向素质教育转型的重要时期，改革陈旧的教学理念、教学模式，加强教师队伍的建设，实现教师自身的可持续发展，是取得基础英语教学改革成功的重要条件，而中小学英语教师是进行基础英语教学改革的中坚力量。因此，对教师的继续教育培养是英语教学改革成功的关键。伦敦大学教育学院对外英语系教授 H. G. Widdowson 曾说过："只有受过系统教育，具有语言教学意识和业务能力的教师才有可能搞好语言教学，语言教师必须不断提高业务能力以达到职业水平，充分发挥个人的创造性。"由此可见，英语教师自身的可持续发展必须要以继续教育为前提。

二、中小学英语教师应具备的能力

笔者认为，高素质的中小学英语教师应具备以下十个方面的能力：

（1）认知能力（cognitive competence）：主要包括归纳、演绎和分类等逻辑思维能力。

（2）教学反思能力（reflection competence）：主要包括对教学设计的反思、对教学过程的反思、对自身教学行为的反思、对课堂教学群体行为的反思、对教学评估的反思等。

（3）设计与创意能力（creative and designing competence）：主要包括英语课程的构思和设计，教学的构思，教学整体设计，教学过程的调整，教学材料的编制、组织、调整和使用。

（4）执行能力（implementing competence）：主要包括实施课程计划和整体教学计划，实施具体教学计划，在实施过程中保持课程计划、教学整体计划和教学具体计划的一致性。

（5）教学观察能力（observation competence）：主要包括课堂现场观察、学生群体行为观察、学生个体行为观察、心理观察、观察信息的有效收集和分析等。

（6）话语能力（discourse competence）：主要包括询问方法、交谈方法、领悟技术、有效表达技术、母语和英语的使用策略、课堂交际英语的系统掌握等。

（7）互动能力（interactive competence）：主要包括师生互动模式的养成、学生之间互动模式的养成、互动模式的转换与变化、真实交际中的互动技术等。

（8）群体控制能力（group monitoring competence）：主要包括班集体

的建构（与英语课堂教学相关的方面）、课堂的管理技术、课堂活动类型的运用、课堂活动类型的转换、群体学习行为的养成、教师对教学群体的领导方式等。

（9）表现和操作能力（presentation and operation competence）：主要包括运用电脑进行教学的技能、形体技能、课堂表演技能、课堂造型技能（如绘制图画）、使用各种教学工具的技能等。

（10）研究能力（research competence）：主要包括设计并实施教学研究方案、运用各种研究方法、设计研究程序、撰写研究报告、撰写学术论文等。

一般来说，随着教学经验的积累，英语教师的上述十种能力会有不同程度的发展。但是，如果没有继续教育，这种发展通常总是处于一种自发的或潜意识状态，况且，各项能力的发展都有不完善和不平衡的地方。在英语教师能力发展的过程中，继续教育的作用应当是：①把教师能力的发展从潜意识水平提高到意识水平，即提高英语教师教学意识（teaching awareness）的程度；②对那些难以在自发状态中得以发展的能力进行较强的专业性培训（这里不是指语言专业本身）；③提高教师英语教学能力的技术化程度；④促进教师英语能力的全面发展，改善各项能力发展的不均衡状况；⑤提高教师的理论水平，并将理论与实践有机地结合在一起。

中小学英语教师继续教育的战略重点应当是有效地增强教师的自主发展能力。英语教师的继续教育不是一种零起点的教育形态，这样的教育不能追求学科知识和技能训练的系统性，不能追求教学内容的完整性。人在职业经验过程中的能力发展机制有别于人在学校教育中的能力发展机制。这里，自主的学习是能力发展的主要推动力。教师素质提高的过程应当是一个持续地运用自主学习手段整理分析教育经验，调整教育行为，更新教育理念和提高教育技能的过程。

绝大多数优秀英语教师的个案分析表明，他们的教育学识、教育观念、教育能力的发展与他们自己的努力密不可分。但是，我们不要低估在这样的努力中那些有影响力的事件所起的关键作用。这些事件包括：重要的教学研究活动，专家对特定的具体教学过程的现场观摩示范和分析，结合实际情况和本人经验的理论阐述，有针对性的理论阅读，一般教育和语言教育领域的学术交流活动，教学个案分析，教育科研课题的全过程参与等。

三、中小学英语教师继续教育的内容及目标

中小学英语教师的继续教育应当为英语教师的自主发展注入活力。具体地说，它应当主要包括以下四方面的内容：①把英语教师的经验思考转变为以经验为基础的理论思考（不是把自己禁锢在一两种理论框架之中）；②有效地提高英语教师的教学行为反思水平，为他们在教学领域中自主拓展教学空间提供专业性的方法；③有针对性地开发英语课堂教学应用技术和技能；④增强英语教师对真实英语（authentic English）的运用意识。经过集中培训和导师对课题研究进行指导，受训教师应初步达到以下基本目标：

（1）能够运用系统的语言教育基础理论完成中小学英语课程设计，分析中小学英语总体教学过程，解决中小学英语教育的重点和难点问题。

（2）能够运用系统的语言教育基础理论反思已经积累起来的教学经验，并在此基础上构思和设计中小学英语教学改革方案，提出可行性的改革措施。

（3）能够运用规范的英语课堂教学观察技术和系统的"行动反馈研究"技术，分析课堂教学行为和课堂教学的群体互动状态，并能够在此基础上改善、调整和优化课堂教学过程，分析和报告自己或其他教师的教学情况或科研成果。

（4）能够运用现代化教学技术和手段设计和实施英语教学。

（5）能够运用规范的测试评价技术进行各种类型的英语教学评价。

（6）能够在实现上述目标的基础上初步获得教师培训技术，并能够在自己工作的地区参与教师培训活动。

四、中小学英语教师继续教育的有效途径

（一）提倡参与式教师培训，注重理论服务于实践

参与式教师培训是将教师作为发展中的人，希望教师能通过参与培训活动激发自我发展的愿望，促进其职业的提高和个人的成长。因此，在培训中培训者应与教师建立起平等合作的关系，要帮助教师回顾旧经验、总结新经验，并通过多种形式充分发挥教师的主体参与作用，与教师一起学习，共同进步。教师在培训中也不再是被动地接受和消化信息，而是与培训者及其他教师一起通过"团体协商"将个体知识转化为社会知识，同时，教师在培训活动中可以分享彼此的教学经验，在参与式活动中开展分组讨论并推选代表发言，运用集体的智慧去发现问题、分析问题并解决问题。在培训的过程中，由于培训对象是在教学一线工作的

教师，他们进修的目的也是希望通过学习来解决现实教学中遇到的问题。因此，培训的内容不能局限于教学理论的阐释，而是要做到教学理论与教学实践的有机结合，使理论服务于实践。同时，培训的过程中也要根据不同教师的个性学习需求做到有针对性地设计培训内容，从而使培训能够更具有针对性和个体性。

（二）开展教学反思与行动研究

反思与行动研究是在职中小学英语教师自我发展的有效途径之一。如自我意识、自我监察和自我评价，教师在每堂课后可以根据课堂授课的情况进行总结。通过分析整体授课效果、学生的接收情况以及教学内容和目标的完成情况，教师可以及时发现自身在实际授课中存在的问题与不足，并以写日志的方式加以记录。写日志能有助于教师从不同的角度审视自己熟悉的学校和课堂，进而重新构建自己的观念和设想。反思性教学能够帮助教师在实践中发现问题，而行动研究则可以直接帮助教师有效解决自身在教学中的问题，针对自我在实际教学中的不足，教师可以进行自我探究与反思，并努力研究出提高课堂效果的教学对策。教师的行动研究可以唤醒在职教师专业发展的自我意识，缩短理论与实践的差距，强化研究结果对教育教学实践的指导。教师在进行反思性教学和行动研究的过程中，不仅可以提高自身的实际教学能力，而且在一定程度上可以促进科研水平的提高。

（三）举办教学竞赛，提高教师教学水平

中小学英语教师的教学能力不仅直接影响着英语教学的质量和效果，同时也体现了教师的个人能力、水平、地位等综合素质。在英语教师继续教育的过程中，应尽量采用多种培养方式全面提高教师的综合素质，尤其是着重培养年轻教师的教学能力。由于多数年轻教师缺乏实际的教学经验以及必要的培训和指导，因此，很难在短时间内提高教学水平，创造出教学佳绩。通过备战及参加教学竞赛，年轻教师不仅经历了一次严格的专业训练，全方位地展现了自身的综合素质和能力，而且在实际教学方面受益匪浅。如为了激发青年教师的教学热情，提高其教学能力和水平，可每两年举办一次"青年教学能手"竞赛等活动，这种以教师教学竞赛为形式的继续教育所产生的作用和影响是其他培训所无法比拟和取代的。

（四）建立学习共同体，促进教师群体发展

尽管中小学英语教师在职前普遍接受过专门的教育和培训，但基本上是教师以个体的形式学习有关理论方面的知识，与实际的教学未能有效地结合，而且，很多职前教育存在重文凭、轻过程，重形式、轻实效的倾向，无法达到提升教师素质的要求。因此，在职后的继续教育中，促进教师群体发展、建立学习共同体，已成为中小学英语教师专业化发展的一条重要途径。例如，教师可以组成一个学习团体，共同研究英语课程的授课、课件的制作等，通过相互之间的学习和讨论，取长补短，共同进步。

在教学第一线的广大中小学英语教师忙于教学，囿于局部经验，没有机会进修提高，实际的经验不能上升为理论，对英语教育的复杂性缺乏科学的认识，存在着亟待解决的问题。虽然我们的英语教师和教科研人员辛勤耕耘，积累了很多经验，也培养了不少优秀的英语人才，但是为什么英语教师的总体水平还没有大幅度提高呢？笔者认为有以下几个原因：

（1）一些优秀的英语教学经验未能得到及时的总结、提高和推广。

（2）有些教师认为只要懂得英语就会教英语，却不懂得英语教学是一门涉及多学科的科学。

（3）不少教师轻视理论学习，在理论上和实践上不思进取。

（4）一些教师违背语言教学基本规律的做法根深蒂固。

（5）许多教师轻视继续教育，认识不到自身可持续发展的重要性，缺乏危机感。

（6）许多教师不能把理论与实践有机结合。

（7）走入应试教育的误区。

（8）许多教师缺乏科研意识和科研精神。

中小学教师的继续教育是可持续发展战略的基础工程。对学历达标后的在职中小学英语教师进行的继续教育，是适应应试教育向素质教育转变的需要，是贯穿教师整个教学生涯的教育。英语教师在继续教育中所获得的最新教育科学理念、教育科学方法以及获取、加工、转换信息的能力，是任何一种教育形式都不能替代的。在中小学英语教师继续教育中，我们应该注重厚基础、宽口径、多层次、抓活动的教学，强调应用能力，拓展教育空间，促进全面发展，把培养复合型英语教师作为继续教育的主要任务来完成，使英语教师综合能力得到全面有效的提高。国家、社会、学校应当积极为中小学英语教师终身学习和不断接受继续教育创造良好的环境和条件，只有不断更新教学内容、改革培养模式，才能真正达到全面提高中小学英语教师素质的目的。

参考文献

［1］JAMES P. Teachers in action: tasks for in-service language teacher education and development ［J］. Modern language journal, 2001 （3）.

［2］傅道春．新课程中教师行为的变化［M］．北京：首都师范大学出版社，2001.

［3］高翔，王蕾．反思性教学：促进外语教师自身发展的有效途径［J］．外语教学，2003，24（2）．

［4］郝瑜，孙二军．中小学英语教师培训现状探析：问题与对策［J］．外语教学，2013（2）．

［5］邱艳萍．美国成人教育教师继续教育的特征及其启示［J］．继续教育研究，2012（1）．

［6］吴一安．外语教师专业发展探究［J］．外语研究，2008（3）．

［7］王春华．论教师的可持续发展［J］．山东省青年管理干部学院学报，2009（5）．

［8］夏继梅．现代外语教学理念与行动［M］．北京：高等教育出版社，2007.

［9］张哲华．实用中小学英语教学法教程［M］．成都：西南交通大学出版社，2018.

［10］祖静．构建创新型继续教育模式的探讨［J］．继续教育研究，2014（4）．

课程育人与理念创新

李京雄①

一、时代呼唤课程育人创新

"加快推进教育现代化、建设教育强国、办好人民满意的教育，努力培养担当民族复兴大任的时代新人，培养德智体美劳全面发展的社会主义建设者和接班人。"习近平总书记 2019 年 3 月 18 日主持召开学校思想政治理论课教师座谈会并发表重要讲话，为新时代学校思想政治理论课建设指明前行方向，对广大思想政治理论课教师提出殷切期望。笔者认为，作为高校教师，在学科教学中也同样要重视解决好培养什么人、怎样培养人、为谁培养人这个根本问题。恰逢嘉应学院在陕西师范大学组织学科教学论教师课程育人与理论创新高级研修班，作为化学学科课程教学论相关教师，笔者积极参加了这一高水平的专项培训，听取了七位教授从不同的角度开展的讲座和讨论，从视野、理念、课程改革等方面收获了对课程育人、课程创新的新的理解。

二、课程和"金课"

（一）课程

课程是指学校学生所应学习的学科总和及其进程与安排。课程是对教学目标、教学内容、教学活动方式的规划和设计，是教学计划、教学大纲等诸多方面实施过程的总和。在嘉应学院教务处要求教师上课时带的五大件中，除了学生成绩登记册外，其他都属于课程的范畴。教材就是教学内容，教学大纲包含了教学目标，教案是教学活动的规划和设计，教学日历则是实施过程的设计和执行。广义的课程是指学校为实现培养目标而选择的教育内容及其进程的总和，它包括学校教师所教授的各门学科和有目的、有计划的教育活动。狭义的课程是指某一门学科。

可以说，课程的设置和选择对于解决"培养什么人、怎样培养人"这一根本问题具有重要意义。

（二）课程的功能

课程的功能或作用有如下几个方面：①教育教学活动的基本依据；

---

① 李京雄，广东梅县人，嘉应学院化学与环境学院讲师，主要从事无机化学与工程制图教学。

②实现学校教育目标的基本保证；③学校一切教学活动的中介；④为学校进行管理与评价提供标准；⑤教师教和学生学的依据，是师生联系和交往的纽带；⑥国家检查和监督学校教学工作的依据；⑦实现教育目的、培养全面发展的人的保证。实际上，前面的六点综合起来就能达成第七点目标，即课程的育人功能。

笔者以为，高校教师需充分钻研课程的基础性与应用性，挖掘课程的育人功能，以利于培养社会所需人才。

（三）"金课"与"水课"

所谓"金课"是以培养卓越拔尖人才，孕育有责任担当的科学家和思想家为主要目的，按照新时代的课程理念和人才成长规律，以智慧学习环境和技术为支撑，重塑的具有中国特色的课程体系。"金课"具有八大特征：时代性、创新性、挑战性、高阶性、卓越性、丰富性、高效性、智慧性。判断一门课程是"金课"还是"水课"，不仅取决于师资水平、课程内容、课程评价、教学过程、教学环境等，更重要的是学生学习投入度与学习收获，即在多大程度上享受到了教育服务价值。当前需要协同推进"金课"建设，重塑课程体系，实时采纳智慧教育理念和技术，以"金课"掀起高等教育的"质量革命"。

而所谓"水课"，则对应"金课"而言，何为"金课"、何为"水课"，教育部高等教育司司长吴岩给出解答："两性一度"是"金课"标准，即高阶性、创新性、挑战度，反之，"水课"则是低阶性、陈旧性和不用心的课。

对于建设"金课"，笔者认为：基础性课程要采用新颖的教学方式，应用性课程要更多结合网络技术，提供高阶性、创新性的教学内容，建设线上线下相结合的教学模式。

三、有效教学与有效教师是打造"金课"的保障

教学是"金课"实施的主渠道，教师是打造"金课"的主力军，只有深入开展有效教学，培养有效教师才能打造"金课"。

（一）有效教学的特征

有效教学就是通过有效的教学准备、有效的教学活动和有效的教学评价来促进学生学习与发展的教学。我国绝大多数研究者也基本上认为有效教学就是要"有效果""有效率""有效益"。有效教学具体表现为：①充分准备和精心组织；②教学目标明确；③教学有条理且清楚；④教学富有挑战性；⑤适应性教学措施；⑥让学生肩负一定的学习责任；⑦重点突出；⑧师生最大限度地交流。

（二）有效教师的特征

而有效教学实施的关键人物——有效教师具有以下特征：

1. 有效教师的人格特征

（1）热情。包括对所教专业有兴趣并融入其中；精力充沛，充满活力。热情的教师会让学生感到被信任和尊重，使学生认为接下来的课程是有用、有趣的。

（2）热心和幽默。教师通过与学生建立积极的、支持性的关系来表现其热心。这表现为对学生态度友好积极，愿意与学生一起解决问题。幽默感是学生经常提到的他们所喜欢的教师特点之一。幽默感可以抵消紧张，表现教师的自信，增进信任，减少学生不良行为。教师有效运用幽默还可以增强学生的长期记忆，促进学习。

（3）可信任感。只有学生认为教师值得信赖，教学才更有效。可通过三个重要因素建立信任感：教师的学识和能力水平；教师传递给学生的信息；教师的行为。

（4）对成功的高期望。有效教师对自己和学生都怀有很高的成功期望。他们认为所有学生都能掌握所教的内容，而他们也有能力帮助所有学生学会。罗森塔尔和雅克布森的"课堂中的皮格马利翁效应"（Pygmalion in the classroom）证明了学生对教师的期望和学生自身成功的密切关系。

（5）鼓励与支持。有效教师鼓励和支持学生，使学生有归属感，满足他们渴望得到喜爱、成功的需要。对学生的鼓励包括帮助学生获得认同感，承认学生的努力和潜力。在学生遇到困难时，鼓励尤为重要。

（6）适应性与灵活性。指教师意识到变化的必要，具有适应这种变化的能力。即使是最好的计划也需要根据具体的学生和班级做相应的调整。

2. 有效教师的行为特征

（1）让学生明确教学目标。研究表明，在教师明确告诉学生教学目标的情况下，学生注意的程度更高，可以在一定程度上提高成绩。为此，教师不仅要让学生了解教学的最终目标，而且更要让学生明确教学的总体走向和实现目标过程的轨迹，这更易于实现师生之间的配合与协调，教师可以将更多的精力集中于教学方面。

（2）积极的师生互动。主要包括教师对学生回答问题时的反应；学生无法回答问题时的反应；教师对自身在学生发展中作用的认识。有效教师最重要的特征是他们相信自己有能力对学生的学习过程产生积极的影响，并在课堂上通过引导学生参与教学过程来体现。有效教师在与学生带有实质性内容的"对话"中建立良好的互动关系，同时又在这种互动关系中实现实质性内容的交流。

（3）有效的课堂管理行为。主要指教师管理的效率很高，能够建立课堂常规并在即时管理中建立规则，保证课堂教学的正常进行。

（4）综合运用多元的教学模式。指教师不拘泥于现有的教学程序安排，而是创造性地运用多种教学模式。他们的教学具有独创性，能够摆脱一般性的教学程序的束缚，综合运用适合自己的教学模式。

（5）吸引学生的注意力。有效教师给学生提供一定信息，使学生之间相互交流，达成较为一致的理解、评价或判断，进而深化对该问题的认识，促进学生更为主动、深入地参与教学活动。而低效教师倾向于把各种活动混在一起，没有清晰的界限，或者对转换行为缺乏控制，所花时间也较长。

（6）提供实质性的反馈。教师处理学生的回答，应进一步解释得出答案的过程和诱导学生深化、提升答案，把学生引向了解问题所涉及的知识内容本身以及思维过程。能够给不会的学生以重新学习的机会，给已经学会者进一步提高的机会。

（7）复习的方式和内容。在复习方式上，采用要点式复习，即以复习旧的知识点为主，辅之以重点式复习；复习的内容主要与本节课的主题有关，但不限于本节课所学的内容。这在客观上提高了学生认知结构中有关观念的可利用程度、新旧知识之间的可辨别程度和原有观念的稳定性、清晰性，为学习新知识打下良好基础。

（8）善于备课和反思。有效教师在备课时，应依照教学目标的不同选择适于学生认知特点的"事实—引导—原理"归纳模式或"规则—例证—应用"演绎模式，对教学过程做详尽的思考；在课后，以学生进步与否为着眼点，反思教案和课堂行为的恰当性，并把反思结果应用于新的教案设计和教学活动中。有效教师在备课和反思中把重点放在了学生方面，并以学生的进步情况来调整计划和课堂教学行为。

以上八个行为特征大致可归为三类：课堂上的互动行为、维持学生专注的行为和教学的计划与反思。其中互动行为包含的行为特征最多，对教师教学成效的总体影响也最大、最直接。

从以上的分析来看，并非从师范院校毕业的学生都能做"有效教师"，只有具备了"有效教师"的人格特征和行为特征的一类师范生才有这种潜力。这有助于学科教学论教师明确培养目标。

高等院校体育教育专业培养目标浅析

宫士君①

改革创新，是新时代高等院校办学的主旋律，而高校的改革应始终坚持以教学工作改革为中心，这有利于高校教育教学的内涵发展，保证人才培养质量的稳步提升。② 人才培养模式改革是高校教学改革的核心内容，通过不断优化教学内容、课程体系、管理制度和评估方式等，实现人才培养目标。这里需要指出的是，高校专业人才培养目标虽然有着共同的要求，但实施过程一定要从实际出发，结合各自学校的实际情况，有针对性地落实，不可盲目效仿，相互攀比，造成事倍功半。

一、培养目标

《汉语大词典》对"培养"的解释是按照一定的目标长期教育训练；而"目标"是指人们想要达到的境地或标准，它是人们通过努力在一定时期内所要达到的预期结果；"培养目标"是指按照一定的目的，通过长期教育训练所要达到的一定预期结果。③

也有研究认为，培养目标是指依据国家的教育目的和各级各类学校的性质、任务提出的具体培养要求。本科教育的培养目标是使学生较好地掌握本专业的基础理论、专业知识和基本技能，具有从事本专业工作的能力和初步的科学研究能力。

二、高等院校体育教育专业培养目标

长期以来，对我国高等院校体育教育专业培养目标的研究一直受到专家、学者的重视。比较有代表性的如：黄汉升等人认为，应培养适应我国社会主义现代化建设实际需要的德、智、体全面发展，具有良好的科学素养，掌握体育教育基本理论、基本知识和基本技能，并受到体育

---

① 宫士君，黑龙江人，嘉应学院体育学院教授、博士，主要研究方向为体育教学与训练。

② 张海生，张晶，储常连. 高校教学改革的总体思路与政策措施 [J]. 煤炭高等教育，2015，33（3）：20–25.

③ 罗竹风. 汉语大词典 [M]. 上海：汉语大词典出版社，1995：1130–1131.

科研基本训练的体育专业人才。① 范国梁、李平在肯定了黄汉升等人的观点后，总结出了学者们三种不同的提法。第一种提法是：培养德、智、体全面发展的中学体育教师，该类教师还要具备指导社会体育和运动训练、体育保健康复、体育管理等能力；第二种提法是：培养教育的复合型人才，以体育教育为主修专业，扩展出社会体育、业余训练、保健康复、体育管理、体育产业经营等副修专业，要求学生做到"一主一副"或"一主二副"；第三种提法是：培养"一专多能"的"三强"型人才，即适应性强、竞争性强、发展后劲强。② 可以发现这三种提法虽然措辞上不同，但基本内涵是一致的，即更注重培养目标与社会需求相适应，"产品意识更浓"。

上述观点得到了各高校的认可，并延续多年。在我国高等教育从计划时代已经转变为市场时代的今天，培养目标必须与时俱进，紧跟时代的发展。本研究认为，现阶段，我国高等院校体育教育专业培养目标应包括以下三个方面：第一，为中小学培养合格的体育教师；第二，为上一级学校培养优质的生源；第三，为社会培养合格的工作者。前两个是主要目标，最后一个是次要目标。

三、高等院校体育教育专业培养状况分析

虽然各院校在培养目标上都基本遵循为中小学培养合格的体育教师，为上一级学校培养优质的生源，为社会培养合格的工作者这三个方向，但工作重心差异很大，这主要是由毕业生的状况决定的。③ 北京体育大学、北京师范大学、华中师范大学、华东师范大学、东北师范大学等高校的体育教育专业毕业生去向的百分比大体是45∶50∶5（毕业当年的指标），这些学校每届大概有45%的毕业生考取中小学教师的岗位，另外50%的毕业生考取研究生，到社会参加其他工作的占5%，这些学校的毕业生大多是主动选岗，只要其愿意，大多可以考取中小学教师的岗位。可以说，这些学校体育教育专业培养目标的主要目标完成得非常好，一方面与学校的相关教学有关，另一方面也与这些学校的品牌效应有关。

---

① 黄汉升，陈俊钦，梅雪雄，等. 面向21世纪我国普通高校体育教育专业课程体系改革的研究 [J]. 体育学刊，1997（3）：69 - 72.

② 范国梁，李平. 我国高校体育教育专业（本科）课程体系改革的现状及发展趋势研究 [J]. 湖北体育科技，2001（2）：97 - 98.

③ 王荣，等. 高等体育院校体育教育专业学生知识体系和能力结构的研究与实践 [J]. 体育世界（学术版），2019（5）：121 - 123.

嘉应学院近年来体育教育专业毕业生去向的百分比，与这些一类学校相比差异较大，大体是 50：8：42（毕业当年的指标），学校每届大概有 50% 的毕业生考取中小学教师的岗位，另有 8%（只有 2019 届达到这个指标）的毕业生考取研究生，到社会参加其他工作的占 42%，而且大多是被动选岗。这种差距和现象今后还会持续若干年，改变起来难度非常大。

四、优化嘉应学院体育教育专业培养状况对策

（一）为中小学培养合格的体育教师

从历史的传统上来讲，为中小学培养合格的体育教师是高校体育教育专业的首要目标，这一地位未来很长时间都不会改变。近年来，由于高校体育教育专业不断扩招与社会教师需求量不断缩小之间的矛盾，中小学体育教师岗位竞争越来越激烈。对地方院校来说，提高毕业生的质量，加强竞争力，将是首选任务。

通过对毕业生回访，从近几届嘉应学院体育教育专业毕业生的个体能力来看，存在的问题主要体现为实践能力的欠缺。可从以下三个方面改进：第一，教育实习。目前嘉应学院采用的是一段式实习，也就是第七学期实习一个学期，这之前也有教师带学生到中小学去少量见习，这种实习方式的弊端是当学生在实习中发现自己存在不足时，想补救已经没有机会了，因为第八学期已经没有课程，学生基本都忙于写毕业论文和找工作。鉴于此，建议改为二段式实习，就是在第七学期实习之前增加一个小的时间段实习，便于学生在实习中发现自己的不足后还有机会回来弥补。第二，课程设置。要对现已设置的课程进行重新研判，重点课程要加大课时量，内容重复的课程要进行精简，缩小课时量，尽量设置讲座式课程，加强教师与课程的匹配，等等。第三，教学过程。教师在授课过程中，要重视教师"搭台"、学生"唱戏"，术科教学要多让学生参与组织、评价、互动等；理论教学要多让学生参与讲解、评价、分享等。

（二）为上一级学校培养优质的生源

近年来，毕业生就业问题是摆在所有高校面前的一道难题，地方院校难度尤其大，加大培养学生考取研究生的比例，是解决这一难题的重要办法之一。目前，体育教育专业考取研究生的比例占毕业生 50% 左右的学校不止前文所提到的这些学校，能够达到这一标准的学校还有很多，比如河南师范大学、辽宁师范大学等。

从表1嘉应学院近六届体育教育专业毕业生考取研究生情况统计表可以看出，只有2019届达到了8%，其他届比例都很小。经调查得知，2014届以前该比例更小。可以看出，我们与国内很多学校相比差距是明显的，而在广东，与我们处在相同档次的学校，如韶关学院，该校体育教育专业毕业生考上研究生的比例早已达到20%～30%。

表1 嘉应学院近六届体育教育专业毕业生考取研究生情况统计表

届	毕业总人数	考取研究生人数	百分比（%）
2014	204	4	2.0
2015	262	5	1.9
2016	250	6	2.4
2017	248	11	4.4
2018	239	13	5.4
2019	288	25	8.7

为提高体育教育专业毕业生考取研究生的比例，应一方面加大考研宣传力度，并有针对性地进行辅导；另一方面向韶关学院取经。另外，考研可以说是应试教育，考研的相关课程是否需要改革、怎么改，是我们未来需要认真探讨和思考的问题。

（三）为社会培养合格的工作者

这一指标虽然被列为高校体育教育专业培养目标的次要目标，但就要求来讲，难度却是最大的，因为这涉及学生社会适应能力问题，能力的要求与体育教育专业的培养方向是不一致的，在就业竞争中可能会出现用自己的弱项与别人的强项比的情况。嘉应学院体育教育专业每届有将近42%的毕业生在这个方向上发展，今后比例可能还会扩大，这不能不引起我们的重视。

为社会培养合格的工作者，要求提高的是学生的综合能力，比如爱岗敬业能力、组织能力、终身学习能力、应变能力等。爱岗敬业能力的培养要求的是思想政治教育的正确引导，促进正能量行为习惯的养成，学校在开展好政治理论课的同时，还要经常组织学生参加社会公益活动，让他们通过实际行动养成爱国家、爱集体、爱生活的好习惯；组织能力的培养要求的是学生交流、沟通水平的提高，学校可以有计划地让学生参与班级事务，挖掘学生的特长，让每个学生都参与到社团中去，通过组织活动、处理日常工作，达到对组织能力的培养；终身学习能力的培养要求的是良好学习习惯的养成，要正确引导学生在枯燥的学习中找到快乐，并且有所收获，通过学习能够较好地解决实践中遇到的问题；应变能力就是审时度势，随机应变，随着社会竞争的加剧，人们所面临的变化和压力与日俱增，良好的应变能力有利于更好地为社会服务和增加个人成功的机遇。学校要多组织学生参加富有挑战性的活动，扩大学生与社会各行各业的交往范围，让学生"见多识广"，应变能力自然会得到提高。

基于核心素养的体育课堂教学

伍天花①

一、核心素养及其特征

（一）核心素养的概念

"核心素养"（key competencies）作为舶来品，首先是由欧洲经济合作与发展组织（OECD）在 1997—2003 年间提出并逐渐完善的，从字面上看，"key"意为"关键的""必不可少的"等，而"competencies"直译为"能力"，但从它所包含的内容看，译成"素养"更为恰当。有鉴于此，"核心素养"可理解为为适应 21 世纪信息时代和知识社会的新挑战，人所应该具备的关键素养。②

（二）核心素养的特征

纵观欧美各国有关核心素养的本质，总体上看，具有以下几个方面的特征③：①它是一种高度综合且复杂的解决问题的能力；②这种能力能够满足个体和社会的重要需要；③这种能力既与特定情境相联系，又能在多样化的情境中具有广泛迁移性；④这种能力具有道德性，它能给个体和社会带来负责任的、有价值的结果；⑤这种能力具有民主性，它对所有人都重要；⑥这种能力具有 21 世纪信息时代的基本特征，它是"21世纪素养"。

（三）体育与健康核心素养

体育与健康核心素养是指学生通过学习体育与健康学科后所表现出来的关键能力与必备品格，它是体育与健康学科本质观和学科教育价值观的综合反映，其本质追求是对待体育与健康的积极态度，是将体育与

---

① 伍天花，嘉应学院体育学院副教授，主要研究方向为公共体育。

② 褚宏启. 核心素养的概念与本质 [J]. 华东师范大学学报（教育科学版），2016（1）：1－3；王俊民，丁晨晨. 核心素养的概念与本质探析——兼析核心素养与基础素养、高阶素养和学科素养的关系 [J]. 教育科学，2018，34（1）：33－40.

③ OECD. The definition and selection of key competencies（executive summary）[EB/OL]. http：//www. oecd. org / dataoecd /47 /61 /35070367；HIPKINS R，BOYD S，JOYCE C. Documenting learning of the key competencies：what are the issues? [R]. Wellington：New Zealand Council for Educational Research，2005：7.

健康知识技能运用于生活之中的能力，是在体育与健康实践过程中的良好体验、个性形成。[①]

1. 运动能力

运动能力是体能、技战术能力和心理能力等在身体活动中的综合表现，是人类身体活动的基础。学生能够运用所学的运动知识、技能和方法，参加与组织体育展示和比赛活动，体能与运动技能水平显著提高，掌握和运用选学运动项目的裁判知识和规则，具有分析问题和解决问题的能力；能够独立制订和实施体能锻炼计划，并对练习效果做出合理评价；了解国内外的重大体育赛事和重大体育事件，具有运动欣赏能力。

2. 健康知识与行为

健康知识与行为是增进身心健康和积极适应外部环境的综合表现，是改善健康状况并逐渐形成良好生活方式的关键。学生能够积极主动参与校内外的体育锻炼，掌握科学的锻炼方法，逐步形成锻炼习惯，掌握健康技能，学会健康管理；情绪稳定、包容豁达、乐观开朗，善于交往合作，适应自然环境的能力强；关注健康，珍爱生命，热爱生活，养成良好的生活习惯，改善身心健康状况，提高生活和生存能力。

3. 体育情感与品德

体育情感与品德是指在体育运动中应当遵循（表现出自觉遵守）的行为规范以及形成的价值追求和精神风貌，对维护社会规范、树立良好的社会风尚具有积极作用。学生能够自尊自强，主动克服内外困难，具有勇敢顽强、积极进取、挑战自我、追求卓越的精神；能够正确对待比赛结果，胜不骄、败不馁；能够胜任运动角色，表现出负责任的行为；能够遵守规则、文明礼貌、尊重他人，具有公平竞争的意识和行为。

二、高校体育教学中存在的问题

笔者现结合嘉应学院这一地方性二本高校的实际情况，以及国内外有关体育核心素质的剖析，分析体育教学中主要存在的三方面问题。[②]

（一）教学模式存在缺陷

体育教学还是遵循着传统的教学模式，仍是以技术教学为核心，这

① 戴燕，辛艳军. 基于学生核心素养培育的高中体育课堂教学策略研究 [J]. 体育世界（学术），2018（8）：135，128；王捷. 我国高校体育教学的改革现状与策略研究 [J]. 当代体育科技，2019，9（21）：108-109.

② 王捷. 我国高校体育教学的改革现状与策略研究 [J]. 当代体育科技，2019，9（21）：108-109；张凤英. 影响我国高校体育教学发展的因素及对策分析 [J]. 当代体育科技，2019，9（16）：165-166.

种传统的教学只是片面强调以传授体育知识和体育技能为核心，以增强学生的体质体能为目标，但是这种教学方法会让学生只懂模仿，没有独立的锻炼意识，忽视了对学生体育意识和体育习惯的培养，同时也造成学生不重视体育课程，导致学生在毕业后难以形成长时间坚持锻炼的习惯。

（二）教学课程与教学理念缺乏创新

高校体育课程虽然在不断地进行改革，但是改革思维仍然受到传统教学模式的禁锢，特别是体育教学的设置与中小学的体育教学课程设置相差无几，并且教学模式也没有很大的改变，教学内容陈旧，缺乏创意。即使通过教学革新的探索，进行了教学方式的改革，但是由于时间和空间的限制，现代的体育健身课程开设实行十分困难，难以真正地进行教学改革。教学中的体育锻炼与生活中的体育锻炼不同，学生无法将课堂上学习到的知识运用到生活实际中去，这就限制了学生对体育锻炼的积极性，使得学生无法积极地进行自己喜欢的项目的锻炼。

（三）教学设施配套不足

根据相关的调查研究，如今我国大多数高校在开展体育教学的过程中，普遍存在教学硬件设施与软件条件不足的情况。体育教学由于本身的特殊性，与其他课程相比，具有很强的实践性，主要是通过户外实践活动进行的，因此，硬件设施的质量与数量对于体育教学效果的提升具有较大程度的影响，若硬件设施不足，就会对体育教学质量造成非常明显的负面影响。另外，体育教学软件条件主要指从事高校体育教学工作的师资队伍，体育教学师资队伍的数量与质量都是影响高校体育教学水平的重要因素。如今我国高校一些体育教师在教学过程中没有严格按照新课程改革的要求与标准来对教学内容进行设置，没有充分考虑学生的身心发展需求与能力基础，没有充分尊重学生的主体差异性，没有做到因材施教，从而严重地限制了学生身心健康的全面发展。

三、基于核心素养的体育课堂策略

（一）加强思想品德教育，提高学生综合素质

价值观、逻辑思维能力及操作技能和学科知识等都是学生需要具备的基本素质，因此，体育教师在进行教学时，要注重对学生思想品德等方面的教育，在教学的过程中引导学生树立正确的世界观、人生观、价值观。[①]

---

① 洪彧熹. 基于学科核心素养的体育课堂有效教学策略与研究 [J]. 当代体育科技，2018，8（10）：85-86.

体育教师要精心组织课堂教学。由于体育教学大部分是在操场、篮球场等户外场地进行，因此不好控制学生的一些行为。这就需要教师在上课时加强对学生的相关教育，让学生养成与室内教学一样的认真态度，积极参与到教学活动中。

体育教师在教学时，要根据体育学科的特点，让学生参加田径，培养拼搏精神；让学生训练体操，培养坚持不懈的精神；让学生通过球类练习，培养顽强、机智勇敢的品德；让学生在体育训练中正确认识体育，树立正确的"三观"。在体育教学中渗透品德教育，有利于学生的健康成长。体育教师在教学时，也可以让学生进行一些体育游戏来缓解疲劳，并通过游戏培养他们遵守规则、热爱集体的品质。

（二）创新组织教学方式，提高学生的创新能力

体育教师在教学时，除了要培养学生的体育核心素养外，还要兼顾学生的个性，培养学生的创新能力。应让学生在实践中完成个性的发展，把外在的知识内化于心，成为学习的主人。

体育教师在教学时，必须以创新为驱动，转变自己的教学思维，采取开放的教学方式，注重培养学生的能力，加强师生之间、生生之间的交流与沟通。通过练习加强学生对技能的学习与掌握。在学生学习时，教师要引导学生，创新练习的方式，让他们不断思考探究，进一步提高学生的创新能力。

如在进行蹲踞式跳远的教学时，教师可以先把学生分成几个小组，明确每个小组的学习任务，根据小组情况的不同，采取不同的练习方法，进而保证每名学生都能够通过练习得到提高。在小组练习一段时间后，教师让小组之间进行比赛，再让学生进行分析归纳，发现自己在学习中的不足之处，并加以改进。在学生练习的过程中，教师要指导学生，让学生在学习中探究，在探究中不断发现新问题、解决新问题，从而培养学生的创新能力。

（三）采用小组教学，培养学生合作精神

体育教师在教学时，首先可以根据所教班级的实际情况，给学生选择合适的学习任务，其次给学生示范动作，把动作的要领教给学生，最后再让学生分成几个小组分别练习。在学生练习的过程中，教师要观察学生的学习情况，大致了解一下各组学生的掌握情况，然后再选择有代表性的、比较典型的小组开展教学。可以让掌握要领较好的学生对掌握不太好的学困生进行一对一辅导，进而让每个学生都能够得到提高。这样做，先是同组个体与个体的合作、个体与本组的合作；后是不同组之间的合作、本组个体与他组个体的合作，形成多个层次立体的合作。通

过小组合作教学，培养学生的合作精神，为学生适应社会奠定良好的基础。

（四）以学生为主体，引导学生主动探究

体育教学中要突出学生的主体地位，强化以生为本的理念，让学生在开放多元的体育课堂中进行探究学习，以培养学生良好的体育学习习惯。如在进行篮球教学时，教师在给学生讲解完基本的动作要领以后，可以组织学生以小组的形式进行自主练习，并布置学生探究相关的动作技巧（运球技巧、传球技术等），从而悟出内在的道理。如此教、学，从学生的角度看，能增强学生对体育的热爱，让他们在运动中感受篮球的魅力，培养了学生的体育核心素养。从教师的角度看，给学生搭建了自主学习的平台，并布置了相关的启迪性思考问题，让学生在自主学习、主动学习的过程中进行探究，真正突出了"以生为本"，培养了学生的学习兴趣以及良好的学习习惯。

（五）优化终结性评价，注重形成性评价

对学生学习成果的认定与评价需要多方位、多途径且系统全面，是对课程教与学的总结与反思，这就需要课程学习过程中的形成性评价和课程结束时的终结性评价两种评价方式。形成性评价应该把重点放在学生的学习过程之中，对学生的学习能力、学习态度、学习行为、探索精神等方面做出合理、持续的评价；终结性评价应该包括技术考试和能力考试两方面的内容。

四、结语

有资料表明，现代管理学对人才的考核、评价有128项指标，仅凭卷面考试只能考出其中的47项，剩下的81项指标，如毅力、合作力、反应力、创造力、组织管理能力、信息情报获取能力、社会活动能力和口才等，这些考不出的能力，大多是基于核心素养的体育课堂教育中最为重要的培养目标。[①]

面向21世纪信息时代和知识经济背景下的体育教师，在进行教学时，不但要传授给学生体育技能和知识，还要注重对学生核心素养的培养。在教学的过程中要精心设计教学环节，采用多种教学模式，激发学生学习体育的兴趣和积极性，并在教学时突出学生的主体地位，加强对学生的思想品德教育。应通过各种活动培养和提升学生的核心素养，使学生的身心全面、健康发展。

---

① 李彦西．欠发达省区高等教育资源整合机制研究［D］．武汉：武汉理工大学，2010．

"数学教学论" 课程教学模式探讨

陈星荣①

国家教师资格考试制度的实施，取消了师范生的"免考权"，加强了对准教师的教育理念、专业知识、实践能力和反思能力的考查，在考核形式上有笔试和面试两个环节。这对现有的以讲授式为主的教学论课程教学而言无疑是一个巨大的挑战。"数学教学论"这门课程一直以理论学习为主，实践训练为辅。采用的教学方法主要是讲授法，缺乏学生参与。教学形式单调且手段落后，教学模式依旧强调外在的灌输，忽视学生的主体地位，漠视学生的精神状态和主体需要，淡化学生对知识习得与内化的体验过程。此外，此种教学形式对师范生教学技能的提高作用有限，不利于培养合格师范生。其结果是师范生就业竞争力不强，从教适应能力差。

如何克服当前"数学教学论"课程教学存在的教师主宰课堂、教学模式陈旧等弊端，探索出能体现师范性、实践性和专业性的多样化教学模式，以应对教师资格考试制度改革对师范教育的强烈冲击，培养出既符合合格教师标准，又具备创新能力和良好个性品质的优秀师资，是每一个教学论教师亟须思考和解决的问题。要打破这样的局面，需建立一套行之有效的培训方式，通过这门课程的教学改革，培养学生的实践能力，突出学生的主体参与，帮助学生掌握教学技能。基于此，笔者在长期教学实践的基础上，结合教师资格考试制度改革的要求，以建构主义理论为指导思想，探讨"数学教学论"课程教学模式的改革，以期提高"数学教学论"课程的教学质量。

一、课程目标

"数学教学论"是数学与应用数学（师范）专业的一门必修课程，是以培养师范生从事中学数学教育必备的学科教学理论和教学技能为目标的课程，对提高师范生的素质，促进其全面发展，有着不可替代的作用。"数学教学论"既是一门理论课程，也是一门实践性很强的应用型课程，

---

①　陈星荣，嘉应学院数学学院副教授，主要研究方向为数学教学论。

是高等师范院校学生快速成长为一名合格数学教师的关键课程，对其专业发展具有重要的作用和意义。"数学教学论"课程的学习，能够使学生系统了解数学课程发展的历史与决定因素，数学课程标准的基本理念和整体框架，数学教学内容的选择依据与体系安排；认识数学学习的特点，理解不同的学习理论对数学学习的指导作用；熟悉数学学习评价的手段与方法；掌握数学教学的基本原则，有效选择教学模式；掌握数学教学设计的基本理论与方法，熟悉数学教学的日常工作，并能够利用各类信息资源进行课程资源开发，优化数学教学内容和过程，提高教学效率和质量。

数学教师的专业发展，需要一定的知识积累、技能训练、经验提炼和态度养成，是一个非常复杂的过程。高等师范学校"数学教学论"课堂教学是职前数学教师教育的主渠道，是学习数学教学知识、形成数学教学技能的主要课程。

范良火博士在《教师教学知识发展研究》一书中认为，数学教学知识包括三部分：教学的课程知识（包括技术在内的教学材料和资源的知识）、教学的内容知识（关于表达数学概念和过程的方式的知识）、教学的方法知识（关于教学策略和课堂组织模式的知识）。[①] 从上可知，教师数学教学知识主要是"怎么教"的知识和"为什么这样教"的知识，体现为显性的静态理论知识和隐性的动态实践知识的融合。对于数学与应用数学（师范）专业的大学生来说，所要学习的数学教学知识主要是有关一般数学教学法的理论知识；直面想象中学生的教学该如何架构和呈现教学内容的知识；有关想象中学生在学习具体的内容时可能拥有的共同的概念、误解和困难的知识；能设计和顺利进行课堂教学或模拟课堂教学，即从一个阶段流畅地过渡到另一个阶段和清晰地解释内容所需的知识；对想象中学生错误类型的理解的知识，等等。"数学教学论"的教学目标是大学生对教学操作技能的掌握及对其背后理论的理解，它是与活动相连的一种经验获得。最终要求是借助扎实的数学基础理论知识，形成正确的数学观、数学教学观，善于把数学的学术形态转化为教育形态。

二、教学难点

当前的"数学教学论"课程教学重学术性、轻师范性，重理论、轻实践。教师实践性知识是一种缄默知识，它存在于教师的思想观念中，

---

① 范良火. 教师教学知识发展研究 [M]. 上海：华东师范大学出版社，2003.

但不能用语言进行逻辑性的表述，具有很大的隐秘性和直觉性，并对教师的教育思想和教育行为方法产生极大的影响。可以说，教师实践性知识是教师从事教学活动，甚至教师专业发展必备的、不可替代的智力资源。这种实践性知识很多并不是通过"传授"得到的，而是教师在一定情境的学生活动中感受、理解、顿悟自主建构的。在这一过程中，教师应尊重学生的主体性，把学生当作具有独特体验和情感态度的人，与学生建立起一种民主、平等、互信的宽松和融洽的学习氛围，创设一种特定的、与学生生活世界相关的情境，引导和帮助学生在活动体验中学，而不是要求学生接受那些他们无法感受到的、无法理解其意义的抽象的东西。

教学知识是影响教师专业发展的主要知识，它包括教学理论性知识和教学实践性知识，前者通常呈外显状态，可以为教师和专业理论工作者所共享，是教师专业知识冰山露出水面的部分，具有可表述性，比较容易把握；后者通常呈内隐状态，基于教师的个人经验和个性特征，镶嵌在教师日常的教育教学情景和行动中，深藏在知识冰山的下部，实践中往往因其隐蔽性、非系统性、缄默性而很难把握。深入研究表明，对教师专业发展起决定作用的是教学实践性知识，包括教育信念、自我知识、人际知识、情景知识、策略性知识与批判反思知识。所以说，实践智慧是教师专业化的本质要求，教师教育的有效途径必然指向实践性教学。数学教学实践性知识发端离不开数学基础知识和教学理论性知识，数学基础知识达到一定程度时，教学实践性知识与教学理论性知识是共生共长的。可以说，对于职前数学教师教育来说，基于教学实践操作活动（即模拟有关教学活动）的教学理论知识学习有助于大学生数学教学知识的发展。

传统职前"数学教学论"课堂教学多是"教学论＋数学例子"，没能实现教学实践性知识与教学理论性知识的结合，也没有实现数学知识与教学法知识的真正融合，更谈不上数学教学知识的发展了，其最大的缺陷是缺乏产生教学实践性知识的实践活动。

建构主义强调知识并不是简单地由教师传授给学生，而只能由每一个学生依据自身已有的知识和经验加以建构。教师是促进者、组织者和导向者，要了解学生思维活动，帮助学生获得经验和预备知识，善于引起学生观念上的不平衡，重视对学生错误的诊断与纠正。教学知识是在教学情境中自主建构的，而不是独立于认识主体的客观事物或"实体"存在，那么数学教学知识也就不可能直接传授给学生，它应该是学生以数学知识为基础，在与真实的或模拟的课堂教学情境相互作用中自主建构的，这是职前"数学教学论"课堂教学的认知过程。这种认知过程强调学生学习的主动性和理解作用，它包括学生对数学知识、教学对象的理解及在理解之上的合理性教学设计。

三、教学模式

在学生进入课程学习之前，已经有了丰富的上课经验，在他们的脑海中或多或少对教学有着自己的看法，所以，在教学中要注重对学生原有知识概念进行优化或重构，进而在学生脑海中建构属于他们自己的教学理论。因此，学生是知识建构的主体，而教师则是知识建构的一个主导因素，是整个学习过程的组织者、帮助者和引导者，而不是知识的传授者和灌输者。

一般的教学法知识和数学教育理论抽象而含义广泛，单纯的记忆背诵是不管用的，起不到对教学实践的指导作用。要充分运用各种方式，促进学生同化和顺应这些理论知识。为此，我们主要采取视频案例研讨式教学。通过视频案例研讨式教学，帮助学生间接地了解中学数学课堂教学，积累实践经验，引导学生利用理论知识对教学案例进行评价，提高学生的理论思维水平，培养学生的教学技能。我们的视频案例研讨式教学模式包括以下四个步骤：

（一）观摩案例

先让学生观摩优秀教师的视频案例，对优秀教师的教学进行观察、模仿、学习，研究他们怎样把教学技能恰当地运用到课堂中，并分析他们的教学行为，学习具体的教学技能。然后再观看有缺陷或者是有争议的视频案例，和那些优秀教师的视频案例进行分析、比较，从中发现问题，学到知识。

（二）分析讨论

这是视频案例教学实现由感性认识到理性认识的中介环节。这一环节的主要目的是通过引导学生思考、分析、讨论案例，使学生对案例有较深刻的认识，初步领会案例所包含的教育理论，以顺利进入下一环节。

（三）理论升华

这是案例研讨的"明理阶段"，该环节的目的是使学生的认识由感性上升到理性，从而掌握教育科学的基本原理，这一环节教师应在学生思考、讨论的基础上，引导学生水到渠成地进行理论升华，切忌脱离案例机械"上升"。为帮助学生更好地理解、记忆理论知识，教师在板书时可用简明的字、词、图示直观形象地表现出知识的内涵、知识点之间的关系，帮助学生构建起知识网络。这一环节既可以以教师指导为主完成，更可以由学生在教师引导下完成。

（四）教学实践

为了帮助师范生把观察到的技能和实践知识融入自己的知识体系中，可以让他们进行微格试讲，锻炼他们对具体的教学技能的运用能力，然后再让他们观看自己的试讲视频，并分析、反思，把理论和实践知识都再提升一个高度，最后进行教学实习，让学生走进真正的教学课堂。

我们在"数学教学论"课程中，通过视频案例研讨式教学活动，将案例教学与微格教学相结合的这种新型方式，得到了大多数同学的认可。他们认为通过视频案例研讨式教学，加深了对典型教学案例和教学模式的认识与理解，通过训练使自己的教学设计与实施技能都得到了很好的提升，培养了发现、分析和解决问题的能力，为今后从事教学工作打下坚实的基础。

大学生发展核心素养与高校美育课程建设

——基于当前高校美育工作的思考①

林爱芳②

在如火如荼的高校教育体制改革、师范教育改革、课堂教学改革、课程改革等背景下，"学生发展核心素养"与"美育改革发展"话题成为高校教师关注的内容。笔者在学习段海军教授"基于核心素养培育的课堂教学模式创新"、冯加渔教授"指向深度学习的大学课程改革"、朱晟利教授"学生核心素养发展与高校课程建设"等课程，以及学习《国务院办公厅关于全面加强和改进学校美育工作的意见》《教育部关于切实加强新时代高等学校美育工作的意见》《广东省人民政府办公厅关于全面加强和改进学校美育工作的实施意见》等文件的基础上，认为美育应成为大学生发展核心素养培育的必要内容。

近些年国内有关学生发展核心素养与美育方面的研究有一些。例如，辽宁师范大学薛猛等《基础性教育阶段学生审美情趣养成的实践性问题解析：基于后现代课程观》提及，审美情趣养成是提升学生人文底蕴的重要环节，是培养"全面发展的人"不可或缺的重要内容。③ 天津财经大学王悦《高校美育助推社会主义核心价值观教育研究》提出高校美育与社会主义核心价值观教育的关联，美育对核心价值观教育的促进作用，以及以美育助推社会主义核心价值观教育路径探讨等。④

一、对当前"学生发展核心素养"的感知

对于核心素养的认知，来源于教育部门、研究专家以及相关领域的

---

① 本文是嘉应学院创建国家教师教育创新实验区招标课题"广东'新师范'建设背景下师范生校本课程开发能力培育——以嘉应学院美术学专业为例"研究阶段性成果。

② 林爱芳，广东梅州人，嘉应学院美术学院教授，研究方向为高校美术教育、民间工艺。

③ 薛猛，等. 基础性教育阶段学生审美情趣养成的实践性问题解析：基于后现代课程观 [J]. 辽宁师范大学学报，2019，42（2）.

④ 王悦. 高校美育助推社会主义核心价值观教育研究 [D]. 天津：天津财经大学，2017.

研究。国内外对学生核心素养的认定内容有差异。例如，澳大利亚专家认为学生的"综合能力"是核心素养；经济合作与发展组织认为"运用工具互动，共质团体互动，自主行动"三大类是核心素养；美国 21 世纪技能合作组织认为"学习与创新技能，生活与职业技能，信息、媒体与技术技能"是核心素养；联合国教科文组织认为"学会认知，学会做事，学会共处，学会生存"是核心素养。

2016 年 9 月，我国正式发布《中国学生发展核心素养》，文中构建了以培养"全面发展的人"为目标的学生核心素养框架，提出学生应具备"为适应终身发展和社会发展需要的必备品格和关键能力"。中国学生发展核心素养以培养"全面发展的人"为核心，分为文化基础、自主发展、社会参与三个方面，综合表现为人文底蕴、科学精神、学会学习、健康生活、责任担当、实践创新等六大素养，具体细化为国家认同等 18 个基本要点。各素养之间相互联系、相互促进、互相补充，在不同情境中整体发挥作用。

在《中国学生发展核心素养》中，文化基础中的人文底蕴包含了"审美情趣"，即应"具有艺术知识、技能与方法的积累；能理解和尊重文化艺术的多样性，具有发现、感知、欣赏、评价美的意识和基本能力；具有健康的审美价值取向；具有艺术表达和创意表现的兴趣和意识，能在生活中拓展和升华美等"。自主发展中的健康生活，包含了"珍爱生命"，即应"理解生命意义和人生价值；具有安全意识与自我保护能力；掌握适合自身的运动方法和技能，养成健康文明的行为习惯和生活方式等"；"健全人格"应"具有积极的心理品质，自信自爱，坚韧乐观；有自制力，能调节和管理自己的情绪，具有抗挫折能力等"；"自我管理"应"能正确认识与评估自我；依据自身个性和潜质选择适合的发展方向；合理分配和使用时间与精力；具有达成目标的持续行动力等"。社会参与中的实践创新，包含了"问题解决"，即"善于发现和提出问题，有解决问题的兴趣和热情；能依据特定情境和具体条件，选择制订合理的解决方案；具有在复杂环境中行动的能力等"；"技术应用"，即"理解技术与人类文明的有机联系，具有学习掌握技术的兴趣和意愿；具有工程思维，能将创意和方案转化为有形物品或对已有物品进行改进与优化等"。

学生发展核心素养，就是在对学生综合能力的培养过程中，不仅要注重学科教育，还要注重培养学生具有不被社会淘汰的个人能力，使其能够适应时代的进步。中国学生发展核心素养体系的正式发布，为高校人才培养提供了实践性的指导。核心素养并不仅是指简单对学生进行学科教育，还包括教会学生在社会生活中能够利用学到的知识，辨别是非对错，并且具有解决和处理问题的能力。学生核心素养体系的外延更广、更丰富，既包含了政治思想建设，也包含了社会价值取向。因此，促使核心价值观落实于高等教育中，可通过学生核心素养的建设及学生核心素养的发展加以贯彻。然而，伴随社会分工越来越细，高等教育锁定专门化、应用型人才的培养目标，学科的细分越来越明显。面临就业问题，学校更加注重培养学生的就业技能，这进一步促使高校注重教授实用性的知识，训练学生对技术的熟练掌握，没有给予学生核心素养的发展足够的重视。注重发展学生的核心素养，有助于学生自觉抵制不良诱惑。

二、"美育" 与大学生发展核心素养

近代学者王国维认为，教育应分心育与体育两大领域，心育应包括智育、德育、美育三个方面。他说："真者知力之理想，美者感情之理想，善者意志之理想也。完全之人物，不可不备真善美之三德，欲达此理想，于是教育之事起。教育之事亦分三部，智育、德育、美育是也。"王国维看到美育具有巨大的社会功利性，并借用席勒《美育书简》的论述来说明美与善、美育与德育的密切关系："最高之理想存于美丽之心（beautiful soul），其为性质也，高尚纯洁，不知有内界之争斗，而唯乐于守道德之法则，此性质唯可由美育得之。"[①]

我国古代大教育家孔子曾说过："兴于诗，立于礼，成于乐。"中国古人非常重视美与善、美育与德育的合一。孔子之教"始于美育，终于美育"，美育不仅与智育、德育、体育相辅而行，而且还有自己独特的功能和规律，在整个教育中占有重要的地位。[②]

20 世纪杰出的艺术家、艺术教育家林风眠先生，是中国现代美术教育的主要奠基者之一。林风眠为现代中国艺术教育做出了巨大贡献，在杭州创建了中国最早的高等艺术学府——国立艺术院。他大力贯彻蔡元培"以美育代宗教"的思想，积极担负起以美育提高和完善民众道德，进而促成社会改造与进步的重任。[③]

美育的目标不仅是培养和提高学生对美的感受力、鉴赏力和创造力，而且要美化人自身，即帮助学生树立美的理想、发展美的品格、培育美的情操、形成美的人格。因而，美育的根本宗旨是健全学生的人格和心灵。所以没有美育的教育是不完善的教育。美育不但是人格修养的入门

---

① 姚文放. 王国维的美育四解及其学术意义［J］. 文艺理论研究，2010（6）.
② 姚文放. 王国维的美育四解及其学术意义［J］. 文艺理论研究，2010（6）.
③ 林爱芳. 林风眠［M］. 广州：广东人民出版社，2012.

途径，而且是能使它达到成熟的、高级的境界。

目前，有的学校把美育搞成了特长教育、技术教育，把美育仅仅当作艺术特长或技能技术教育来施行，这是认识上的误区，既不利于全面提高学生的素质，又违背了美育自身的规律和宗旨。艺术教育是学校实施美育的重要途径，但是，仅仅停留于技能的传授和特长的培养上，而忽略了美育的宗旨，就达不到美育对学生进行人格培育和心灵建设的目的。

在应试教育的影响下，大部分学校只重传授书本知识，忽视了育人的长远目标。中小学基本上没有真正意义上的美育。要实施真正的美育，就必须从应试教育的习惯中脱离出来，向素质教育转变。在中小学，美术课、音乐课常常被视为可有可无的"杂课"，其作用与价值常被人们忽视，这是教育思想观念认识上的问题。

《全日制义务教育美术课程标准（实验稿)》对美术课程的价值做了如下确认：陶冶学生的情操、提高审美能力；引导学生参与文化的传承和交流；发展学生的感知能力和形象思维能力；形成学生的创新精神和技术意识；促进学生的个性形成和全面发展。"在美术活动中，激发创造精神，发展美术实践能力，形成基本的美术素养，陶冶高尚的审美情操，完善人格。"①

深入研读《中国学生发展核心素养》，理解学生核心素养中"审美情趣""健全人格""技术应用"的内涵，都与美育有很大的联系。在当前中国初等教育、中等教育阶段趋向于应试教育，美育相对滞后的现实情况下，学生核心素养中"审美情趣""健全人格""技术应用"等方面的教育，在初等教育、中等教育阶段就无法很好地实施与保障。美育本身作为一种情感教育，可以提高学生的综合素养，陶冶其高尚品德。而高等教育作为学生踏入社会的最后一个高层次的教育阶段，应弥补初等教育、中等教育中美育课程的缺失导致的学生核心素养中"审美情趣""健全人格""技术应用"等方面教育的不足。因此，高校的美育与大学生核心素养有必然的联系，高校的美育对大学生核心素养的培育具有长远意义。

三、高校美育课程建设

美育的核心是艺术教育。就高校美育情况而言，当前高校教师对大

---

① 林爱芳. 有效开发农村儿童的创造性思维：小议农村中小学美术教育 [J]. 美术文献，2018（3）.

学生美育的地位、作用和意义的认识比较明确，"大美育"的理念得到普遍认同，大部分教师肯定了美育在"提高学生素养""培养学生想象力和创造力"方面的作用。① 高校的美育课程建设可从文学、美术、音乐、舞蹈、戏曲、书法、地方文化等方面入手，以开设公共选修课程，开展艺术展演、竞赛、沙龙、讲座等形式展开。

首先，是美育教师团队配备。目前各高校的价值观教育很多通过思想政治理论课教师传授，然而，思政教师们普遍具有良好的理论素养，但审美素质参差不齐，课堂从内容到形式都缺乏美的吸引力。除了提升公共理论课教师的审美素养外，还需配备专门的艺术教师从事美育工作，这类教师多是艺术类专业的毕业生，往往能够较好地掌握某项艺术技能，但文化理论修养相对薄弱。一些美育教师对学生的审美教育停留在"技"的层面，较少涉及深层次的文化讲授和思想领航。因此，美育教师团队要从多学科、多方面进行综合建设。

其次，要大量开设公共艺术课程，普及艺术教育。①高校可以把公共艺术课程与艺术实践纳入教学计划和人才培养方案，并将美育实践活动纳入大学生素质拓展学分评定内容。②学校面向全体学生开设公共艺术选修课程，包括音乐、美术、舞蹈、诗词、戏剧、影视、书法等。课程设置采用课堂教学与网络课程相结合的方式，要求每位学生须修满学校规定的公共艺术类学分方能毕业。③完善公共艺术课程教材建设、课程建设，编写符合美育、符合大学生发展核心素养的艺术课程教学大纲与教案，保证艺术课程的开设与教学质量。④开展公共艺术教育微课展示，培育建设高质量的美育精品在线课程。

最后，因地制宜开展丰富多彩的艺术实践活动。①广泛开展艺术、诗歌、舞蹈等以陶冶情操、提升审美情趣为目的的展演、竞赛活动或征文比赛，积极打造校园高雅文艺展示平台。②积极推动传统文化、地域文化进校园、进课堂，开设艺术名师讲堂，让更多学生参与。③为传播地域文化，建设一批具有地域文化特色的美育课程。

另外，加强艺术社团建设，让学生参与社团活动，也是对学生进行美育教育的有效途径。①有针对性地引导学生组织更多高质量的艺术社团，从普通在校生中挖掘、选拔、培养艺术团成员，带动校园文化活动开展，逐步将艺术社团建成学生全面发展的舞台和美育实施的平台。②充分发挥校报、广播、宣传栏、新媒体等文化阵地的育人功能，充分发挥网络媒体在校园文化建设中的作用，把校园网络建设成为展示学校

---

① 宁薇. 大学生美育论［M］. 天津：天津社会科学院出版社，2013.

精神风貌和艺术氛围的重要载体。

学生发展核心素养的培育是一个持续终身的过程，可教可学。最初在家庭和学校中培养，随后在一生中不断完善。因此，大学生发展核心素养是高校美育的长远目标，美育课程建设具有育人的长远意义。

蔡元培说："植物之花，所以成实也，而吾人赏花，决非作果实可食之想。善歌之鸟，恒非食品，灿烂之蛇，多含毒汁。而以审美之观念对之，其价值自若。"即让人的认识和愿望得到满足与发展，便会产生对美的感动，产生愉快感、满意感、赞赏感、幸福感等正能量的情感体验。让人全身心为美感所浸润，并感到思想活跃、想象飞驰，美好而充满动力，获得精神上的极大满足。

习近平总书记在2018年8月30日回复中央美术学院8位教授的信中指出："美术教育是美育的重要组成部分，对塑造美好心灵具有重要作用。你们提出加强美育工作，很有必要。做好美育工作，要坚持立德树人，扎根时代生活，遵循美育特点，弘扬中华美育精神，让祖国青年一代身心都健康成长。"①

高校的美育，是为引领学生树立正确的审美观念、陶冶高尚的道德情操、塑造美好心灵。遵循美育特点，以美育人、以美化人、以美培元，培养和造就德智体美劳全面发展的人才。

---

① 习近平. 做好美育工作　弘扬中华美育精神［Z］. 学习强国，2018－08－30.

更新观念，创新教学

——学科教学论与理论创新打造"金课"的启示①

任继红②

2019 年 7 月，笔者有幸参加了嘉应学院在陕西师范大学举办的学科教学论教师课程育人与理论创新高级研修班培训。这次培训内容丰富，主题多样，以专家讲座为主，还饱览了陕西师范大学"教育博物馆"馆藏中关于教育史的"红墙青瓦"。七位专家从教育、教学、课程、管理等不同角度，开展了"学校管理创新与实践探索""基于问题的课堂教学设计""大学有效教学的行动样态""高校教师如何打造'金课'""基于核心素养培育的课堂教学模式创新""指向深度学习的大学课程改革""学生核心素养发展与高校课程建设"等方面的专题讲座。专家的教育教学理念、人格魅力和治学精神等都让人印象深刻，他们所讲的内容深刻独到、旁征博引、通俗易懂、生动有趣、发人深省。各具特色的前沿讲座、先进的教学理念、独到的教学思想、全新的管理体系，对笔者今后的教育教学工作无不起着引领和导向作用。下面是笔者对此次培训的梳理和感悟。

一、教学管理与课程建设

高校教学管理与课程建设是高校教育教学质量和教学改革工程的重要组成部分，也是专业建设的核心内容。

杨建华教授的"学校管理创新与实践探索"和朱晟利教授的"学生核心素养发展与高校课程建设"讲座，把案例和理论知识结合起来，使笔者重新认识到：①大学管理体系建设与运行的目的是满足学生成长发展需要和为学生提供成长发展的条件；而大学行政体系运行的基础是建立满足教职工发展需要和让他们能心境舒畅工作的平台；大学行政体系运行的稳定性和效率则依赖于对外开放和对内形成闭合及管理队伍运用

---

①　本文是嘉应学院 2019 年陕西师范大学学科教学论教师课程育人与理论创新高级研修班学习成果；嘉应学院创建国家教师教育创新实验区招标课题"广东'新师范'建设背景下师范生校本课程开发能力培育——以嘉应学院美术学专业为例"研究阶段性成果。
②　任继红，黑龙江哈尔滨人，嘉应学院美术学院副教授，研究方向为高校美术教育、中国画。

权力和履行职责的方式状态。教学管理不仅是一门科学（具有规范性），也是一门艺术（具有变通性、灵活性）。大学是为培养人才服务的，要时刻反思在管理上哪些是不适应学生发展的，从学生发展的角度来检讨学校管理的不足。②高校的课程建设是围绕如何培养学生发展核心素养体系而建设的。核心素养体系被置于深化课程改革、落实立德树人目标的基础地位，成为下一步深化工作的关键因素和未来基础教育改革的灵魂。所以，高校课程的设置、建设是人才培养方案的重要内容，要依据不同高校的培养目标、毕业要求来设计和把握。

段海军教授的"基于核心素养培育的课堂教学模式创新"讲座，进一步对课堂教学改革模式的创新与实践进行探讨。"知己知彼，百战不殆"，诠释了"教"与"学"的关系。其通过对教学思想的历史考察，对学习研究的最新成果，思维型课堂教学理论，课堂教学的基本要素、模式，教学设计框架等教育教学元素的分析，对不同的人才培养模式进行了探索和研究，让人耳目一新，记忆深刻。

二、有效教师与有效教学

有效教师是指能帮助学生学得更多，并能持续促进学生"有效学习"的高素质教师。而有效教学则是指能够有效促进学生良好发展，有效实现预期教学成果的教学活动。实施"有效教学"，教师是关键，有效教师是有效教学的重要前提，二者相辅相成，缺一不可。

陈晓端教授的"大学有效教学的行动样态"讲座，对大学有效教师的素质特征、定义及大学有效教学的行动特征、样态进行了分析和总结。尽管国内外对大学有效教师和大学有效教学有不同的研究成果和表达方式，但有些共同的地方还是值得我们关注和学习的。作为大学教师，也要提醒自己不断反思：如何努力使自己具备这些特征，追求"有效"，迈向卓越。

三、淘汰"水课"，打造"金课"

教育部在 2018 年 8 月印发《关于狠抓新时代全国高等学校本科教育工作会议精神落实的通知》，要求各高校认真查找课堂建设和管理中存在的突出问题和薄弱环节，严管、严抓教学秩序，制定整改措施，明确时间节点，落实责任到人，把从严管理的制度立起来，把课堂教学建设强起来，把课堂教学质量提起来。同时，要全面梳理各门课程的教学内容，淘汰"水课"，打造"金课"，合理提升学科的挑战度、增加课程的难度、拓展课程的深度，切实提高课程的教学质量。要切实加强学习过程考核，加大过程考核成绩在课程总成绩中的比重，严格考试纪律，严把毕业出口关，坚决取消"清考"制度等。

龙宝新教授的"高校教师如何打造'金课'"讲座，全面剖析了"水课"与"金课"的界定及各自的课程类型。其通过案例分析，详细阐述了高校教师如何上好一堂"金课"，并总结出：①大学教学的三条宗旨：优质教学的根本特征——深入浅出，优质教学的关键特征——问题导向，优质教学的起码特征——课堂互动。②让大学生喜欢课堂的三种神器：科学的教学设计、充分的学生参与和丰富的资源。③讲好课的努力方向：教师精讲，学生多练；教师少讲，学生多做；教师趣讲，学生多想；磨炼语言，妙趣横生。

围绕如何上好"金课"，袁利平教授和冯加渔教授分别就"基于问题的课堂教学设计"和"指向深度学习的大学课程改革"做了专题讲座，从不同的角度诠释当前教育教学理论与实践改革的方法和措施，以及如何促进课堂教学质量的提高和课程改革的深度学习。

通过短短几天的学习，笔者受益匪浅，从不同专家、理念等中吸纳了不同的信息：从学校管理到教学设计、从有效教学到"金课"的打造、从核心素养的培育到深度学习的课程改革等，理论传授含金量高，有宽度、有高度、有深度，目标明确，针对性强，操作性足，教育性实，涵盖了当今教育教学理论与实践的热点与难点，启发了多样的思考角度。专家教授们将丰富的实践经验、渊博的知识和深厚的理论积累融会贯通，思维活跃，视角新颖，给了笔者诸多思考。接下来，笔者会把所学到的教育教学理论、思想、知识等融会于今后的学科教育教学之中。

学生核心素养视域下的高校音乐
公选课课程建设思考

付祥奎①

2019 年 7 月 12 日至 17 日，笔者有幸参加了嘉应学院组织的学科教学论教师课程育人与理论创新高级研修班，来到陕西师范大学参加培训学习。此次培训时间虽短，但内容丰富。培训内容从课堂设计到有效教学，从教学模式的创新到"金课"的打造，等等，都使笔者受益匪浅。专家们深入浅出的讲解，使笔者在教育教学的观念上有了进一步的认识。在共计七场的讲座学习中，笔者感触最深的是最后一场，即由四川师范大学朱晟利教授做的题为"学生核心素养发展与高校课程建设"的讲座。朱教授从横向和纵向上阐释了核心素养这一观念的发展情况以及我国现阶段对此理念的贯彻实施情况，本文正是受此讲座启发而作。

2019 年 4 月 11 日，教育部发布了《关于切实加强新时代高等学校美育工作的意见》（简称《意见》）。《意见》中明确规定："每位学生必须修满学校规定的公共艺术课程学分方能毕业。"此《意见》是对高校美育发展的一次改革，顺应了培养学生核心素养的大趋势，为形成更高水平的人才培养体系提供了重要保障。同时，这也给高校的艺术公选课提出新的课题——在发展学生核心素养的大背景下如何更科学地实施艺术公选课的教育教学。笔者是音乐教学法教师，有感于朱晟利教授的讲座，现结合音乐学科的特殊性来谈谈在发展学生核心素养的背景下，对高校音乐公选课课程建设的一些思考。

一、中国学生发展核心素养概述

中国学生发展核心素养总共分为三个方面，而每个方面又分为两大点，每大点里又分三个小点，以下笔者就以简单文字介绍之。

1. 文化基础

（1）人文底蕴：①人文积淀；②人文情怀；③审美情趣。

---

①　付祥奎，安徽阜阳人，嘉应学院音乐与舞蹈学院讲师，研究方向为音乐教育学、音乐美学。

（2）科学精神：①理性思维；②批判质疑；③勇于探索。

2. 自主发展

（1）学会学习：①乐学善学；②勤于反思；③信息素养。

（2）健康生活：①珍爱生命；②健全人格；③自我管理。

3. 社会参与

（1）责任担当：①社会责任；②国家认同；③国际理解。

（2）实践创新：①劳动意识；②问题解决；③技术应用。

通过对比可以看出，核心素养理念继承了三维目标，但是比三维目标更加全面，"现行课标对社会参与及人文素养的重视不够"①。而且"核心素养"更详细，可操作性更强。核心素养理念的提出，显示了面向21世纪的人才应具备适应终身发展和社会发展需要的必备品格和关键能力，正是在此基础上，建立并细化了核心素养的框架和详细内容。

中国学生发展核心素养内容的"文化基础"中就有"审美情趣"这一点。而审美情趣核心素养的发展主要靠艺术教育来实现，这其中就有音乐教育。如何将核心素养的理念实施贯穿于高校音乐公选课？笔者认为，至少在课程建设方面应注意以下几点：

（1）审美感知。

在音乐艺术领域，审美感知就是对音乐的感性样式（表现形式、表现要素、表现手段等付诸实际音响）的体验、把握和理解。审美价值是音乐艺术的主要价值所在，正是基于此，我国中小学音乐教育的基本理念第一条就是"以审美为核心"，其实这一点同样适用于普通大学生的音乐教育。

（2）艺术表现。

音乐艺术的表现主要是指通过演唱、演奏等方式表达音乐情感和内涵的实践活动。音乐教育其中一个目标就是培养学生的艺术表现能力，这一点也是音乐学科核心素养之一。同时，音乐实践活动中，学生可以更直观地体验音乐情绪、美感，领悟音乐内涵，当然还可以激发学习音乐的兴趣。正是由于音乐实践的直观性，使得它成为提高学生音乐审美能力不可或缺的方式之一。

（3）文化理解。

音乐领域的文化理解是指通过音乐赏析、音乐表演等途径，达到对音乐文化的理解。这种理解不光指音乐的文化内涵，也包含对音乐情感的认同。

---

① 林崇德. 21 世纪学生发展核心素养研究［M］. 北京：北京师范大学出版社，2018：233.

　　在音乐历史发展的长河里，诞生了不计其数的音乐作品，人们不停歇地创造着新的音乐，丰富着音乐文化的内容。而繁多的音乐有着不同的风格、不同的类型、不同的体裁等。正是这些不同的特性，才使得不同地域、不同时期的音乐有着自己独特的烙印，有着属于自己的辨识度。音乐领域的文化理解，正是指在音乐学习的过程中，理解掌握上述音乐特征，能够辨认不同的音乐类型等。这样就可以使学生理解世界多元的音乐文化，同时也认识和了解自己民族音乐的文化内涵以及价值意义。

二、音乐公选课应该达到怎样的目标

1. 音乐感知方面

　　能够从实际的音响出发，认知音乐的整体特征，例如悠扬的、欢快的等。能够从音乐的体裁、类型、风格等方面，深刻感知音乐，以此提升音乐的审美能力。在感知音乐的过程中，逐步培养学生对音乐要素（如节奏、速度、力度等）的敏感性。学生只有对音乐要素敏感了，才能更好把握音乐语言的约定性，更好理解音乐所要表达的语义学层面上的意义，更完美地将音乐的形式与其表现对象结合，从而提高音乐审美能力。关于这一点，美国音乐教育家贝内特·雷默曾说："音乐教育最重要的作用是帮助学生逐步增加对音乐要素的敏感，包括可以获得感性体验的那些条件。"① 但是由于高校非音乐专业学生普遍音乐素养不是很高，就需要在音乐欣赏的过程中，将感知目标稍稍做一定的下调。例如，听不同时期不同风格的音乐，对他们来说难度不小，毕竟没有受过专业的学习训练，也没有大量的欣赏积累，要想把类似于古典时期和浪漫时期的音乐听辨出来，的确不容易。所以，教师在授课过程中还是要多在听辨音乐要素上下功夫，例如音乐是大调还是小调，是几拍子的音乐，甚至为音乐划分一级曲式结构，等等。

2. 音乐表演方面

　　音乐表演方面的目标是要求学生能够有勇气、有信心参与各种音乐表演活动。在参与音乐活动的过程中，能够享受音乐带来的乐趣，加深对音乐情绪情感的体验，深刻地体会音乐内涵。同时，在音乐表现的实践中，积累经验与技能，增强表演的自信。在我国中小学阶段的教育中，虽然对音乐学科做了相关的规定与要求，但是在实际的教学过程中，音乐科目并未受到重视，所以高校非音乐专业的学生音乐素养普遍不高，这也是实际情况。有鉴于此，在音乐公选课的学习中，音乐表演并不要

---

① 贝内特·雷默. 音乐教育的哲学［M］. 熊蕾，译. 北京：人民音乐出版社，2003：66.

求高难度的技巧性表演，或者尽量不要从技巧方面对学生的表演提出过高要求，而应该多强调参与性和参与的合作性。让学生在学习中体验到音乐艺术带来的快乐与美感，并学会集体性音乐活动的合作，这样，学习的目标就算基本达到了。当然，对于一些音乐素养比较高或者比较有天分的学生，教师也可以采取具体的有区别性的方案来对待，例如吸收其参加较为专业的合唱队或者音乐团体、协会（如管乐团）等。

3. 音乐理解方面

在大学阶段，学生应该能够从文化角度关注音乐作品，例如，肖邦的革命练习曲为什么会如此激愤和汹涌澎湃，表现主义音乐为什么不协和，后浪漫主义时期的音乐为什么会出现各种看似稀奇古怪的音乐现象，等等。对这些音乐现象，学生要能够根据音乐发展的历史环境、音乐创作的语境、作曲家所处的生活境遇等方面去理解音乐，而不能单纯地从自身对音乐音响的感受去穷极音乐的意义。应让学生在学习过程中理解本民族音乐文化，理解亚非、欧美音乐文化，从而树立音乐文化价值平等的观念，能够尊重世界各民族音乐文化。尤其对音乐素养不是很高的学生，从音乐作品产生的历史背景、作曲家的生平等入手进行解读，是一种更为科学的方法。

三、音乐公选课的课程内容

1. 音乐感知方面

在音乐感知的核心素养方面，音乐教学内容主要是音乐欣赏。音乐欣赏课的内容，笔者认为可以有以下两个方面：

（1）欣赏不同地域的音乐。例如欣赏课的内容顺序可以这样安排：首先欣赏中国传统的民族民间音乐（包括民族声乐、民族器乐），其次是欧洲音乐（我国音乐学界常用"西方音乐"一词代替），最后是非洲鼓乐、美洲桑巴、印度拉格等。

（2）欣赏不同时期的音乐。例如音乐欣赏课教学在时间顺序的排列上可以这样安排：首先欣赏我国从先秦到明清时期的代表性作品，其次是近现代的名作，再次是西方音乐，可以从巴洛克时期开始直到后现代（古希腊到文艺复兴时期西方的音乐发展较缓慢，高质量作品也不多，可以只对此段音乐历史及其作品做简单梳理，一带而过即可），最后可以选少量世界各地有代表性的作品用于欣赏讲解。

2. 音乐表演方面

音乐表演方面最主要的是声乐学习。因为声乐相比其他乐器来讲，技术入门门槛相对低一些。有的人天生一副好嗓子，再加上悟性较好，教师稍做指点就能发出优美的声音。所以常有这样的事情发生：有的学生学习声乐半年就能考进大学音乐学专业，但是鲜有听闻学生学习钢琴或者二胡半年能考进大学的（天才除外）。所以说，在音乐表演方面，声乐学习应该作为音乐公选课的主要内容。

其次是技术要求相对较低的小乐器学习，如竖笛、葫芦丝、口琴等。这些小乐器在技巧学习上不像钢琴或者小提琴那样复杂，如果要进行乐器学习，可以从这些小乐器入手，掌握一些演奏方法和演奏技巧，以此使学生通过演奏增加其学习的兴趣，并为其带来愉悦的学习享受。

3. 音乐理解方面

音乐理解的内容基本上贯穿在音乐欣赏和音乐表演中。对于音乐欣赏的作品，要使学生理解它的文化内涵、体裁、风格特点甚至题材（声乐作品）。对于音乐表演的作品，学生同样要理解它的主旨、文化意义、情绪情感表达等，这些构成了音乐理解的内容。

四、在发展学生核心素养的背景下，高校音乐公选课的重要性

以往高校音乐公选课并没有强制学生选修，但是从 2019 年开始，教育部明显加强了对高校艺术课的重视，这会促使不少高校将艺术课程作为大学课程的必修课，这是个正确的决策。当然，也可以认为这是我国高校教育发展学生核心素养的一项具体措施。

现在的社会，网络文化渗透在每个角落。这些文化快餐有的质量水平尚可，有一定的格调和水准，但是相当一部分则趣味低下，玩起了"审丑"，还美其名曰"非主流文化"。甚至有些是多年前的低级文化，借助于今天的网络，沉渣泛起（这里主要指那些恶搞文化，例如恶搞《黄河大合唱》等）。

在这些网络文化不可一世的潮流下，年青一代有不少人形成了较低的音乐文化品位和审美情趣。这种情况若存在于社会群体中无可厚非，但是在高校里，就极不符合"发展学生核心素养"的时代理念了。所以高校应该加强音乐艺术教育，使学生形成高雅的音乐艺术审美情趣，提高他们的音乐艺术欣赏能力，从而使他们能够终生享受音乐、喜爱音乐，这也是学生核心素养中不可或缺的部分。

如何打造学历继续教育
课堂教学的"金课"

叶维权①

2019 年 7 月 12 日至 17 日，笔者参加了嘉应学院组织的学科教学论教师课程育人与理论创新高级研修班。在袁铎副校长的带领下，我们一行 50 人来到坐落于古都西安的国家重点师范大学之一，国家"211 工程""985 工程优势学科创新平台"重点建设大学，被誉为中国西北地区"教师的摇篮"的陕西师范大学。

陕西师范大学的前身是 1944 年成立的陕西省立师范专科学校，1954 年更名为西安师范学院，1960 年与陕西师范学院合并，定名为陕西师范大学，1978 年划归教育部直属。建校 70 多年来，学校秉承"西部红烛精神"和"厚德、积学、励志、敦行"的优良传统，立足西部，面向全国，已发展成为一所具有重要影响力的综合性一流师范大学，为国家培养各类毕业生 38 万余人，形成了"抱道不曲、拥书自雄"的学风和"淳厚博雅、知行合一"的校风。

在此次深入系统学习期间，笔者聆听了七位教授的精彩讲座并参观了陕西师范大学"教育博物馆"，受益匪浅。给笔者印象最深刻的是陕西师范大学教育学院副院长龙宝新教授主讲的"高校教师如何打造'金课'"。高校教师如何打造"金课"，提高学生课堂上的"抬头率"，这作为高校教师课堂教学追求的目标，看似要求不高，但在当前高校课堂教学中，实则是有一定难度的。

下面笔者从成人高等教育管理者的角度，探讨打造学历继续教育课堂教学"金课"的一些感想。

一、关于课程

课程是指学校为实现培养目标而选择的教育内容及其进程的总和，它包括学校教师所教授的各门学科和有目的、有计划的教育活动。高等

---

① 叶维权，嘉应学院继续教育学院副院长，主要从事高等学历继续教育管理与研究工作。

教育的教育教学活动最基本的单元是课程。课程是教育教学活动的基本依据，是实现学校目标的基本保证，是学校一切教学活动的中介，可为学校进行管理与评价提供标准，是教师教和学生学的依据，是师生联系和交往的纽带，是国家检查和监督学校教学工作的依据，是实现教育目标、培养全面发展的人才的保证。课程是人才培养的核心要素，学生从大学受益最直接、最核心、最显效的就是课程。

课程在学校教育中的重要性表现在四个方面：第一，课程是教育最微观、最普通的问题，但它要解决的是教育中最根本的问题，是培养人的基本素养和基本能力；第二，课程是中国大学普遍存在的短板、瓶颈、软肋，课堂教学质量是一个关键问题；第三，课程是体现"以学生发展为中心"理念的"最后一公里"，是实现教育理念和培养学生能力的基本保障；第四，习近平总书记说，评价学校好与坏的根本标准是立德树人的成效，而课程正是落实"立德树人"根本任务的具体化、操作化和目标化。①

二、关于课堂教学的有效性

教学是教师的教和学生的学所组成的一种人类特有的人才培养活动。通过这种活动，教师有目的、有计划、有组织地引导学生学习和掌握文化科学知识和技能，促进学生素质提高，使他们成为社会所需要的人。

课堂教学，也称"班级上课制"，是目前学校教育教学中普遍使用的一种手段和基本形式。课堂教学的有效性是教育教学质量的根本保证。何谓课堂教学的有效性？课堂教学的有效性是指在一定的教学投入内（时间、精力、努力）带来最好教学效果的教学，是卓有成效的教学，也就是我们追求的有效课堂。② 有效课堂，也就是我们说的"好课"，是从课堂教学目标任务的完成度来评价教学行为，重点关注的是课堂目标的达成和学生获得的发展。龙教授说：好课＝好教师＋学生配合＝高参与度的课堂＝有得＋有趣＋有感的课堂。

三、打造"金课"，提高课堂教学质量

2018年6月21日，教育部部长陈宝生在新时代全国高等学校本科教育工作会议上第一次提出，对大学生要有效"增负"，要提升大学生的学

---

① 张黎. 针对成教学生特点的教学与管理方法探讨［J］. 湖北大学成人教育学院学报，2009（4）：30－32.

② 贾慧舫. 课堂教学有效性研究文献综述［J］. 佳木斯教育学院学报，2010（1）：49－50.

业挑战度，合理增加课程难度，拓展课程深度，扩大课程的可选择性，真正把"水课"转变成有深度、有难度、有挑战度的"金课"。随即在 8 月份，教育部专门印发了《关于狠抓新时代全国高等学校本科教育工作会议精神落实的通知》（教高函〔2018〕8 号），提出"各高校要全面梳理各门课程的教学内容，淘汰'水课'、打造'金课'，合理提升学业挑战度、增加课程难度、拓展课程深度，切实提高课程教学质量"。这是教育部文件中第一次正式使用"金课"这个概念。整顿高等学校的教学秩序，"淘汰'水课'、打造'金课'"首次被正式写入教育部的文件。

什么是"金课"？按照教育部高等教育司司长吴岩的观点，就是"两性一度"，即高阶性、创新性和挑战度。①

①高阶性，就是知识、能力、素质有机融合，培养学生解决复杂问题的综合能力和高级思维。对本科生毕业认证的一个关键要求，就是其解决复杂问题的综合能力和高级思维，没有标准答案，更多的是能力和思维的训练。

②创新性，要求课程设置体现以下三个方面特点：一是课程内容有前沿性和时代性；二是教学形式体现先进性和互动性；三是学习结果具有探究性和个性化，通过鼓励学生去探究，能够让学生的个性特点发挥出来。

③挑战度，即要求课程有一定难度，需要学生和教师一起"跳一跳"才能够得着，教师要认真花时间花精力花情感备课讲课，学生课上课下要有较多的学习时间和思考作保障。

四、打造学历继续教育课堂教学的"金课"

在人们固有的观念中，学历继续教育质量不高是一个不争的事实。反思学历继续教育质量不高的原因，主要是课堂教学的有效性不高，"水课"太多、"金课"太少。打造学历继续教育课堂的"金课"，是提高学历继续教育教学质量的主要途径。

（一）学历继续教育现状特征

学历继续教育是构建我国终身教育体系，形成全民学习、终身学习的学习型社会的重要组成部分。目前我国学历继续教育的现状：一是学历继续教育师资力量薄弱。随着学历继续教育规模的扩大，专职教师不足问题日益明显。有的学校聘请临时的离退休教师，或者聘请在读研究生代课，或者在其他学校聘请兼职教师，从而使教师的整体素质下降，

---

① 吴岩. 建设中国"金课"［EB/OL］.［2018 - 12 - 06］. https：//mp. sohu. com.

严重阻碍了教学的顺利进行。二是教育观念陈旧。一些学校只强调规模的扩大、学生数量的增加，无视自身办学条件和师资设备状况，盲目扩大招生，学校内部管理跟不上，有意无意中放松了对质量的把关，教学质量难以保证。三是学历继续教育对象组成复杂，差异较大。学历继续教育的教育对象来源复杂，从职业类型上分，有工人、农民、军人、商人、职员、教师，他们存在年龄的差别、经历的不同，学习基础、理解和解决问题的能力方面都有很大差异。参加学历继续教育的学生有不同的学习动因，他们是以自我为主体，学习动机是从生产、生活和工作的实际需要转化而来的，主要为职业、生活、兴趣而学习。四是学历继续教育对象所处的客观环境不同。学生大多数是在职的，"工学矛盾"较突出。他们的学习必须得到单位的允许，并克服各种困难，学习能否坚持到底直接受客观条件的制约。他们中的许多人，由于客观原因无法保证按时到校上课，甚至由于工作需要、出差或其他原因而要中止学习一段时间，对每个成人学生来说，坚持参加面授学习是不容易的，他们需要克服种种困难，排除各方面的干扰。①

（二）打造学历继续教育课堂教学的"金课"，提高教育教学质量

学历继续教育教学的特殊性要求我们在有限的课堂教学时间和空间范围内致力打造"金课"，以提高学历继续教育的教育教学质量。

打造学历继续教育课堂教学的"金课"，要求办学机构加大教育投入，为学生提供良好的教学场地和教学设施；要求教师根据学历继续教育学生的特征，舍得投入时间和精力，认真备课，合理提升学业挑战度、增加课程难度、拓展课程深度，使课程内容对学生的工作和生活有指导价值；要求成教学生明确学习目的，端正学习态度，克服学习障碍，在课堂上认真听课、思考、记笔记，在课外能自学，认真完成作业。当教师对自己的课堂教学质量有要求时，会激发学生学习的热情，对教育充满渴望，对"金课"充满期望，最后达到教学相长。②

最后，与大家分享龙宝新教授关于打造"金课"的金句：教师精讲，学生多练；教师少讲，学生多做；教师趣讲，学生多想；磨炼语言，妙趣横生。

期待嘉应学院的"金课"越来越多，"水课"越来越少。

---

① 贾慧舫. 课堂教学有效性研究文献综述［J］. 佳木斯教育学院学报，2010（1）：49－50.
② 贾慧舫. 课堂教学有效性研究文献综述［J］. 佳木斯教育学院学报，2010（1）：49－50.

基于核心素养的继续教育
有效教学模式探索

刘耀南①

2019 年 7 月 12 日至 17 日，笔者有幸参加了嘉应学院在陕西师范大学举办的学科教学论教师课程育人与理论创新高级研修班的培训学习。学习内容丰富充实，研修活动名家荟萃，主要包括"学校管理创新与实践探索""基于问题的课堂教学设计""大学有效教学的行动样态""高校教师如何打造'金课'""基于核心素养培育的课堂教学模式创新""指向深度学习的大学课程改革""学生核心素养发展与高校课程建设"七个理论专题以及陕西师范大学"教育博物馆"现场观摩教学，含金量高，有宽度、有高度、有深度，让笔者开阔了学术视野，增长了见识，也充分认识到存在的差距，明确今后努力的方向。此次培训学习，使笔者不禁想到继续教育，不管是学历继续教育，还是非学历继续教育，都是让学习者能力再提高的一种方式，也是发展学生核心素养的重要形式，一样要求我们自觉持续提升课程育人与理论创新综合素养。在"立德树人""核心素养"背景下，继续教育如何与时俱进，从而提高人才培养质量，更好服务地方基础教育，是值得思考的一个问题。笔者结合多年的继续教育工作经验，提出基于学生核心素养的"互联网 +"继续教育有效教学模式，或许是一种有益尝试。

一、学生核心素养发展要求

为适应经济社会发展，世界各国都注重推进教育改革，关注学生全面发展，强调培养适应社会所需的核心能力，展开对核心素养的研究。②
2016 年 9 月，中国学生发展核心素养研究成果在北京发布，确定了以培养"全面发展的人"为核心，分为文化基础、自主发展、社会参与三个

---

① 刘耀南，广东五华人，嘉应学院继续教育学院讲师，主要研究方向为高等教育、思想教育。
② 陈丽君. 大学生核心素养的界定与培养 ［J］. 创新创业理论研究与实践，2019（1）：143 – 144.

方面，综合表现为人文底蕴、科学精神、学会学习、健康生活、责任担当、实践创新六大素养，具体细化为国家认同等 18 个基本要点，相互之间的关系可用图 1 表示（参考陕西师范大学段海军教授所作报告"基于核心素养培育的课堂教学模式创新"）。陈丽君、孙巍等人对当代大学生核心素养的内涵界定、主要内容做了介绍，提出通过高等教育，培育核心素养，大学生能够成为中国特色社会主义合格的建设者和接班人。①

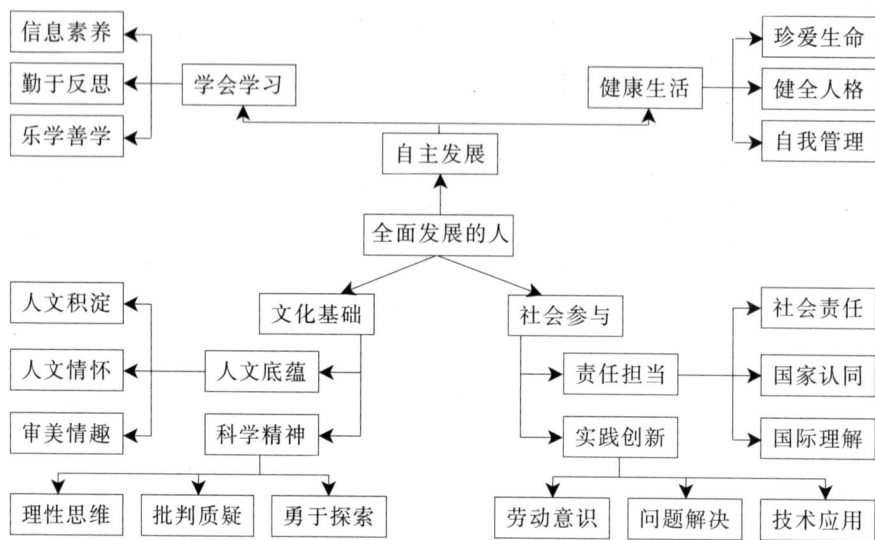

图 1　学生核心素养基本要素关系图

继续教育作为高等教育的重要组成部分，为国家实现高等教育的大众化，为社会、企事业单位培养高素质人才，为构建终身教育体系和建设学习型社会，做出了积极而巨大的贡献。随着社会经济的发展，特别是在当前国家经济正处于产业结构转型时期，各行各业都需要大量人才的前提下，人们对于学习的需求并不仅仅局限在单一需求上，有些是为了学历的提升，有些是为了专业素养的提高，有些是为了业务技能的培训，有些是为了加强自己某方面能力而进行的非学历教育，诸如外语能力提升、哲学思维培训等。需求的多样化决定了选择教育形式的多元化，可以选择通过成人高考的学历继续教育，可以选择远程网络教育，可以选

① 陈丽君. 大学生核心素养的界定与培养［J］. 创新创业理论研究与实践，2019（1）：143 - 144；孙巍，徐洪元. 新时代大学生核心素养培育研究［J］. 沈阳工程学院学报（社会科学版），2019，15（2）：276 - 279.

择自考，也可以选择电大，或选择非学历继续教育的各种短期培训，但不管选择何种教育形式，学习者都是希望在生活和工作之余能够满足学习需求，① 从而发展核心素养，提高核心竞争力。

二、继续教育现状及存在的问题

目前，大多数高校继续教育的组织管理一般采用二级管理模式，即学校的继续教育主管部门（一般是继续教育学院、成人教育处）代表学校履行行政（宏观）管理职能，各二级学院和校外教学点履行日常的教育、教学管理职能。教学模式参考普通高等教育模式，开设的专业需是普通高等教育已开设 3 年以上的专业，培养目标、学科建设、课程设置、教学计划、教材内容、考核方式等都是在普通高等教育的基础上再进行适当的调整，自学与面授课时按 2：1 配置，依托各学院或教学点雄厚的师资及先进的教学设备、场馆等教学资源，组织实施教学管理。②

继续教育作为高校高等教育的补充和延伸，虽然取得了积极的效果，但在实际的教学管理中还普遍存在以下问题：

1. 教学模式单一

大多数高校采取的还是传统的"面授"方式，每门课程安排学生到校上课，一般三四天时间集中授完，平时靠学生自学，通过邮件、QQ、微信等联系方式，与授课教师进行互动交流。有的高校尝试用网络教学方式代替教室授课，但这种放羊式的教学，很多时候不能有效监控学生的学习情况。很多高校与合作办学的校外教学点办学理念的不同也带来一些问题，③ 有些教学点为追求利益最大化，不履行办学职责，无视教学过程管理，影响主办高校的社会声誉。

2. 普高化现象严重

很多高校的继续教育培养目标、专业设置、教学内容等基本照搬普通高等教育，授课内容偏重于理论教学，缺乏针对性，考核内容脱离实际，忽视学习者已经具备相当的工作经历并且具有一定的理论知识背景这一事实，没有考虑学生的复杂性，不能体现继续教育重实用、重实践的特征，不能满足学生及社会的实际需求，导致平时面授到课率很低，

---

① 刘耀南. 基于学习者视角的成人高等教育模式研究［J］. 嘉应学院学报（哲学社会科学版），2015，33（3）：86－88.

② 刘耀南. 基于学习者视角的成人高等教育模式研究［J］. 嘉应学院学报（哲学社会科学版），2015，33（3）：86－88.

③ 章迪薇. 合作办学模式下高校继续教育学院学生工作体制与机制研究［J］. 成人教育，2016（11）：25－27.

大多数连30%都不到，甚至更低，极大浪费了学校教育资源。

3. 工学矛盾突出

参加继续教育的学生主要是在职人员，平时既要工作，又要照顾家庭，学习时间有限，授课安排在平时工作时间的话，就造成了工学矛盾，学生往往会由于工作安排而不能到场上课，失去上课机会。传统单一的面授教学模式，不能有效解决学生的工学矛盾。

4. 教学监控缺失

在继续教育教学质量考评方面，常简单参照普通高等教育的考核办法，有些高校甚至都没有对教师进行测评。对教学过程的监督检查，主要依靠部门领导与相关科室人员及离退休老教师组成的督导组，有些教师按照普通高等教育的标准而非教育规律进行检查，势必达不到实际效果。有些高校不注重平时的监督检查，对校外教学点的管理也过于松懈。监控手段缺失，管理不到位，从而使教学质量得不到保证。

三、基于核心素养的继续教育有效教学模式

（一）有效教学

有效教学的理念源于20世纪上半叶西方的教学科学化运动，特别是受美国实用主义哲学和行为主义心理学影响的教学效能运动之后，引起了世界各国教育者的关注。① 我国的有效教学研究始于改革开放以后对教学质量的反思和对教学效率的关注，有效教学的理念引领着广大教育工作者不断深化教学实践，众多专家学者对有效教学的研究也取得了颇为丰硕的成果。随着新课改的不断深入和国家对学生核心素养发展的要求，对有效教学的研究愈发重视并持续升温，成为教学研究领域的一大热点。②

有效教学，简言之就是能够引发、维持并促进学生学习进而使其获得良好发展的教学（根据陕西师范大学陈晓端教授所作报告"大学有效教学的行动样态"）。有效教学的核心是教学能够产生促使学生进步或发展的效益，否则教学就是无效或低效的，因此，有效教学目标应坚持以学生核心素养的培养为本，③ 这就要求我们从关注教师行为转向关注学生

---

① 崔允漷. 有效教学：理念与策略（上）[J]. 人民教育，2001（6）：46-47.

② 陈晓端，孙渊，何同舟. 我国有效教学研究的历史回顾与未来展望 [J]. 课程·教材·教法，2017，37（7）：24-30.

③ 孙运虎，高有华. 论有效教学的提升 [J]. 现代中小学教育，2017，33（2）：9-12.

的学习过程及学习情境。①

（二）"互联网＋"继续教育有效教学模式

党的十八大报告提出"积极发展继续教育，完善终身教育体系"，表明国家从政策层面对继续教育的重视，继续教育的作用也更加明显，继续教育应顺应经济发展的趋势，为创新型国家建设、经济发展方式转变和人才强国战略实施服务。高校继续教育在高质量完成学历继续教育、非学历继续教育等人才培养目标，全面提升继续教育服务地方经济与社会发展的能力建设当中，要形成自己的优势，从理论、政策、目标、模式、对策等方面加以创新，制定特色鲜明的发展战略。②

传统的继续教育教学模式已不能满足新时期人们对学习的需求，高校作为培养人才的高地，要以学生核心素养发展为目标，积极探索结合实际的有效教学模式，解决目前继续教育教学过程中存在的问题，这就需要充分尊重成人学生特点，结合行业岗位要求，改革课程设置，增加应用型课程，改革教学模式，充分利用互联网技术，改革考核方式，实行多样化考核。③

继续教育课堂教学也要求有效教学，具备有效教学的共同行动特征，陕西师范大学陈晓端教授在所作报告"大学有效教学的行动样态"中，总结了大学有效教学的一些共同行动特征，共有 10 个：

（1）教学设计合理：符合课程大纲要求、教学环节清晰完整、考虑学生学习特点。

（2）教学准备充分：知识准备（厚积薄发）、方案准备（加工处理）、策略准备（恰当选择）、组织准备（合理安排）、资源准备（充分挖掘）、心理准备（了解学生）。

（3）教学目标明确：知识与能力、品德与情操、行为与方法。

（4）教学内容丰富：学习内容有广度、学习内容有深度、学习内容可呈现。

（5）教学方式多样：教学方式的多样性、学习途径的丰富性、单一方法的局限性、恰当选择的重要性。

（6）教学语言清晰：流畅的口头语言表达、准确的文本语言呈现、恰当的身体语言辅助。

① 陈晓端，孙渊，何同舟．我国有效教学研究的历史回顾与未来展望［J］．课程・教材・教法，2017，37（7）：24 - 30.

② 孙立新，乐传永．成人教育研究的新进展与未来趋势［J］．教育研究，2015（6）：79 - 84.

③ 张国海，刘幸．学历继续教育学生学习状况与学习需求调查报告［J］．中国成人教育，2017（11）：60 - 65.

（7）师生互动显著：教师与学生的交流、学生与学生的交流、小组与小组的交流、小组与全班的交流。

（8）学生参与积极：学生课堂学习参与度、学生课外学习积极性。

（9）讲究教学艺术：课堂教学的形象性、课堂教学的情感性、课堂教学的创造性、课堂教学的个性化。

（10）教学评价全面：评价目标明确、评价内容全面、评价方式多样、评价标准客观公正。

教师在设计课堂教学时要根据继续教育的规律和成人学生的特点，避免普高化，淘汰"水课"，打造"金课"，切实提高课程教学质量。

随着网络技术和移动通信技术的快速发展，网络学习、移动学习等基于互联网的在线学习方式，正越来越受到大家的普遍欢迎。在智能手机广泛普及的情况下，这种"互联网＋"的学习方式特别适合年轻群体和在职人员再学习，是他们接受学校课堂教学之外的首选方式。① 为有效解决继续教育学生的工学矛盾，合理整合使用教学资源，继续教育教学模式可采用"互联网＋"课堂教学方式，即网络学习和面授相结合的教学方式，把课程设计为面授的课堂教学和网络学习，自学、面授、网络学习可按4∶1∶1分配课时。面授安排在节假日，学生到教室集中上课，教学现场可实时通过网络播放，学生除了完成面授课程外，还需完成网络在线学习任务，可自由安排时间通过电脑或智能手机等终端，登录学校网络学习平台进行在线学习。网络学习资源可由学校自行设计制作，也可使用成熟的网络学习课程，比如慕课。这种"互联网＋面授"的教学模式，构成要素应包含学生、教师、管理人员、学习资源、线上线下课堂、教学评价等方面，真正落实符合成人学生特点的教学任务，体现有效教学。

四、结语

陈晓端教授在报告中讲到"选择了教师，就选择了责任，选择了良心，选择了奉献"，作为教师，要有良好的职业精神，包括专业责任与职业良心、敬业精神与奉献精神，以及专业态度与专业信念。笔者深表赞同！作为高校教育工作者，应以培养人才为己任，心怀对教育的热爱和敬畏，努力"追求有效，迈向卓越"！

---

① 刘耀南. 基于智能手机的移动学习在高等教育中的应用研究［J］. 中国教育信息化，2016（5）：26－28.

有效管理和教学质量是大学的生命

李　红①

2019年7月12日至17日，笔者有幸参加了嘉应学院在陕西师范大学举办的学科教学论教师课程育人与理论创新高级研修班培训活动。此次培训内容丰富充实，围绕"课程育人与理论创新"主题，由七个理论专题及一次现场观摩教学组成："学校管理创新与实践探索""基于问题的课堂教学设计""大学有效教学的行动样态""高校教师如何打造'金课'""基于核心素养培育的课堂教学模式创新""指向深度学习的大学课程改革""学生核心素养发展与高校课程建设"及陕西师范大学"教育博物馆"现场观摩教学。此次研修活动名家荟萃，有陕西师范大学课程与教学论首席专家、博士生导师陈晓端教授，比较教育学博士生导师袁利平教授，陕西省教师教育指导中心专家龙宝新教授，四川师范大学博士生导师朱晟利教授等分别为学员授课。通过培训，笔者收获良多，深深地认识到：创新是大学的灵魂，质量是大学的生命。大学要提高质量，需做好以下几方面工作：

一、大学管理质量是大学的生命

（一）更新大学管理者的理念是大学管理质量提高的前提

理念是行动的先导。大学管理者首先要深刻地认识到大学行政体系建设的唯一目的——更好地满足大学生成长发展的需要，为学生成长发展提供和创造条件。高等教育学、大学管理学、国家有关大学发展的政策经常将大学的功能界定为培养人才、科学研究、社会服务（或还包括文化传承）三个方面，而培养人才是大学功能的轴心，其他功能是为更好地培养人才服务的，如科学研究是为了通过提升教师的研究水平使教师在教学中潜移默化促进学生研究能力和创新意识的提升；社会服务是为了通过了解社会生活结构、产业结构状况和变化趋势，来适时调整大学课程、教学方式，缩小学生发展素养与社会需求之间的距离，促进就业。大学行政体系运行的基础是建立满足教职工发展需求和保障其心境

---

① 李红，广东梅县人，嘉应学院地理科学与旅游学院副教授，研究方向为地理教学论。

舒畅的工作平台。

（二）提高大学管理者的管理水平是大学管理质量提高的关键

（1）大学管理者必须仔细检讨自己权力掌控范围内哪些规范不是基于学生发展需要，而是由于自己的工作习惯、操作简单、好管不出事等自身因素而设置的。

（2）大学管理者必须充分利用自己所能掌控的资源和条件，积极主动改变现状。大学行政体系的重大改革一般是自上而下的，但每天都可能发生的日常改进一定是自下而上的。大学每个级别、环节的管理人员一定要以积极主动的情绪和态度研究问题，设计和寻找方法，尝试解决问题。要学会在解决问题当中提升自己的管理智慧和才能。同时，自上而下的重大改革大部分来自基层日常改进试验中成功经验的整合。

（3）大学管理者必须确定学校发展定位（目标）和发展规划。定位和规划首先要解决组织生存问题，要结合学校发展历史优势和现实机会，精准确定未来 $5 \sim 10$ 年的发展定位。在此基础上设计出 $5 \sim 10$ 年发展规划，明确达到发展定位的路径和行动指导方案，以此解决组织生存持续发展和稳定人心、聚集人气、提升工作动力的问题。同时，在实践中不断调整、充实、完善规划，将规划分解成年度、学期工作目标和计划，落实到人。

（4）大学管理者必须建设有助于教师形成科学教育信念和持续研究的管理文化，帮助教师形成科学的工作理念。如：务必使教师坚信做好教师工作的首要因素不是知识和能力，而是眼睛向内集中注意力立志做好教师工作的心态；务必使教师坚信自己的工作进程及效果主要是由自己掌控的，始终以积极主动进取的态度去工作，而非消极等待或怨天尤人；务必使教师坚信任何学生一定有适合他成长发展的教育途径和方式，没有找到这些途径和方式只能证明没有找到，不能证明它不存在，还要坚信自己只要持之以恒坚持不懈，最终一定能够找到这些途径和方式；务必使教师坚信高超的教育教学艺术是在教最难教的学生这一过程中获得的，高超的管理艺术是在管最难管的学生和事务中获得的；务必使教师坚信所有教育和管理方式都是一把双刃剑，只有正功能而没有负功能的教育和管理方式是不存在的，只有将多种方式综合运用才能获得优劣互补、相得益彰的效果。

（5）大学管理者必须明确大学行政体系运行的稳定性依赖于对外开放和对内形成闭合。

①常规工作要逐步建立健全管理规范（制度），根据国家法律建立学校管理制度。建立规章制度本身不是目的，而是实现目的的手段，要依

照教育、教学规律及学生成长规律等审查规章制度的合理性、科学性，及时纠正错误的规范要求；要发挥规范的正功能，避免负功能；规范虽在一定程度上限制了管理者的权力，但可以使其节省精力，保持清醒，在特定时期内集中力量抓大事；规范还可以转移员工的不满情绪和怨气；规章制度是要员工执行的，必须依据大家的意见来制定和修改。

②非常规工作要建立预警和应急处理机制。逐步建立反馈控制与预先控制结合的行政管理保障体系，保障学校各项工作在外部干扰下能够正常运行。建立和完善例外事件的信息传递通道，坚持最高层拥有对例外事件决策权的原则。

③建立能够充分利用和发挥政府主管部门、毕业生、在校生家长及社会关系资源的机制。建立与政府主管部门的良性沟通机制，及时获得政府资源和有用信息支持；建立校友会及有效运作机制，为学校发展搭建毕业生跟踪信息平台；建立家委会，提供家长参与学校管理和监督的机会，为学校发展搭建校外管理资源平台。

（6）大学管理者必须意识到大学行政体系建设及运行效率依赖于管理队伍运用权力和履行职责的状态方式。

①相互尊重权力。尊重上级的权力，管理事务中涉及上级权限要多汇报，多请示，这也是取得上级信赖的重要方式；尊重下级的权力，管理事务中涉及下属权限，除非紧急或特别情况，切忌直接处理，应提出意见建议后让下属处理，为下属以后强有力行使职能创造条件；尊重同级的权力，管理事务中涉及同级其他部门权限，要多沟通协商，既不要越权，也不要上交矛盾，要锻炼自己的沟通协调能力。

②督促引导下属依法履行职能，保障他人权利，尤其是学生的权利。由于年龄、能力等因素，学生的权利较易受到侵害。所以，要督促引导教师班主任提升法律意识，尊重并保护学生的权利，尤其是当学生做出不合乎教师期望或冒犯教师权威的行为时，告诫教师在惩罚之前先听听学生的辩解；也要督促引导教师班主任提升教育技巧艺术，用教育话语向学生传递积极、上进、自信的信息，而非消极信息。

③在行使职能时要注重维护他人的尊严。管理是一种文化，管理方式也打上了文化色彩，中国文化中特别强调尊重他人尊严。所以，在我们传统文化中行使管理职权时要考虑文化因素，不要激化矛盾，使两人撕破脸皮下不来台，等等。优秀的学校管理者大多都充分考虑到文化因素，形成了自己的管理特色。

④用管理智慧引导下属形成积极主动的工作态度和情绪。在同一工作环境下有人乐观向上，有人怨天尤人，有人快乐，有人痛苦，皆取决

于个人的思维向度而非环境本身。其实任何事情皆有好与不好两个方面，多看好的一面就能做到苦中求乐，多看不好的一面就会消极泄气。优秀的学校管理者在行使职权时应善于用智慧引导下属提升智慧水平，养成健康、积极、向上、主动等正面的工作态度和情绪，以此改变下属的工作行为，提升工作效果。

二、大学课堂教学质量是大学的生命

（一）大学教师应是有效教师

有效教师就是具有良好专业品质和明确教学认识，具备渊博教学知识和超强教学能力，并能通过有效组织教学活动，引发与促进学生有效学习的高素质教师。大学有效教师的素质特征包括：

（1）有明确的角色认知。认识大学教学的意义，明确大学教师的角色，理解大学教学的特点。

（2）有浓厚的教学兴趣。喜欢大学教学工作，热爱自己所教学科，乐于指导学生学习，善于钻研教学学术（scholarship of teaching）。

（3）有良好的职业精神。具有责任感与职业良心、敬业精神与奉献精神、专业态度与专业信念。

（4）有扎实的学科知识。包括本体性知识/学科知识、条件性知识/教育知识、实践性知识/个人知识、相关性知识/文化知识。

（5）掌握足够的教育理论。如教育基本理论、课程教学理论、学科教学理论、教师发展理论。

（6）有超强的教学能力。包括超强的语言表达能力、资源开发能力、技术运用能力、教学设计能力、课堂教学能力、学习指导能力、合作共事能力、教学研究能力、教学创新能力。

（7）有丰富的教学智慧。学科知识是基础，教育理论是条件，实践智慧是关键，教学艺术是保证。

（8）有积极的创新意识。教学是特殊实践活动，有效教学是动态概念，创新意识促教学变革。

（9）有较高的学术水平。成为有效教师，成为卓越教师，成为教学名师，成为专家教师，教学与科研相互促进。

（二）大学教学应是有效教学

有效教学就是能够引发、维持并促进学生学习，进而使其获得良好发展的教学。本真的教学就应该是有效教学，有效教学是学校教育永恒的追求。尽管人们对有效教学的特征有不同的看法，但优秀教师的教学还是有一些共同特征的。关于大学有效教学行动表现或实践样态的总结如下：

（1）教学设计合理：符合课程大纲要求、教学环节清晰完整、考虑学生学习特点。

（2）教学准备充分：知识准备（厚积薄发）、方案准备（加工处理）、策略准备（恰当选择）、组织准备（合理安排）、资源准备（充分挖掘）、心理准备（了解学生）等。

（3）教学目标明确：知识目标、能力目标、品德目标、情操目标、行为目标、方法目标。

（4）教学内容丰富：包括学习内容的广度与深度，学习内容的呈现；还包括课程与教师、课程与学生、已知与未知等。

（5）教学方式多样：包括学习途径的丰富性、单一方法的局限性、恰当选择的重要性。

（6）教学语言清晰：拥有流畅的口头语言表达、准确的文本语言呈现、恰当的身体语言辅助。

（7）师生互动显著：注重教师与学生的交流、学生与学生的交流、小组与小组的交流、小组与全班的交流。

（8）学生参与积极：学生课堂学习参与度高、学生课外学习积极性高。还注重课堂学习的延伸：课程平台、QQ交流、微信分享等。

（9）讲究教学艺术：课堂教学的形象性、课堂教学的情感性、课堂教学的创造性、课堂教学的个性化。

（10）教学评价全面：评价目标明确、评价内容全面、评价方式多样、评价标准客观公正。

（三）大学教师要努力打造"金课"

吴岩司长的"金课"论：大学生要有效"增负"，提升大学生的学业挑战度，合理增加课程难度、拓展课程深度、扩大课程的可选择性，真正把"水课"变成有深度、有难度、有挑战度的"金课"。如何在目前急速变革、不确定性大的信息时代、全球化时代、互联网时代、大数据时代、知识经济时代打造"金课"？这是大学教师面临的一大挑战。

三、结语

培训虽然结束了，但培训期间各位专家高屋建瓴的精彩演讲，以及充满历史韵味的千年古都西安，都将永远留在笔者美好的记忆中。通过此次培训，笔者开阔了视野，学科教育理论素养得到了进一步提升，教育观念得到了进一步转变，从中也发现自己与培训专家之间存在的差距，这鞭策着笔者在以后的学习工作中要更加努力，学习工作热情要更加高涨。

学习名师经验，
提高对大学有效教师的认知水平

杨贵茂①

一、引言

2019 年 7 月 12 日至 17 日，在嘉应学院教师专业发展中心和陕西师范大学远程教育学院的精心安排下，笔者有幸作为学科教学论教师课程育人与理论创新高级研修班的一员，在陕西师范大学度过了短暂而难忘的学习培训生活。几天的学习生活，紧张而有序，充实而快乐，笔者接受了多位专家教授形式多样的授课指导，受益匪浅，既拓宽了视野，扩大了自身知识面，也开阔了思路，提高了自身课程育人与理论创新水平，是一次能力的提升过程。

二、学习内容丰富多彩

在知识更新、扩展速度不断加快的今天，工作与学习合二为一是一个必然的趋势。这次学习培训虽然时间不长，但课程安排科学合理，内容丰富，信息量大。陕西师范大学远程教育学院给我们安排了由陕西师范大学博士生导师陈晓端教授主讲的"大学有效教学的行动样态"、陕西师范大学博士生导师龙宝新教授主讲的"高校教师如何打造'金课'"、陕西师范大学教育学院杨建华教授主讲的"学校管理创新与实践探索"、陕西师范大学教师专业能力发展中心段海军博士主讲的"基于核心素养培育的课堂教学模式创新"、陕西师范大学袁利平教授主讲的"基于问题的课堂教学设计"、陕西师范大学教育学院冯加渔博士主讲的"指向深度学习的大学课程改革"和四川师范大学朱晟利教授主讲的"学生核心素养发展与高校课程建设"七个专题讲座；还安排我们参观了陕西师范大学"教育博物馆"。授课教师的讲解生动有趣、旁征博引，既有较强的理论指导，又有成功的实践经验，能抓住重点层层展开，让人茅塞顿开。

---

① 杨贵茂，广东兴宁人，嘉应学院计算机中心高级实验师，主要研究方向为计算机应用及公共计算机教学。

每一场讲座都以丰富内涵给人以知识的积累和能力的提升，从不同角度给人思想的启迪和心灵的碰撞，从而使笔者进一步理清了思想认识上的误区，解开了许多相关工作中的迷茫和疑惑。

三、大学有效教师的角色认知

大学有效教师是指具有良好专业品质和明确教学认识，具备渊博教学知识和超强教学能力，并能通过有效组织教学活动，引发与促进学生有效学习的高素质教师。要想成为大学有效教师，首先要有明确的角色认知。

（一）认识大学教学的意义

大学教育最独特的功能在于，通过教育和辅导，开启年轻人的思维能力，使他们能够广纳新知，活跃思维，同时能够利用才智和学识为自己的人生目标服务。

芝加哥大学的安德鲁·阿伯特教授在开学典礼致辞时说：与其说大学教育教给你的是具体专业的学科知识，不如说是使你受益终身的一般技能。真正成功的关键不是所学知识多少，而是如下几个方面的能力：具有批判思维的阅读能力——有助于你对工作中复杂的行动方案进行清晰的阐述；必要的写作能力——有助于你清楚地向同僚阐明自己的观点；独立思考能力——有助于你避免人云亦云；终身学习的能力——有助于你轻松应对工作和娱乐中的不断变化。

（二）明确大学教师的角色

大学教师是言传身教、教书育人的教育者。大学教师是高校教育的主体，是师生关系的主体。教师在教育教学过程中起着主导作用，决定着学生学习的内容、进程和方式，并且影响着学生的思想道德和行为。为此，高校教师在创新教育中应把言传身教和教书育人结合起来，树立良好的社会形象。

大学教师是文化知识的传播者。教师这一社会角色是通过对文化知识的传播而发挥其功能作用的。教师通过课堂教学形式以最短的时间、最有效的方式传授知识给学生，在传递知识信息过程中，教师启发、指导、评价学生的学习，对培养具有创造性的学生起到了重要作用。因此，高校教师在传递知识信息的同时要注重名师品牌的塑造，以提高学校的声望。

大学教师是智力资源的开发者。高校教师不仅担负着传递知识信息的使命，而且担负着开发学生智力、提高学生解决问题能力的使命。教师不但要激励和引导学生，还要通过揭示新思想、新知识的科学性、真实性来点燃学生的学习热情，培养学生对知识的追求和钻研精神，以及探索精神和创造能力。高校教师在教学中还要积极为学生的智力开发创造良好的条件，积极开发现代教育技术资源和品种，培养信息时代的开拓者。

大学教师是学生未来生活的设计者。高校教师不仅是知识的传递者、教书育人的教育者、智力资源的开发者和教育创新的开拓者，而且是学生未来生活的设计者。创新教育的一个重要功能就是为未来社会培养合格人才。在大学时代，教师为学生的未来奠定了坚实的基础，积累了各种知识，使学生迈向社会有较强的根基，适应未来社会和未来生活。教师还根据未来社会发展预测前景，将未来引入课堂，使之科学地预见未来、适应未来，大胆地构想未来、创造未来。

除上述之外，高校教师还应是心理健康的指导员和集体活动的组织者以及学校与社会之间的沟通者，他们在实现我国教育创新中扮演着重要角色。

（三）理解大学教学的特点

大学教学是实现高等教育培养高级专门人才的基本途径，是高校工作的主要任务。其教学过程本质上是教师指导下的一种认知过程，是教师根据一定的教育目的和特定的培育目标，有计划、有组织地引导学生认识规律，获得知识技能，发展智力、能力和体力，形成一定的思维能力、意志品格的过程。大学教学具有以下特点：

1. 专业性

大学教育是一种专门教育，目的是培养高级专门人才。因而，大学教学就具有专业性特点，即要传授和学习专业知识和技能。大学教学的专业性要适应现代科学技术的发展，处理好专门化与综合化的关系。学科的高度分化和高度综合是当代科学技术发展的重要特征之一，一方面分支学科越来越多，另一方面交叉学科层出不穷。在这种科技发展条件下，为了使大学生适应未来工作和科学研究，现在的大学教育普遍出现加宽专业范围、加强基础训练和综合训练的趋势，力图使专门化与综合化结合起来。

2. 研究性

大学教学具有研究性，不仅表现在教学与科研结合，两者相互补充、相得益彰方面，更重要的是把科研引入教学过程中，这是培养学生智能的重要方面。把科研引入教学过程，能为学生创造全面发展智能的环境和重要条件。学生通过参加科研，可以在教师的指导下有选择地、不受约束地努力学习所需要的理论知识，并且把已知理论同研究需要紧密结合，进行积极的思维。参加科研时，学生各方面的能力将处于积极的发展状态之中，自学能力也在为完成研究工作任务而向理论和实际求教的过程中得到锻炼。

3. 相对独立性

高校的教学过程实际上是一个学习和发现相结合的过程，引导学生独立地探索知识，培养其创造精神，也是大学教学的一个显著特点。大学生逻辑思维高度发展，辩证思维逐渐成熟，独立性、自主性、自信心等趋向稳定，独立学习风格初步形成。

4. 教学的实践性和社会性

理论联系实际是各级各类学校教学过程都应遵循的原则。因此，各高等学校的教学活动就必然要使学生接触社会、深入实际，从中了解社会实际，培养其应用技能和改造世界的意识。课堂上所学的知识若不与实践紧密联系，不能解决现实生活中的具体问题，那也是毫无意义的。因此，高等学校都普遍要求学生参加广泛的社会实践、调查研究、实习考察等。

5. 创造性

大学教学的创造性特点是由大学的教育目标决定的。知识经济时代要求大学培养创新人才。创新人才是掌握现代最先进的文化科学技术，能够创造性地运用所学知识和技能，为发展社会生产力做出创造性贡献的专门人才。大学教学必须把培养学生的创造能力放在重要地位，要求学生不仅要继承前人的科学知识，还要发扬、创造、发展文化科学知识。因此，大学教学强调教学与科研相结合，在传授知识的同时，注重学生能力的培养。

四、结语

通过此次培训，笔者收获很大，觉得培养学习的习惯极其重要，要让学习成为人生的一种常态，同时，深深感受到自己的知识结构和知识水平已难以适应知识经济时代瞬息万变的需要，发自内心地想多学习、多思考，让人生更有意义、更有价值，少一些浮躁和肤浅，把学习变成一种习惯，持之以恒，一以贯之。

培训结束是新的开始，我们的工作将从一个新起点再次启程，笔者将努力把这次的学习成果转化为工作的能力，以更加饱满的精神和更加扎实的作风投身到本职工作中，勤思考，谋定而后动，不断总结经验教训，开拓创新，努力成为一名合格的大学有效教师。

"新师范"背景下师范院校
教师教育改革探讨

郑辉赠①

一、引言

习近平总书记提出，要加强教师教育体系建设，加大对师范院校的支持力度，找准教师教育中存在的主要问题，寻求深化教师教育改革的突破口和着力点，不断提高教师培养培训的质量。② 新形势下，广东在教师教育发展方面存在不平衡、不充分等问题，省教育厅积极谋划，提出了建设"新师范"理念，出台了《广东"新师范"建设实施方案》，其核心是以问题为导向，着力解决广东教师教育改革存在的深层次问题。③ 在实施"新师范"的背景下，广东教师教育迎来了新的机遇与考验，各师范院校作为建设"新师范"的主体，正积极加快推动教师教育改革的步伐、提升师范类专业办学质量、提高服务基础教育能力，共同打造高起点、高质量且具有广东特色的"新师范"。

二、"新师范"背景下师范院校教师教育改革思路

（一）坚持立德树人的育人"新理念"

在新时代，各师范院校要坚决贯彻落实立德树人的育人"新理念"，坚定不移地培养中国特色社会主义合格建设者和接班人。将"立德树人"理念贯穿教师教育全过程，将师德教育、社会主义核心价值观作为教师教育的必修内容，注重加强中华优秀传统文化教育、教育情怀养成教育。首先，邀请中小学优秀教师、教育工作者深入课堂言传身教，让师范生深切感受基层优秀教师、教育工作者的人生追求和职业精神。其次，鼓

---

① 郑辉赠，广东陆丰人，嘉应学院质量监控与评估中心副主任，主要研究方向为高教研究。

② 习近平. 做党和人民满意的好老师——同北京师范大学师生代表座谈时的讲话 [N]. 人民日报，2014 – 09 – 10.

③ 郑文，王玉. "新师范"背景下广东高校师范类专业认证：关系与策略 [J]. 华南师范大学学报，2018（6）.

励师范生参加农村中小学公益支教、志愿服务，提高师范生的职业认同感和责任感。最后，加强师范生师德教育和教育情怀养成教育，着力培养具有高尚师德和家国情怀的高素质"新师范"人才。

（二）坚持协同育人的培养"新机制"

构建"三位一体"协同的教师教育培养"新机制"，各师范院校主动对接地方政府、中小学，实现教学研究、实践成果等资源共享，努力提升基础教育师资培养质量和专业化水平，提高中小学教师队伍素质，推动教师教育可持续发展，为地方基础教育培养师德高尚、专业基础扎实、教育教学能力突出的卓越师资。首先，师范院校要主动对接地方政府，加强"校地"合作，充分利用强大的教学科研团队、丰富的教师教育课程资源，为地方培养中小学教师，提升中小学教师的专业素养，助力地方基础教育整体提升。其次，师范院校要主动对接基础教育，加强与中小学合作，建立长期稳定的教育实践基地，为教师教育提供教学研究、教育实践场所。同时邀请优秀中小学教师、校长参与到师范院校人才培养方案制订及教师教育改革建设中来，协同培养卓越教师。①

（三）坚持专业认证为建设"新抓手"

师范类专业认证从师范院校师范生培养的源头、培养的全过程和培养的结果等方面进行科学、细致的评估，对高校教师教育提出了具体、明确的要求。师范院校要以师范类专业认证为契机，对师范生培养情况进行全面、系统的认证评估，全面提升师范生培养质量，助力"新师范"建设。首先，教师教育改革迫切需要一个可供遵循和借鉴的规范和标准。而师范类专业认证标准对专业的课程教学、师资队伍、教学资源、培养质量等提出了具体的标准和要求，引导师范院校在办学过程中遵循专业认证标准，加强专业和课程建设。其次，师范类专业认证一端连接高校，一端连接基础教育。将认证结果与教师资格证书衔接挂钩，引导师范院校全力做好教师教育，从而有效改变教师教育弱化、定位不明等问题，为基础教育源源不断地输送优秀师资队伍。

三、"新师范"背景下师范院校教师教育改革路径

（一）构建合理明确的专业培养"新目标"

当前部分师范院校师范专业培养目标还存在定位模糊、趋于单一化

---

① 张伟坤，熊建文，林天伦. 新时代与新师范：背景、理念及举措 [J]. 高教探索，2019 (1).

和同质化等问题。① "新师范"背景下，师范院校在制定师范专业培养目标时，应定位清晰准确，以服务地方基础教育改革发展为导向，落实国家教师教育政策要求，着力培养一大批有理想信念、有道德情操、有扎实学识、有仁爱之心的"四有"中小学卓越教师，全方位服务基础教育。首先，对接基础教育师资需求设计专业培养目标，结合学校的办学优势与特色优化调整，体现"差异化"。其次，着力构建"以扎实的学科知识为基础，以艺体素养和健全人格、健康心理为亮点，以精通课堂教学技能为核心"的专业培养新目标。不断提升师范生的艺体和美学素养，通过增设艺体和美学通识教育课程，使师范生具备良好的艺体和美学素养，不断加强师范生心理健康教育，使师范生具备良好的心理干预、疏导能力和班级管理能力。

（二）形成以学生为中心的课程教学"新模式"

以学生为中心的课程教学"新模式"，即以学生发展、学生学习和学习的效果为中心，注重学生个体差异、满足学生需求、促进学生的学习和发展，这对改善学生学习体验、提高学习质量和学校人才培养质量具有重要意义。② 要遵循师范生成长成才规律，以师范生为中心配置教育资源、组织实施课程教学。首先，在课程设置方面，按照《普通高等学校本科专业类教学质量国家标准》和师范类专业认证标准要求，科学设置与培养目标、毕业要求相符的各类课程，减少冗余、无效的课程。同时适当增设专业前沿课程，促进学生对专业前沿动态的了解。其次，在课程教学方面，结合教学课程内容和具体情境、学生学习需要，采用灵活多样的教学方式，让学生主动参与教学、体验教学，促进学生能力的发展，形成以学生为中心的课程教学"新模式"。

（三）建设教师教育工作"新队伍"

培养高素质、专业化的中小学卓越教师，关键要建设一支高水平师范类专业师资"新队伍"。针对当前师范院校师范专业师资存在的"双师双能型"教师不足、缺乏基础教育一线教学经验、高职称和高学历教师比例偏低的问题，各师范院校要按照教育部关于师范类专业认证实施办法中对师资队伍的要求配足建强教师教育课程教师。首先，师范院校在开展教师职称评审和岗位聘用时，要充分考虑岗位特点和人才优势，适当向学科课程与教学论教师倾斜，吸引更多优秀教师参与教师教育，激

---

① 林伟连，伍醒，许为民. 高校人才培养目标定位"同质化"的反思［J］. 中国高教研究，2006（5）.

② 胡万山. 师范类专业认证背景下教师教育改革的意义与路径［J］. 黑龙江高教研究，2018（7）.

发教师教育队伍的主动性，释放教师效能，提高工作效率。其次，以课程体系为导向引进优秀师资，调整师资结构，进一步提高教师教育课程的精准性和实施效率。再次，强化师范类专业教师的实践经历，鼓励师范院校教师服务基层教育，开展基础教育研究，促进高校教师特别是从事教师教育课程教学的教师进一步熟悉基础教育，提高教师教育的针对性与实效性。最后，师范院校要与中小学实现师资共享，实行"双导师制"，构建教师教育师资共同体，采取兼职方式，聘请一些优秀中小学教师担任课程兼职教师，共同培养师范生。

（四）建立持续改进的教学质量保障"新体系"

持续改进的教学质量保障"新体系"是基于专业培养目标要求和毕业要求的，在培养目标、课程设置、毕业要求方面实行三级质量管理，对教学过程和教学效果进行全方位的监控，形成"执行—评价—反馈—改进"的闭环系统，有效保障师范生毕业要求达成。① 首先，建立覆盖各主要教学环节的教学质量保障机制，从管理目标、管理任务、管理机构、管理责任等方面有效保障师范生培养教学任务的完成。其次，教学质量保障体系应以师范生毕业要求达成为核心，督促课程教师依据培养目标和毕业要求有效地进行教学活动，在教学中依据学生学习成效及时调整教学，促进教学质量的持续提升，保障专业培养目标和毕业要求的达成。最后，建立内部监控和外部反馈机制，通过常态化的教学状态数据监测和委托第三方对毕业生进行持续跟踪与信息反馈，不断反思教师教育过程中存在的问题，不断修订完善专业培养目标，进一步优化人才培养模式，不断提高教师培养培训质量。

---

① 四川理工学院. 从专业认证标准探讨教育质量保障体系的构建［EB/OL］.［2019-08-15］. http://www.docin.com/p-1534299345.html.

实践篇

立足现实   创新推进
构建"新师范"建设的粤东模式

袁铎①

"新师范"建设是广东省在新时代以新理念、新生源、新教师、新课程、新机制、新评价等为核心的新形态,旨在助推广东省教育现代化建设,形成在全国具有影响力的教师教育广东新模式,为广东省教育均衡优质发展提供坚实师资保障。位于粤东地区的嘉应学院应势而为,以客家文化"崇文重教"优良传统为依托,以"新师范"培养目标为引领,努力创新师范专业建设机制,打造一流教师教育队伍,构建师范生评价新机制,为广东省特别是梅州地区基础教育培养优秀师资和管理人才,拓展职后教师专业发展空间,使其更好地服务广东经济文化建设。

一、经验做法

(一)目标引领,明确师范生培养方向

培养什么师范生,为谁培养师范生,是师范生培养的根本问题。嘉应学院多次召开领导层会议、参加基础教育座谈会,结合《中共中央国务院关于全面深化新时代教师队伍建设改革的意见》《教师教育振兴行动计划(2018—2022年)》《关于实施卓越教师培养计划2.0的意见》及《中共广东省委   广东省人民政府关于全面深化新时代教师队伍建设改革的实施意见》《广东"新师范"建设实施方案》,以及中小学核心素养课程教学改革愿景,确定"新师范"教育的培养目标和要求,以理想信念为核心,以信息技术融合创新为支撑的"四有"好教师培养目标,调整、建设新课程。根据《开展"新师范建设专项计划"》,制定出《嘉应学院"粤东西北高校振兴计划"整体建设方案》,确定培养适应粤东西北区域特点和教育现状,特别是以穷困山区、乡村中小学校为中心的师范生,并向广东省特别是珠三角发达地区,乃至全国辐射输送优质师范人才的培养战略。

---

① 袁铎,陕西岐山人,嘉应学院党委委员、副校长,马克思主义哲学博士、教授,负责教学、教学督导、学科建设、科学研究、学报、语言文字工作,本书主编。

（二）把握重点，打造一流教师教育师资

（1）一流教师是优质师范生培育的关键。近年，学校先后引进 10 名学科与教学论教师（博士、教授），确保每个师范专业有 2 名以上。聘请 87 名中小学优秀教师作为兼职教师，中小学优秀教师占教师教育课程教师的比例达到 23.8%。

（2）实施学科教学论教师素质提升工程。先后与田家炳基金会、香港教育大学、首都师范大学合作，带领学科教学论教师去香港教育大学、首都师范大学进行学习交流，以提升立德树人成效和教师教育教学能力。

（3）提高教师信息化素养。组织教师进行微课、慕课开发与设计全员培训，参加全国高校微课教学比赛等。

（三）创新机制，多方提升教师教育质量

（1）调整招生计划，优化生源质量。在普通招生的基础上，加大面向客家山区、贫困地区公费定向师范生培养计划，承担小学教育、美术学、音乐学等紧缺专业的公费定向师范生培养任务，为山区的基础教育培养"下得去、用得上、留得住"的教师。

（2）实施二次选拔，培养卓越师范生。依据教师专业化理念，学校每年从二年级师范本科生中选拔 60 名左右的优秀学生，按照"精英化""个性化"模式培养师德高尚、理念先进、业务精湛、锐意创新的高素质专业化中小学教师，目前已培养六期共 376 名学生。

（3）依托创建国家教师教育创新实验区，打造教师教育发展共同体。根据《嘉应学院创建国家教师教育创新实验区建设方案》，确立了以"建立新机制、打造新平台、建设新模式，育好新教师"为重点，实现"政府—高校—中小学（含幼儿园）"三位一体共建共生的教育发展目标。学校先后与五个市、八个县（区）教育局签署了《教育合作框架协议书》，在教师转岗、教师培训、学生支教、送教下乡、乡村教师工作坊、乡村教师学历提升等方面主动与教育主管部门、中小学校对接。

积极推进教师教育创新协同研究及提高服务实验区教育发展能力项目，开展了两期教学名师"送教下乡"暨"同课异构"教师专业发展活动；通过招标方式立项了 42 项"嘉应学院创建国家教师教育创新实验区研究项目"。

（4）构建 U–G–F–S 教师教育协同培养新机制。学校依托田家炳基金会资助和客家地区教育发展的契机，与田家炳基金会、香港教育大学、梅州市教育局、部分中小学结成伙伴式教师发展共同体，形成了高校、地方政府、基金会、中小学"四位一体"的协同培养新机制（增加了以田家炳基金会为代表的社会办学力量）。两年来，共有 90 位教师两次赴香港学习，有效促进了梅州中小学教师专业发展。

（四）融合创新，提供课程与教学资源支持

以更新和构建教师教育信息技术平台为基础，促进课程资源和教学手段的融合和创新，推进教学模式改革。

论证筹建嘉应学院教师教育云平台。该平台由智慧教学平台、师范生实习实训远程工作坊平台等八个模块组成，共投资 500 万元，2019 年 9 月陆续投入使用。通过信息技术整合"微格实验室"、"慕课与微课设计与开发室"、图书馆，以及其他网络资源，提升教师运用信息化技术学习与教学水平，促进师范生个性化学习，并建立终身学习体系。平台申报建设 25 门教师教育类在线开放课程，着力打造客家文化类通识选修课。

（五）认证评估，构建评价新机制

为保障和提升师范类专业人才培养质量，2018 年 11 月初，学校率先开展师范类本科专业评估工作。依据《普通高等学校师范类专业认证实施办法（暂行）》和《广东"新师范"建设实施方案》，学校构建了"目标—实施—评估—反馈"的"新师范"培养评价体系与机制，改善办学条件，保障人才培养质量。

二、建设的瓶颈问题

1. "新师范"理念需要进一步明确

"新师范"是广东省在新时代教师教育的创新实践，需要系统的理论指导，让全体教师及全社会明确"新师范"的内涵、本质、课程和评价体系等，明确"新师范"与传统师范的传承和创新关系，进而引领和推动"新师范"建设的具体实践。

2. 建设资源支撑度需要丰富

建设资源包括高校资源和社会系统资源。师范院校内部原有教师教育课程体系需要进一步整合提升，现有信息化技术资源不能满足师生教学需要。社会系统对"新师范"的支持力度有待加强。

3. 一体化机制协同度有待提高

教师教育一体化是未来教师教育发展的新趋势，但是，让高校协调与政府、中小学的关系，特别是与地方政府的关系，具有一定难度，他们普遍认为本项工作与他们当下的政绩关系不大，积极性不高。

4. 生源质量需要改善

现有师范生在招生中一般属于第二批次录取，总成绩不是最优秀的，给优秀师范生培养带来难度。

三、学校推进"新师范"建设的规划和设想

1. 成立教师教育学院

整合校内教师教育资源，建立集教学、科研、培训服务等职能为一体的教师教育学院，统筹与落实师范生技能培训、创新实验区等"新师范"建设，打造师范教育培养一体化模式。

2. 加强教师教育云平台建设

促进智慧校园、智慧教室和泛在学习建设，为"新师范"培养创造良好的教学空间。

3. 继续加强教师教育师资队伍建设

实施学科课程与教学论教师"双导师"提升计划，提升教师教育师资队伍素质和能力，探索教育硕士的联合培养工作。

4. 深化师范生人才培养模式改革

深化师范生课程改革，创新师范生培养模式；进一步提升"卓越教师培养计划"，推进教师教育课程体系改革；推行师范生实习"双导师制"，建设"实习共同体"，实现高校和中小学教师优势互补；强化师范生的信息素养和应用能力培养。

5. 健全教师教育质量监控体系

建立师范生发展档案袋，利用教师教育质量监测平台，对学校人才培养工作进行大数据方式的质量诊断；加强教师培训过程监控和绩效评估。

四、深化"新师范"建设的建议

1. 深化"新师范"建设的理论研究

协同推进教师教育学科建设，凝练学科方向，合作共建高水平教师教育学科，打造广东师范院校的学科品牌。设立专项研究项目或课题，培养高水平教育研究队伍，加强"新师范"建设的理论研究。

2. 提高教师教育国际化水平

树立教师教育国际化观念，加强教师教育国际交流活动，借鉴各国教师教育办学的先进经验和理念，提高教师教育国际化水平。

3. 吸引优质生源报考师范专业

出台师范生招生与就业优惠政策，吸引优质生源报考师范专业。

4. 统筹教师教育信息化资源建设

统筹教师教育信息化资源建设，打造师范生培养信息资源融合平台。同时，要打通与广东省教育资源公共服务平台的联系，实现职前培养、职后培训一体化，避免资源浪费。

收获·思考

黄小谨①

　　笔者有幸参加了 2019 年 7 月 12 日至 17 日在陕西师范大学举办的嘉应学院学科教学论教师课程育人与理论创新高级研修班。该研修班是根据《嘉应学院创建国家教师教育创新实验区建设方案（试行稿）》，为推动嘉应学院教育内涵式发展、加强教师教育师资队伍建设、提升学校学科教学论教师的理论水平与实践能力而举办的。此次研修，行程安排紧凑，听了七场讲座，参观了陕西师范大学"教育博物馆"。现就此次研修活动总结如下：

一、一些收获

1. 扩大了视野

　　研修活动围绕"课程育人与理论创新"主题，采取模块式设计，研修内容主要包括"学校管理创新与实践探索""基于问题的课堂教学设计""大学有效教学的行动样态""高校教师如何打造'金课'""基于核心素养培育的课堂教学模式创新""指向深度学习的大学课程改革""学生核心素养发展与高校课程建设"七个理论专题以及陕西师范大学"教育博物馆"现场观摩教学。陕西师范大学课程与教学论首席专家、博士生导师陈晓端教授，比较教育学博士生导师袁利平教授，陕西省教师教育指导中心专家龙宝新教授，四川师范大学博士生导师朱晟利教授等分别为学员授课。各位专家从学校管理到教学设计，再到有效教学，从"金课"到深度学习，再到核心素养，涵盖了教育学的"红墙青瓦"，也涵盖了当前教育理论与实践的热点与难点。研修内容含金量高，有宽度、有高度、有深度，目标明确，针对性强、操作性足、教育性实。

2. 更新了理念

　　笔者的研究方向为中共党史、马克思主义中国化，偶有涉及教学论，但是十多年来从事政治教学论的研究与实践，对学科教学论有了深厚的

---

　　① 黄小谨，广东大埔人，嘉应学院政法学院副教授，主要研究方向为中共党史、马克思主义中国化。

感情。这次研修让笔者进一步了解了与学科教学论相关的一些前沿理论，进一步了解了近期高频率出现的一些词（如"金课""有效教学"等）的内涵，进一步更新了教育理念，了解了课堂教学发展的最高境界——教是为了不教。笔者更加明确地认识到大学有效教师的素质特征为：有明确的角色认知；有浓厚的教学情趣；有良好的职业精神；有扎实的学科知识；有足够的教育理论；有超强的教学能力；有丰富的教学智慧；有积极的创新意识；有较高的学术水平。

3. 增长了见识

此次研修，笔者通过聆听七场讲座和参观陕西师范大学"教育博物馆"，增长了见识。其中，参观陕西师范大学"教育博物馆"让笔者感触良多。在讲解员的带领下，我们参观了"教育博物馆"、妇女文化馆和书画艺术馆。三个各具特色的博物馆，为我们讲述中国悠久的历史和文化。其中，"教育博物馆"集教育、研究、收藏功能为一体，主要通过从庠序之学到现代学校——中国学校教育展、陕甘宁边区教育史料展、港澳台地区教育史料展和教育教学用具专题展向我们展示了中华民族几千年的教育发展史。妇女文化馆是国内第一座以妇女文化为主题的博物馆，馆内展示了"她的故事""江永女书""女红""生育文化""中华嫁衣"五个主题，体现了我国女性非凡的智慧与坚韧不屈的精神。书画艺术馆主要展示了历代书画、明清圣旨等藏品，置身其中不禁感叹我国传统文化艺术的巨大魅力。

讲解员生动的讲解，让各位研修学员流连驻足，大家相互探讨着中国文化的博大精深。此次参观活动，既加深了研修学员对中国教育历史的了解，也激发了研修学员对中华优秀传统文化的研究兴趣，更增强了我们作为教育者的崇高信念——教书育人，功在当代，利在千秋。

二、一些思考

1. 大学如何去行政化

杨建华教授的"学校管理创新与实践探索"谈到了"大学行政体系建设及运行目的是满足学生成长发展需要和提供成长发展条件；大学行政体系建设及运行基础是建立满足教职工发展需求和保障其心境舒畅的工作平台；大学行政体系运行的稳定性依赖于对外开放和对内形成闭合；大学行政体系建设及运行效率依赖于管理队伍运用权力和履行职责的方式状态"。实际上这涉及一个问题：大学如何去行政化。"大学行政化"是个内涵丰富的词，至少包括两种有联系而不同的含义：一是政府部门对学校管理的行政化，二是学校内部管理的行政化。

2. 如何打造"金课"

"基于问题的课堂教学设计""大学有效教学的行动样态""高校教师如何打造'金课'""基于核心素养培育的课堂教学模式创新""指向深度学习的大学课程改革",以上内容的讲座均围绕高校课堂如何打造"金课"。什么是"金课"?吴岩司长提出了"两性一度"的"金课"标准。"两性一度",即高阶性、创新性、挑战度。所谓"高阶性",就是知识能力素质的有机融合,是要培养学生解决复杂问题的综合能力和高级思维。所谓"创新性",是课程内容反映前沿性和时代性,教学形式呈现先进性和互动性,学习结果具有探究性和个性化。所谓"挑战度",是指课程有一定难度,需要"跳一跳"才能够得着,对教师备课和学生课后学习有较高要求。这里涉及评价标准问题,即对教师的课堂教学如何评价。以学生评价为依据,评出课堂教学优秀奖,同时与评优、评先、评奖、评职称等挂钩,已成为高校的"鸡肋"。获得课堂教学优秀奖的不乏许多优秀的教师,课确实上得好,但也存在为了讨好学生一再"放水"以获取学生高分评价的现象。可能还存在一些对学生严格要求、讲课逻辑严密但活泼不足的教师,遭受学生的"报复"评价。打造"金课"不是一个问题,而是涉及评价标准导向、学校行政化是否严重等系列问题,是一个系统工程。想教出顶天立地的学生,必须让教师先站直了。

3. 大学课程如何建设

"学生核心素养发展与高校课程建设"讲座,讨论的是高校课程建设。学生发展核心素养,主要指学生应具备的能够适应终身发展和社会发展需要的必备品格和关键能力。核心素养是关于学生知识、技能、情感、态度、价值观等多方面要求的综合表现,是每一名学生获得成功人生、适应个人终身发展和社会发展都需要的、不可或缺的共同素养。学生发展是一个持续终身的过程,可教可学,最初在家庭和学校中培养,随后在一生中不断完善。《普通高等学校本科专业类教学质量国家标准》指出:以本科专业类教学质量国家标准、专业认证标准为依据,全面修订人才培养方案,切实在优化专业结构和加强专业建设方面下功夫,大力提升学校的核心竞争力。各高校在"对标"过程中,不应机械地照搬照抄,而应结合本校实际,建设既符合标准又有自己特色的课程。

4. 培训模式如何更有效

近几年,笔者有幸参加了"国培计划(2015)"——专职培训团队研修项目(思想品德)广西师范大学班、由田家炳基金会资助嘉应学院组织的"广东客家区域中学教师培训导师卓越发展高级研修班"二次赴港研修学习和这次西安研修等研修学习。笔者对每一次研修学习都有不同程度的体悟。比较这几次研修，前两次的现场观摩教学做得比较好。记得在香港培训时有中学校长说道："经常到全国各地甚至世界一些国家学习，当然，开阔了眼界。他们的教育理念虽好，但学不来。"如何把培训内容转化为具体实践，虽然不一定能够复制，但是要思考如何借鉴，使研修培训更为有效。

一花一世界：中学优质历史课堂
设计识小

蒋　波①

自 2001 年新课改以来，围绕国家课程标准（简称"课标"）的改革推进，各种教学理念纷呈而至，直接或间接影响着一线教学的实践。总体来看，教师课堂教学角色的转变和个性化教学趋势显现，尽管每位教师对此认识不同，但是身为一名一线教师，要能无愧地站在讲堂上，"一堂优质的历史课应该是怎样的"又是每位历史教师必须直面的一个必答题。关于"中学历史课堂教学的好课标准"的讨论，历史教育界的专家、一线教师多有探讨，② 新见迭出，丰富了课堂教学理论，但课堂教学实践永远在路上。故此，笔者拟从课堂设计这一角度，探讨一堂优质历史课的生成。不当之处，敬请方家指正。

一、课堂设计离不开教师对课标的解读和定位

课堂教学是教师实施教书育人的主阵地，亦是衡量教师备课、讲课技艺等效果显示度最直接的场所，所以一堂课的好坏关乎当今素质教育改革的实效。诚然，在课堂教学中，每位教师看待教学过程的价值取向不同，但一堂优质课首先应该体现课标的要求。

课标是由国家教育部门根据教育理论并结合我国的教育实际对课程各要素（如课程理念、课程目标、课程内容、学习活动、评价程序、课程结构、课程管理、课程的组织与实施等）所进行的顶层设计，实际上就是以前所说的教学大纲。通览《普通高中历史课程标准（实验）》③，其"课程理念"从历史的教育功能、课程体系建构、课程设置、学生学习方式的转变、教学方式的转变及教学评价等方面进行了纲领性表述，

---

① 蒋波，江苏徐州人，嘉应学院政法学院讲师，历史学博士，研究方向为秦汉魏晋、中学历史教学法。

② 黄牧航. 中学历史课堂教学的好课标准研究评述［J］. 历史教学，2015（1）.

③ 中华人民共和国教育部. 普通高中历史课程标准（实验）［M］. 北京：人民教育出版社，2003.

教师在领会精神时，更应该把其体现在教学设计中，如"课程的设计与实施有利于学生学习方式的转变，倡导学生主动学习，在多样化、开放式的学习环境中，充分发挥学生的主体性、积极性与参与性，培养探究历史问题的能力和实事求是的科学态度，提高创新意识和实践能力"等。

时下，教师在进行教学设计时，往往把课程中的"三维目标"作为教学目标，从宏观的教育角度看，这没有多大的问题，因为二者之间在总的要求方面大体一致。但需注意的是，课程中的"三维目标"并不等同于课堂教学中的教学目标，有学者指出，课程目标是国家根据课程改革的需要而制定的，它属于中期的教育目标，会随着教育教学实践的需要而有所调整；而教学目标则是在教学活动中为实现课程目标制定的较为具体的一种短期的教学要求。① 教师在课堂设计中，"知识与能力""过程与方法"及"情感态度与价值目标"可以根据教学内容的实际需要而灵活运用，但不能偏离历史学科的特性和核心素养，② 据叶小兵教授在"2016 年全国高中历史学科核心素养主题学术论坛"所作"培养学生的历史学科核心素养——历史课程教材改革的新思路"的主题报告，目前教育部组织专家修订高中课程标准，重点要解决三个问题：①制订新课程方案，突出课程的多样性、选择性。②研制我国学生跨学科核心素养和学科核心素养。③将基于核心素养的学业质量标准融入课程标准。历史学科核心素养主要包括时空观念、史料实证、历史理解、历史解释和历史价值观。

因此，作为一门注重逻辑推理和严密论证的实证性的人文社会学科，历史课堂设计应以课标为指导，使学生在学习历史过程中逐步形成具有历史学科特征的思维品质和关键能力，不仅提供解答各类考试的"金钥匙"，更为学生日后的进一步发展提升打下坚实的基础。

二、课堂设计需要教师融合学科教学目标与信息技术手段

谈起历史，学生大多说喜欢，但并不太喜欢历史课。究其原因，就是传统教学"以教师为中心"课堂所带来的影响所致，此种课堂总是习惯进行宏大的叙述，一讲到底，忽视教学方法的应用，且不考虑学生的

① 陈志刚. 对三维课程目标被误解的反思 [J]. 课程·教材·教法，2012 (8).
② 目前，学科核心素养已成为学界讨论的热点。如：吴伟. 中学历史教学的知识传授与历史素养培养 [J]. 课程·教材·教法，2013 (8)；辛涛，姜宇，王烨辉. 基于学生核心素养的课程体系建构 [J]. 北京师范大学学报（社会科学版），2014 (1)；张华中. 基于实践的历史学科核心素养体系刍议——以普通高中为例 [J]. 历史教学，2015 (9)；贺千红. 历史学科核心素养及培养途径初探 [J]. 历史教学，2016 (2).

感受。从社会形态的高度来把握历史的发展，其负面作用就是把鲜活丰富的历史内容挤压成几条干巴空洞的原理，学生的心中只有知识点的堆积，唯独没有活生生的历史情境，这种没有"苏醒的历史"或许是传统教学的最大弊端。实际上，历史的积淀无比厚重，历史的课堂更应丰富多彩。李大钊曾说："历史这样东西，是人类生活的行程，是人类生活的联续，是人类生活的变迁，是人类生活的传演，是有生命的东西，是活的东西，是进步的东西，是发展的东西，是周流变动的东西；他不是些陈编，不是些故纸，不是僵石，不是枯骨，不是死的东西，不是印成呆板的东西。我们所研究的，应该是活的历史，不是死的历史。"① 欲改变这种枯燥乏味、没有活力的课堂，信息技术手段（多媒体）的运用是一种行之有效的路径，近年来各国教育教学改革实践（如慕课、翻转课堂等）日益昭示信息技术促进教育的变革态势，历史学科教学的特点亦契合信息技术手段的运用。

就历史学科特点而言，历史的规律或结论是在大量的史料中提取有效信息，以历史唯物主义的观点进行分析、归纳而得出，可以说"史料实证"是历史学科能力培养的最重要能力之一。考据学派的代表人物傅斯年，其经典的观点是"史学即史料学"，提倡"一分材料出一分货，十分材料出十分货，没有材料便不出货"，"上穷碧落下黄泉，动手动脚找东西"，② 这实际上也揭示出历史教学中应体现"论由史出，史论结合"的学科特征。很明显，传统的教学方式已不能有效地完成此目标，简单、轻松、高效的课堂无从建构，也不利于培养学生的学习兴趣、激发学生的学习潜能。

因此，教师在教学过程中要充分考虑到学生的生理和认知特征，通过多种渠道获得实物、图片、录音、录像、文献等各种鲜活的历史资料，把教学目标与信息技术手段融合起来。在教学设计方案中，要体现运用的信息技术工具和资源准备，在已有知识结构的基础上，设计出贴近学生的学习任务，使学生从视觉直观形象感知具体的历史情节，不仅丰富了学生的知识内涵，而且提高了学生对历史课的兴趣和热情，有益于学生今后更深入的探究。实践证明：历史课和多学科整合，特别是历史课与信息技术融合运用，课堂教学效率得以提升，效果比较理想。

三、课堂设计中师生互动环节应体现思维深度和人性化

新课程教学观强调"过程与方法"中的探究与合作，把教学过程看

---

① 李守常. 史学要论 [M]. 石家庄：河北人民出版社，2000：3.

② 欧阳哲生. 傅斯年全集：第三卷 [M]. 长沙：湖南教育出版社，2000：10 – 11.

成是师生思维沟通、积极互动、共同发展的过程。此种教学观突破了传统教学中"教师至上"观的局限，教师不再是照本宣科的"领唱人"和无所不知的"故事大王"，教师在教学中应始终是学生学习的促进者、指导者和合作者，以学生发展为本位，强调教学过程的开放性和建构性。这也要求教师在课堂设计中更多考虑互动环节的思维深度和人性化。

所谓互动环节的思维深度，是指依据教材知识点的密度和重难点，考虑学生的认知能力，有主线地设计互动环节，激发学生的历史思维力。

一般而言，教师对具体一节课的课堂设计要对课题与下属子目之间的内在逻辑关系把握清晰，明确本课在章节之间的地位及作用，这样有主线的知识建构易于学生清晰而深刻地掌握知识。众所周知，"古今贯通，中外关联"是高中历史教材的编写特点之一，亦是每年高考必考内容，如2016年全国Ⅰ卷第40题"从明清到近代的人口问题"。这种考查特征势必要求教师在课堂中针对高考命题趋势的变与不变，夯实主干知识，把握学术前沿，引入新材料，把各章节的知识点串起来，融会贯通。如2012年3月深圳市一模第38题，以"选择"为主线，结合学者论点，进行问题设计：

阶段	时间	政治选择
第一阶段	1860—1911 年	清王朝的开明专制化运动
第二阶段	1911—1913 年	以孙中山为代表的早期议会制模式
第三阶段	1914—1928 年	以袁世凯为代表的军事强人型的新权威主义模式
第四阶段	1928—1949 年	国民党的国家主义的权威主义模式
第五阶段	1949—1976 年	集权主义的计划经济模式
第六阶段	1978 年以来	邓小平的改革开放模式

——萧功秦《中国百年现代化的六次政治选择》

（1）持以上观点的学者，可以选择哪些史实来分别论证第一阶段和第二阶段的政治选择？

（2）第三、四阶段中国现代化进程步履维艰，结合历史背景分析制约因素有哪些？

（3）第五阶段"集权主义的计划经济模式"对国民经济采取高度集中的计划管理体制。你如何评价这种模式？

（4）该学者认为，第六阶段的模式之所以取得较大成就，关键在于"激活了社会内部的微观个体、地方与企业的竞争活力"，试用改革开放中的一些具体史实来说明这一观点。

所谓互动环节的人性化，是指教师能够包容学生对所参与探究问题的原创理解，对其并不清晰的"元认知"进行预设和引导，而不是武断地纠正。首先，教师在保证学生的参与度和深度的基础上，应承认学生之间的思维差异化和"参与障碍"，允许学生对材料有不同的解读，应强调运用思维的方法（即解题过程），而不是仅仅给出正确的答案（即解题结果）。① 由于历史材料的久远，特别是古人的话语，对不身处其世的当代人而言，完全理解其蕴含还尚有困难。章学诚曾感慨道："是则不知古人之世，不可妄论古人文辞也。知其世矣，不知古人之身处，亦不可以遽论其文也。身之所处，固有荣辱、隐显、屈伸、忧乐之不齐，而言之有所为而言者，虽有子不知夫子之所谓，况生千古以后乎!"② 其次，历史概念的诠释，应从问题表象进入本质，由通俗的语言过渡到适当的专业术语，使学生对历史概念、历史评价等有一个相对透彻的理解。

积极参与互动会使学生不断产生浓厚的兴趣，对学习表现出极大的热情，然而在实际的课堂中，大部分学生由于各种因素并不能紧跟教师的思维，而是教师"自问自答"，这与新课程强调教学过程的开放性与生成性理念背道而驰。

综上所述，新的课程理念要求教师在课堂中的角色要转变，教师要把课堂放手给学生，使学生积极参与到课堂当中，让学生真正成为课堂的主人。历史课堂教学的出发点和落脚点都是为了学生。因此，一堂优质历史课源于教师的课堂设计，要强调学生的主体地位，从学生理解和运用历史知识的角度出发，让学生在探究问题的过程中充分展示自己的思维，体现课标要求、信息技术手段和人性化生态课堂统一。

---

① 皮连生. 教育心理学 [M]. 上海：上海教育出版社，2004：89.
② 章学诚. 文史通义 [M]. 吕思勉，评. 上海：上海古籍出版社，2008：82－83.

基于发展核心素养的小学"道德与法治"教学设计探究

罗九平①

今年暑假笔者有幸参加嘉应学院在陕西师范大学举行的学科教学论教师课程育人与理论创新高级研修班。研修活动围绕"课程育人与理论创新"主题进行，其中有两个主题围绕核心素养展开，一个是"基于核心素养培育的课堂教学模式创新"，另一个是"学生核心素养发展与高校课程建设"。这说明核心素养已成为教育界普遍关心的问题。笔者承担小学教育专业"道德与法治"课程的教学和研究任务，一直探索如何在小学"道德与法治"课程中培养学生的核心素养。教育部发布的《中国学生发展核心素养》具体规定了我国学校教育的培养目标，小学品德课程与核心素养培育目标具有高度的一致性，课程内容也能极大地契合中国学生发展核心素养的主要指标。通过高级研修班的学习，笔者对核心素养的理解进一步深化，对如何在小学"道德与法治"课程中将核心素养观念引入其中，从培养目标、教学内容、教学方法以及评价标准等方面切实实现核心素养与具体学科课程结合，从而将学生核心素养培养落实到具体学科教学，有了进一步的认识和思考。

一、发展核心素养的指挥棒：确立先进的教学理念

（一）坚持以学生的发展为本

当前基础教育课程改革的核心理念是"以学生的发展为本"，特别是发展学生的核心素养，服务于学生发展是一切教育改革的本原目标。小学"道德与法治"课程的设计就是以儿童成长发展为核心，深入研究儿童与自我、儿童与自然、儿童与社会的关系。因此，确定小学"道德与法治"课堂教学内容、教学方式、评价指标体系也要从学生全面发展特别是核心素养发展的需要出发，注重学生的学习状态和情感体验，注重教学过程中学生主体地位的体现和主体作用的发挥，强调尊重学生人格和个性，鼓励发现、探究与质疑，以利于培养学生的创新精神和实践能

---

① 罗九平，嘉应学院教育科学学院副教授，主要研究方向为教育史、思想政治教育。

力。学生的发展应当是一个持续发展、创新发展的过程，课堂教学的主旨正在于此。课堂教学就是要看其是否在促进学生持续、创新发展方面发挥了作用。以学生的发展为本，实质上就是让教师由讲台上的讲授者转变为"学生学习的促进者和引导者"，学生由"被动接受者"转变为"学习的主体"。

（二）尊重学生的权利

尊重是现代教育的第一原则。没有尊重，就没有教育，教育失败的一个重要原因就在于师生关系不协调。教师对学生不尊重、不理解是不能建立和谐师生关系的，因而也就难以有效地促进学生的健康成长。学生在其个性成长过程中的自我肯定和对自我判断的信心，是至关重要的。这时候他最需要的是鼓励与尊重，最害怕的是干涉与责罚。教师对学生的尊重表现在教育的方方面面。教师不仅要尊重学生的认知能力、认知规律、知识经验，还要尊重学生的人格和个体差异等。小学"道德与法治"课程就是要承认每个儿童是处在成长与发展过程中的具有独立人格的人，尊重他们不同于成人的生存状态、生命特征和生活方式，承认他们的生活与成人生活的等价性，尊重他们的现实生活及其兴趣、需要、游戏等的独特价值，而不仅仅将之视为一般意义上的手段或工具；从多元智力的角度，欣赏每个儿童不同于他人的个性、兴趣爱好、能力倾向、性格特征、思考和解决问题的方式等，努力让每一个儿童在愉快、自信、有尊严的学校生活中发展潜力、健康成长。课程体现对儿童的尊重表现为：一是尊重儿童有接受教育和引导的需要；二是教育资源以儿童的生活为基础，不是简单的翻版，是经过锤炼的有意义的教育内容；三是教学内容体现对儿童终身有益的道义负责，是非清晰、客观真实；四是课程内容组织依照儿童的年龄认知特点和道德发展水平来安排。

（三）在儿童的现实生活中进行道德教育

教师要重视生活的教育价值，其中要特别关注儿童的现实生活。这种关注的重要意义在于：一方面，学校教育无可否认地要为学生的未来做准备；另一方面，学校教育和课程更要重视、关注怎样去改善、促进儿童正在进行中的生活。通过本门课程的实施，应为儿童创造一种属于他们自己的健康、积极、快乐、负责、有爱心、有创意的生活，力求所提出的课程理念、目标、内容等方面所呈现出来的文化是一种儿童文化，使它富有"童心""童趣"，是儿童所喜欢、所需要的。小学"道德与法治"课程应使儿童感受到这门课程的"个人意义"，让儿童从自己的世界出发，用自己的眼睛观察社会，用自己的心感受世界，用自己的方式研究社会。

二、发展学生的核心素养的核心：课程内容的设计

核心素养的内容分为文化基础、自主发展、社会参与三个方面，综合表现为人文底蕴、科学精神、学会学习、健康生活、责任担当、实践创新六大素养。小学"道德与法治"课程根据小学各年级学生社会生活范围不断扩大的实际，认识了解社会和品德形成的需要，以儿童的社会生活为主线，将品德、行为规范和法制教育，爱国主义、集体主义和社会主义教育，国情、历史和文化教育，地理和环境教育等有机融合，引导学生通过与自己生活密切相关的社会环境、社会活动和社会关系的交互作用，不断丰富和发展自己的经验、情感、能力、知识，加深对自我、对他人、对社会的认识和理解，并在此基础上养成良好的行为习惯，形成基本的道德观、价值观和初步的道德判断能力，为他们成长为具备参与现代社会生活能力的社会主义合格公民奠定基础。从这里可以看出两者具有高度的一致性。

道德存在于儿童的生活之中，核心素养也应该从生活中来发展，因此，小学"道德与法治"课程的内容设计应从儿童的现实生活来构建，让儿童在自己的生活中认识自然、了解社会和把握自我，并在其与自然、社会的互动中发展自己，建构自己与外部世界的关系。小学"道德与法治"课程内容与其他课程不同，涉及各个学科的知识，具有高度的综合化的问题，教学内容需要高度整合。课程以整合而非分散的方式将目标宽泛化，将认知活动、体验活动以及探索活动的过程与方法整合到目标当中，使可感的、真实的教学内容与道德认知、道德情感、道德能力的整体目标相融合。为解决过去教学中以知识板块分割、内容缺乏整合的问题，课程应从社会关系、社会活动、社会环境三个主要方面选择内容要点，这些主要因素还可以分解为时间、空间、人文环境、自然环境、日常生活活动、文化活动、经济活动、政治活动、人际关系、社会规范、法律制度等具体要素。儿童的品德、社会性发展和核心素养是通过与各种社会要素的交互作用而实现的。所以，这一个个要素与儿童的交互作用就成为组织教学内容的要点。以面为依托，在面上选点，组织教学内容，在内容上是品德、行为规范和法制教育，爱国主义、集体主义和社会主义教育，国情、历史和文化教育，地理和环境教育等的融合，在课程内容的框架结构上则是将社会生活各要素综合。在现实生活中，各社会要素是综合成整体出现的。儿童在某个社会生活领域中涉及的社会要素也不是单一的，只是出于研究需要才把它分为不同的要素，所以，课程在安排内容要点时，不是明显地按社会要素归类，而是把要素综合隐

含在内容里面。

小学生还处在品德、社会性发展和发展核心素养的启蒙阶段，因而在各主题情境、生活事件和课题之中，侧重学生在社会生活过程中丰富生活经验、体验生活过程，提高学生适应和参与的意识和能力，丰富学生生活经验，启发学生自主建构。课程内容要抛弃原来小学"思想品德"课程以社会需要为主线设计，以学科化的概念构建体系的方式，开始注重活动的开展、问题的探究性学习，以及对过程的经历体验，以此实现学生自我成长。

三、发展学生的核心素养的重要保障：科学的教学评价

小学"道德与法治"教学评价是指根据"道德与法治"学科的教学目的和原理，运用切实可行的评价方法和手段，对整体或局部的教学系统进行全面考察和价值判断，并对增值的途径进行探索的过程。原有评价指标系统未能充分体现发展核心素养理念，因此需要进一步探索与发展核心素养的目标精神相适应的课程教学评价。"道德与法治"课程评价要注意以下几个问题：

（一）注重发展性

根据发展学生核心素养的教育教学理念，课程评价首先要注重发展性，也就是每堂课总要让学生有所发展，包括知识的增加、能力的增强、体验的丰富、道德的领悟等。发展性要贯穿于整个教学，首先体现在教学目标上，这就是说，制定教学目标前先要了解学生对要学的内容知道多少，落实多少，在此基础上制定出教学目标，让学生通过这节课切实获得一定的进步和发展。其实，教参中设定的目标只是反映了教材编写意图，它面向的是学生总体，不一定完全适合具体某个学校、某个班级、某部分学生的实际情况。其次，发展性要体现在教学过程中，这就要注意运用启发式教学，就是在使用教材、运用教学手段、设计教学结构和组织教学活动上，都要有利于启发学生思考，不是把道德规范硬灌给他们，而是启发他们通过活动、观察、体验、探究，自己悟出道理，找出答案。

（二）注重针对性

在课堂教学中，学生是学习的主体。只有当学生产生了学习的需要和动机，教学才能收到实效；只有面向学生实际，回答学生看到、听到、想到而又不能解决的问题，才能增加课堂教学的实效。因此，针对性必须贯穿于整个教学的各个环节之中。首先，制定教学目标要有针对性，这就是前面说到的，要把教参中设定的教学目标和学生实际结合起来，

如有不完全一致的地方要适当调整，使教学目标更针对学生实际，使教育更有的放矢。其次，教学内容的选择要有针对性，教学内容当然要以教材为依据，但我们的教学不是"教"教材，而是用教材教。这就是说，我们可以尽量让教材中的实例贴近学生生活，必要时也可补充学生生活中的相关实例，使学生感到更亲近、更真切。最后，教学方法要有针对性，适合学生的兴趣和接受能力。

（三）注重科学性

科学性，就是要求在教学中正确设定和体现教学目标，教学内容正确，观点鲜明，教学活动的设计、组织和实施合理、恰当。可以设想，如果教学内容不正确，或者观点出了偏差，那么方法再好、兴趣再浓，也会给学生带来负面影响。所以在任何情况下，科学性总是评课最根本的一条。在设定教学目标时，科学性就表现为既符合教材意图，又符合学生实际，并在目标中完整地体现知识、能力、情感态度与价值观这三方面的要求。教学内容有科学性，就是要把每个知识点讲准确，把每个观点讲正确，不能误导学生，也不能因为要保护学生的发言积极性就不指正不正确的观点，致使学生误传。教学方法讲科学性，就是各种方法的使用正确、合理、恰当，不是为方法而方法、为形式而形式。形式要为内容服务，方法要为效果服务。教学时机、火候要掌握得恰到好处，教学问题的设计要精当，教师的引导观点要正确、表达要完整。

大学英语课堂教学模式探究

蔡子亮①

我国大学英语教学长期以来存在着"投入多、收效少"等问题，全国上下对大学英语教学改革的呼声一直不断。为了创新大学英语课堂教学方法，提升大学英语教学成效，外语教学界对语言教育理论和方法不断地进行深入研究和探索。但是在实践过程中，不少看似颇为新颖有效的课堂教学实践方法的应用并没有达到理想的效果。虽然造成这一现象的原因复杂，但笔者认为，我国目前的大学英语教学没能有效地把传授语言知识和培养语言能力有机结合起来是其重要根源。因此，大学英语教学改革的关键就是要正确定位英语教师的角色，把课堂教学变为师生双向互动的过程，着力培养学生语言综合运用能力，使学生的语言知识与语言能力相互促进、协调发展。

一、厘清语言知识与语言能力的关系

英语教学中，语言基础知识是指语音、词汇和语法等方面的规则、定义、概念和用法等；语言能力是指运用语言进行听、说、读、写、译的交际能力。尽管语言能力是一种技能，即一种实践能力，只能通过实践也就是听、说、读、写来掌握和提高，但是规律性的知识和语言能力的掌握、提高也不是毫不相干的，特别是语言能力的提高，是和对语言知识即语言客观规律知识的认识密切相关的。② 因此，英语教学要着重培养语言能力，同时又要教给学生必要的语音、词汇和语法知识。但教给学生基础知识的目的是指导他们的语言实践，培养他们实际运用语言的能力。

知识是发展能力的基础。学生对基础知识的理解越深刻、掌握越牢固，相应的技能就越熟练，越有利于能力的发展。《义务教育英语课程标准（2017 年版）》在阐述英语学科的课程目标时指出："综合语言运用能力的形成是建立在语言技能、语言知识情感态度、学习策略和文化意识等方面整体发展的基础之上的。语言技能和语言知识是综合语言运用能

---

① 蔡子亮，广东揭西人，嘉应学院外国语学院副教授，研究方向为翻译及教学。
② 胡明扬. 语言知识和语言能力 [J]. 语言文字应用，2007（3）：5 - 9.

力的基础。"教育部《关于深化教学改革，培养适应 21 世纪需要的高质量人才的意见》明确指出："在知识传授与能力和素质培养的关系上，树立注重素质教育，融传授知识、培养能力与提高素质为一体，相互协调发展、综合提高的思想。"可见，传授知识与培养能力是对立的统一，它们相互联系，相辅相成。然而，受应试教育体制和其他因素的影响，长期以来，我国英语教学对语言综合运用能力的培养未予以足够的重视，以致出现"哑巴英语""高分低能"的反常现象。这一现象是受传统教学方法的影响，也即以语言知识特别是语法知识作为教学的主要内容，把教学过程看成知识传授的过程，忽视了语言的实际运用和培养学生语言运用的能力。

二、在教学实践中正确处理好传授语言知识与培养语言能力的关系

要在教学实践中正确处理好传授语言知识与培养语言能力的关系，必须先转变传统的课程实施观念，同时在以下几个方面做出努力：

（一）教学应从"以教师为中心"向"以学生为中心"转变

这里所说的"以学生为中心"绝不意味着否定或者减弱教师的主导作用，而是强调摒弃"满堂灌"的教学模式。在传统"以教师为中心"的"满堂灌"教学中，教师对于知识的讲解占用课堂的大部分时间，无论学生学习基础如何、接受程度如何、学习状况如何，一律被动地接受教师灌输的知识，学生的主体地位被忽略，课堂教学强调"教"，忽略"学"。"以学生为中心"的教学模式才是回归教学的本真。它强调学生在课堂上的核心地位，强调充分发挥学生的主动性，教师由课堂的主导者变为指导者，既教给学生知识，又引导学生掌握学习方法和学习策略，最终有效地帮助学生实现自主学习，达到终身学习。教育部颁布的《大学英语课程教学要求》明确提出"各高等学校要改进原来的以教师讲授为主的单一课堂教学模式"，"教学模式的改变不仅仅是教学活动或教学手段的转变，而是教学理念的转变，是实现从以教师为中心、单纯传授语言知识和技能的教学模式，向以学生为中心，既传授一般的语言知识与技能，又注重培养语言运用能力和自主学习能力的教学模式的转变"。①根据该要求，大学英语课堂应强调学生在英语学习过程中"以学生为中心"，突出学生作为学习主体的核心地位，大学英语教师需要改变传统的教学观念，应为学生创造有利的语言学习环境和氛围，提高学生英语语言综合运用能力和自主学习能力。

---

① 教育部高等教育司. 大学英语课程教学要求［M］. 上海：上海外语教育出版社，2007.

（二）要善于激发和培养学生学习英语的兴趣，提高他们参与教学的积极性

兴趣是学生学习能力持续发展的潜在动力，学生唯有对英语感兴趣，才会积极参与其中，主动摄取并运用知识。托尔斯泰说过："成功的教学所需的不是强制，而是激发学习兴趣。"著名教育学家乌申斯基说过："没有任何兴趣而被迫进行的学习，会扼杀学生掌握知识的意愿。"① 这些观点说明了兴趣对于学习的重要性，浓厚的兴趣可以激发学生的求知欲，增强学生的学习动力，促使他们努力学习。如何在课堂上激发学生学习英语的兴趣，应成为英语教师教学研究的主要课题之一。

1. 建立良好的师生关系，营造轻松愉快的课堂学习气氛

良好的师生关系能激发学生对教师言行的认同效应，从而激发学生学习的热情，这是教育心理学的一条普遍规律。古人云："亲其师，信其道。"美国心理学家罗杰斯认为："成功的教学依赖于一种理解和信任的师生关系，依赖于一种和谐安全的课堂气氛。"② 可见，良好的师生关系是影响学生学习兴趣的重要因素。教学是一门艺术，更是一门语言艺术。课堂上，教师用生动准确的语言、抑扬顿挫的语调、惟妙惟肖的表情和肢体语言，把学生凝聚到自己周围，缩短教师与学生的感情距离，产生"教"与"学"的共鸣，激发学生学习的热情。因此，每一节课，教师都要满腔热情，让学生从教师的"精神"中受到激励，感到振奋；要关爱每一个学生，尊重学生，提倡"微笑教学"，用自己的眼神、语调表达对学生的爱，创设一种轻松愉快的课堂气氛。

2. 精心设计课堂导入环节

导入是课堂教学的关键环节，即教师引导学生进入教学主题，是教师在传授新的教学内容时，通过建立与教学相关的情景，将学生带入新知识准备状态的一种教学行为。导入的目的在于激发学生的学习兴趣，调动学生的学习积极性，活跃课堂气氛，为整节课打好基础。俗话说得好："良好的开端是成功的一半。"成功的导入可以让学生对新知识产生浓厚的兴趣，使之自然地进入学习状态，提高他们对课堂新知识点学习的参与度。

英语课堂的导入方法多种多样，如问题导入、实物导入、游戏导入、歌曲导入、情境导入等。导无定法，千篇一律的导入方法会使学生厌烦，

---

① 杨继唐. 论电影资源在英语教学中的有效利用 [J]. 职业教育研究，2005（9）：59－60.
② 罗杰斯. 学习的自由 [M]. 北京：文化教育出版社，1984：7.

从而不能达到导入的目的。① 教师要从实际出发，根据不同的学生情况、不同的课型、不同的教学话题等，选择更加适合学生、适合教学的导入方法。不过，不管教师选择哪一种导入方法都应遵循导入的三个基本原则：①简洁性。作为课堂序曲，导入的作用是激发学生学习动力，使其快速进入学习状态。一般导入环节应控制在 5～10 分钟，最多不超过 15 分钟，过长的导入会占用授课时间。因此，教师要充分利用短短的导入时间有效吸引学生的注意力，确保课堂教学的所有环节有序进行。②针对性。导入环节的设计与安排应与主要教学内容相关联。很多教师的导入环节过于注重形式，而没有真正为教学目标服务。③趣味性。所谓趣味性是指教师导入时要使用生动形象、风趣幽默的语言使知识趣味化，从而唤起学生学习的兴趣。学生有了兴趣，并乐在其中，才会主动参与课堂教学。

3. 充分利用现代教育技术

教师在课堂教学中应通过创设各种较为贴近生活实际、自然愉快又令学生感兴趣的情境进行教学，为学生创造轻松、愉快的学习氛围。教师可以开发英语教学资源，制作课件，拓宽学生的学习渠道，协调运用新的学习方法。例如：在教授语法知识时，如果一味用先讲授后做题的方法，就很难激发学生的兴趣，学习效果自然就不好。但如果用上课件，在课件里将练习题编入特定故事情节或生活场景，配以有趣的图片或动画，这样自然就会吸引学生的注意力。学生的兴趣提上来，他们的积极性就会提高，记忆的效果就会更好。

4. 课堂教学方法多元互补

任何一种教学方法、教学手段再好，如果不经常变化，不因材施教，时间长了，学生也会感到厌烦，失去兴趣。所以课堂教学要改变单一的教学模式，根据不同的教学内容，科学合理地采用"讨论式""启发式""探究式""情景式"等不同教学方法，充分发挥学生在教学中的主体作用，多方位激发学生的学习兴趣，这对课堂教学效率的提高至关重要。

5. 及时表扬学生

对于教师而言，表扬、夸赞自己的学生，是教育方式的一种，它是一种激励学生的有效方法。常言道：好学生是夸出来的。因此，在课堂教学中应尽量多表扬，尤其是对低年级学生和后进生。当教师对学生的正确行为或表现给予表扬时，可以激发学生更有兴趣继续学习。教师表扬学生时一定要真诚，让学生相信教师的表扬是出于真心的。

---

① 费玲娜. 英语教学"课堂导入"的原则和方法［J］. 课程教育研究，2015（30）：10.

教学实践证明，学习兴趣是最好的老师，在教学中激发学生的学习兴趣，将会对教学产生巨大的推动力，从而取得好的教学效果。作为一名教师，一定要不断学习、积累、反思、创新，将自己的课堂变成激发学生学习兴趣的催化剂。

（三）教学要坚持精讲多练，突出实践

在大学英语课堂上，要真正实现"以学生为中心"就必须精讲多练。传统英语教学的通病是教师讲得太多，学生很少有实践的机会。尽管教师在课堂上讲得详细、卖力，但学生由于实践机会少，还是记不住，掌握不了，更不会运用。语言的使用是一种习惯，学语言必须不断重复。要让重复成为习惯，习惯成自然。这说明，语言只有通过多练才能很好地掌握。精讲是为了指导实践，讲授的范围、深度、方法和时机要由语言实践和教学来决定。低年级可以直接通过反复练习达到熟练掌握的程度，不需要详细讲授语言知识和语法规则，随着语言项目的增多和语言现象的复杂，教师可以从一些语言材料中总结和归纳出必要的语法规则，让学生能够理解与掌握，即使这样，还是要坚持精讲多练。讲解了要训练的重点知识后，要把时间交给学生，让他们在不断训练中掌握语言。在日常交往中可以创造更多的语境让学生将所学习的语言知识加以运用，并在实践中掌握这些语言。

（四）教学要坚持把英语作为交际工具来教、学、用

语言是一种交际工具。语言的本质特征决定了英语教学的目的就是培养学生使用这种交际工具的能力。要培养学生这种能力，主要依赖于语言实践，也就是说，使用交际工具的能力要在使用当中培养。检验这种能力是否已经具备同样要在使用中进行。英语教学要最终实现这一目标，就要把教和用统一起来，即所有英语教学活动都要和使用英语进行交际紧密结合起来，力争做到英语课堂教学交际化。这就要求教师在英语教学中不能只把英语当作知识来传授，而要把英语当作交际工具来教，也要求学生把英语当作交际工具来学，还要求教师和学生在课堂内外把英语当作交际工具来使用。同时，教师要紧密结合教学内容创设相应的情境，使教学过程交际化。创设种种情境开展丰富多彩的课堂交际活动，可便于学生边学边练，学用结合，使所学的语言知识能够在运用中得到巩固和提高。教学中，教师也可以设计一些游戏，让学生在娱乐中掌握所学内容；教师还可以让学生表演所学对话或课文，并根据学生的语言水平、想象力、表演能力以及性格来分配角色，使学生既在轻松活泼的气氛中掌握了所学内容，又进行了交际训练。在开展课堂教学活动时，教师应坚持"以学生为中心"这一原则，在课堂上为学生创造成功的机会，让他们体会到成就感，增强自信心，为此，教师对学生在交际中的出错要有一定的容忍度。如果教师对学生逢错必纠，会打击学生的积极性，让学生失去自信，进而失去交际欲望，教学就难以达到预期的目标。

（五）树立"互联网＋"时代新学习理念

手机是一把双刃剑，运用得当能够为学生提供大量的优质资源，使学生可以随时随地学习，学习方式灵活多样。但是如果学生沉迷于手机游戏或者社交软件，手机就是阻碍学习的弊器。作为身处信息化时代的教师，首先自己不能被手机"绑架"，应该积极挖掘手机的优势，将手机作为提升自己职业素养、拓宽视野的有力工具；同时，将学习到的知识运用到课堂教学中，给学生推介英语学习的优质课程资源，如微课、微视频、微录音等，在课堂教学中与学生共同分享学习体会和交流学习经验，运用新型课堂教学模式，逐步引导学生恰当有效地利用手机，让手机成为促进师生共同成长、进行教学改革的良好工具。

三、结语

概言之，大学英语教学改革是一个复杂的系统工程，除了上述课堂教学改革方面，我们还应从大学英语考试制度、教学体制、语言环境建设等方面进行有针对性的深入探讨，按照人才培养方案的总目标，将大学英语教学各个环节的改革进行整合，强化改革的系统性，从而达到大学英语教学整体优化的目的。

核心素养背景下高中化学小组合作
学习的研究与实践

黄敏文①

《普通高中化学课程标准（2017 年版）》提出"全面发展学生化学学科核心素养"的课程目标体系，核心素养内容见图 1，核心素养与三维目标相比较，内涵更加具体明确。② 1999 年，中共中央、国务院在《关于深化教育改革全面推进素质教育的决定》中指出要全面推进素质教育，2014 年中华人民共和国教育部颁布的《关于全面深化课程改革　落实立德树人根本任务的意见》表示要将核心素养和深化课程改革联系起来，现代教育不断地探索培养学生全面发展的教学方式，随着教育改革的推进，合作学习在众多教学策略中脱颖而出，成为备受教师青睐的教学方式。有文章指出，目前我国大部分教师对合作学习过于看重形式，合作内容和合作时机把握不当，导致合作学习没有真正达到效果，学生对合作学习也缺乏好感。③ 如何将小组合作学习运用到化学教学中，如何通过小组合作学习培养学生的化学学科核心素养，需要教师的不断研究与探索。

图 1　化学学科核心素养

①　黄敏文，广东梅县人，嘉应学院化学与环境学院教授，主要从事化学课程教学工作。

②　中华人民共和国教育部. 普通高中化学课程标准（2017 年版）［S］. 北京：人民教育出版社，2018.

③　胡红杏，王子君. 核心素养理念下的课程目标嬗变研究［J］. 当代教育与文化，2018，10（3）：56 - 63.

一、高中化学小组合作学习的研究

（一）小组合作学习的原则

1. "组间同质，组内异质"的分组原则

"组间同质"是指每个学习小组综合能力相似，小组间形成良好的竞争关系；"组内异质"是指根据学生性别、成绩、认知能力等条件的不同而组成小组，这样的分组有助于学生相互促进。合作学习研究专家卡甘根据积极互赖、个人责任、公平参与、同时互动（简称 PIES）这四个基本原则发明了卡甘结构，他认为 4 人的合作学习小组是黄金小组。结合我国的具体情况，一个小组的成员 4～6 名为宜，过多过少都不利于小组合作学习的开展，也不便于教师对各小组的管理。①

2. "因生而宜，力所能及"的分工原则

在进行小组合作学习时，为了使学生积极参与，确保小组合作的有效性，就要给每个学生分工。学生明确自己的职责所在，能够充分发挥自己的能力，与小组其他成员共同努力完成小组任务，促进小组合作学习的顺利进行。小组分工可以由教师指派，谁是发言人，谁是记录员，谁是组长，等等，也可以由小组成员自由安排。小组成员的角色实施定期轮换，能充分调动学生的积极性，促进全员参与，提高学生对合作学习的兴趣。

3. 选择恰当的合作内容

选择合适的内容是课堂小组合作学习的一个重要步骤，并不是所有的化学内容都适合小组合作学习，有些知识和技能是要通过自己领悟才能学会的，例如基础概念、化学公式计算等。在开展课堂合作学习前，教师应仔细研究教学内容和学生的学习水平，选择的内容是要通过小组合作学习才能实现教学目标的，例如化学实验、化学反应规律、化合物系列知识等。合作内容还应该具有开放性、趣味性和挑战性，在此基础上，才能提高合作学习的有效性，让学生真正受益。

（二）小组合作学习的作用

1. 激发学生学习化学的兴趣

《基础教育课程改革纲要》指出，要改变课程实施过于强调接受学习的现状，培养学生主动获取新知识、分析和解决问题以及交流合作的能

---

① 孙立新. 小组合作学习指导策略［M］. 北京：世界知识出版社，2017：18－19.

力。① 传统教学主要以理论教学为主，教学形式单一，缺乏对学生实践能力的培养，课堂氛围沉闷，导致大部分学生"死读书"，欠缺主动性和创造性。课堂是课程改革的主要途径，小组合作学习打破了传统课堂以教为主的教学方式，教师通过设计教学任务，在化学实验教学、化学课堂、化学课外学习等过程中进行小组合作学习，课堂氛围活跃，学生对学习化学的兴趣也大大提升，极少出现学生在课堂睡觉、开小差等现象。

2. 有利于化学实验的开展

化学是一门以实验为基础的自然科学，化学实验在化学学习中不可或缺，学生对化学最感兴趣的也是化学实验。崔霞认为，开齐、开全、开好学生分组实验能够提高学生的学习兴趣和增强学生探究能力，是培养学生化学学科核心素养的重要途径，为学生发展核心素养提供了平台。由于学校条件不足或者有些实验一人无法完成，所以化学实验常常采用小组合作的形式进行，既弥补了条件的不足，又让学生体验到做实验的乐趣，促进了实验课的顺利开展，更好地完成了教学目标。

3. 培养学生的合作探究能力

课程的目标不是培养学生对知识的理解，而是让学生学会主动探索知识的过程。从古到今，化学家经历无数次探索尝试，才有了我们所学习的化学内容，未来化学的发展仍需不断探究才能取得更大成就。科学思维也是我国发展学生核心素养的重要内容，在化学课堂中开展小组合作学习，为了完成小组目标，组内成员会齐心协力，相互配合、交流、团结一致，在实现小组目标的同时也实现了个人目标，形成一种积极的相互依赖关系，从而开拓学生科学思维，提高合作意识和合作探究能力，培养合作探究精神，促进学生核心素养的发展。

二、核心素养下高中化学小组合作的实践

（一）前期准备

梅县丙村中学高一（1）班共有 45 名学生，结合"组间同质，组内异质"的分组原则将学生分成 9 个小组，每个小组有 5 名成员，包括 1 名优等生、2 名中等生、2 名后进生，且每个小组至少 2 名女生。在合作过程中，如有特殊情况再进行调整。分好组后，通过主题班会组织学生选组长、取组名、想口号、制定组规，自主安排好每个成员担任的角色，定期进行小组角色轮换，加强学生在小组中的归属感与责任感，为后续

---

① 吴星. 走进高中新课改——化学教师必读 [M]. 南京：南京师范大学出版社，2005：20，179－180.

小组合作顺利进行打下坚实的基础。

（二）"科学探究与创新意识"素养的培养

科学的最高目标是要不断发现新的东西。在化学学习中，实验是培养学生创新意识的一种重要途径，目前我国学生受应试教育的影响，缺乏创新意识，所以在中学化学教学中必须高度重视学生创新意识和能力的培养，学生科学探究能力和创新意识的提高才指日可待，表1是梅县丙村中学高一（1）班开展小组合作学习的其中一个课例。

表1　制备氢氧化亚铁的实验改进

教师活动	学生活动
第一环节：激发学生已有的有关铁元素的知识，通过化合价写出化合物，让学生掌握物质的分类和组成。	
【复习巩固】复习铁的氧化物及其性质：这节课我们来学习铁的氢氧化物，我们知道铁有 +2、+3 价，请同学们根据化合价写出铁的氢氧化物。 【过渡】实验室没有提供 $Fe(OH)_3$ 溶液和 $Fe(OH)_2$ 溶液，能不能根据现有的药品配制呢？请同学们阅读课本第60页。	书写出铁的氢氧化物：$Fe(OH)_3$ 和 $Fe(OH)_2$。
第二环节：学生进行分组实验，培养学生实验操作、观察现象、分析实验结果的能力	
【分组实验】请各小组完成实验3～6，在2支试管里分别加入少量 $FeCl_3$ 和 $FeSO_4$ 溶液，然后滴入 NaOH 溶液，观察并描述发生的现象。 【教师巡视】观察各小组实验的进行情况，监督各小组顺利合作完成实验。	小组进行实验，并记录实验现象。 【学生回答】向 $FeCl_3$ 溶液中加入 NaOH 溶液立马生成红褐色沉淀；向 $FeCl_2$ 溶液中加入 NaOH 溶液生成灰绿色沉淀，慢慢变成红褐色沉淀。
第三环节：引导学生思考，提高学生对化学的兴趣，培养学生"科学探究与创新意识"的学科素养。	

（续上表）

教师活动	学生活动
【引导】$Fe(OH)_2$是白色沉淀，为什么同学们在实验过程中没有看到白色沉淀呢？ 【分析】同学们回答得很好。在实验过程中应该尽量避免带入氧气，刚刚你们在做实验的时候是不是忽略了这个问题？所以我们在做实验时不能照常规的方法滴入，而应将滴管插入液面以下再挤出 NaOH 溶液。 教师演示一下正确的操作，请同学们仔细观察现象。	【学生回答】因为 $Fe(OH)_2$ 很容易被氧化，所以观察不到白色沉淀。 【学生质疑】老师，白色沉淀还是不太明显，很快就变成灰绿色了。
【进一步提问】采用将滴管直接插入液面以下这个方法，现象还是不明显，那么还有什么方法可以隔绝氧气呢？其实除了空气中有氧气，溶液中也有溶解氧，能不能从这个角度来解决实验中的问题呢？请各小组进行讨论，时间 3 分钟。	【学生讨论】其中一个小组回答：我们组想到的方法是加铁粉；另一个小组回答：我们组想到的是通过煮沸 NaOH 溶液赶跑氧气……
【引导】同学们的想法都很不错，前面我们学习了金属钠这个活泼金属，为了防止钠被氧化，将钠保存在煤油或者石蜡油中，同理，咱们可以采用油封的原理来隔绝氧气。除了煮沸 NaOH 溶液，是不是可以用煮沸的水来配制所需溶液呢？接下来以三个小组为单位，三个小组中的每个小组选取一种方法进行实验，相互观察实验结果，验证哪种方法最好。	小组实验，每个小组自行选择实验方式。 【学生回答】通过验证，采用油封的原理进行制备氢氧化亚铁的实验，最易观察到白色沉淀现象。
第四环节：总结氢氧化亚铁的制备方法，布置课后作业，提升"科学探究与创新意识"的学科素养。	
【总结】结论：①用长胶头滴管吸取煮沸除氧的 NaOH 溶液，插入溶液下面，再挤出 NaOH 溶液。②用油封的原理将反应体系与空气隔绝。③用煮沸的水来配制溶液。	学生认真做笔记。

（续上表）

教师活动	学生活动

【课后作业】用下面两种方法可以制得白色的 $Fe(OH)_2$ 沉淀。

方法一：用不含 Fe^{3+} 的 $FeSO_4$ 溶液与不含 O_2 的 NaOH 溶液反应制备。

（1）用硫酸亚铁晶体配制上述 $FeSO_4$ 溶液时还需加入_____。

（2）除去蒸馏水中溶解的 O_2 常采用_____的方法。

（3）生成白色 $Fe(OH)_2$ 沉淀的操作是用长滴管吸取不含 O_2 的 NaOH 溶液，插入 $FeSO_4$ 溶液液面下，再挤出 NaOH 溶液。这样操作的理由是_____。

方法二：在如图装置中，用 NaOH 溶液、铁屑、稀 H_2SO_4 等试剂制备。

（1）在试管 I 里加入的试剂是_____。

（2）在试管 II 里加入的试剂是_____。

（3）为了制得白色 $Fe(OH)_2$ 沉淀，在试管 I 和 II 中加入试剂，打开止水夹，塞紧塞子后的实验步骤是_____。

（4）这样生成的 $Fe(OH)_2$ 沉淀能较长时间保持白色，其理由是_____。

在课堂中进行了分组实验，在巡视过程中若发现学生的实验操作有误，不应立刻指出问题让学生重新实验，而应引导学生发现问题，反思错误，通过小组讨论找到解决办法再进行实验。如果刚开始就告诉学生问题出在哪里，会让他们缺乏思考，对教师产生依赖，不利于独立自主探究合作能力的培养。应教会学生用科学的方式方法解决问题，这样学生既学到知识，又体会到学习化学的乐趣，从而实现对学生"科学探究与创新意识"这一素养的培养。

（三）评价

在一个月的合作实践里，进行了两次阶段性评价，评价方式见图2。在学生自评和互评过程中，引导学生充分表述自己的想法，如自身做的有哪些不足，该怎么做才能做得更好，或者自己有哪些进步，哪个成员表现好，等等。除此之外，还进行了小组间的评价，如哪个小组表现最好，哪个小组进步最大，其他小组有哪些方面值得借鉴……教师结合学生的自评、互评、其他各项综合能力，给予学生鼓励性的评价，贯彻"不求人人成功，但求人人进步"的思想，促进小组间形成良好的竞争关系，实现共同进步。

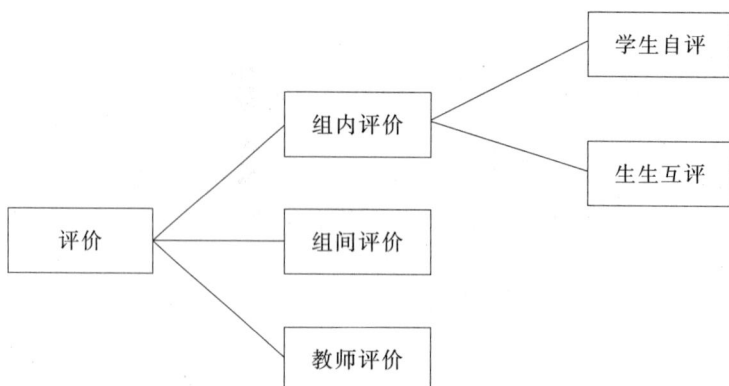

图 2 评价方式

三、结语

核心素养是适应学生终身发展和社会发展需要的正确价值观、必备品格和关键能力。化学学科核心素养是高中化学课程的主要方针，也是衡量高中化学教学效果的主要尺度，十八大报告提出把"立德树人"作为教育的根本任务，党的十九大要求贯彻落实"立德树人"，高中化学学科核心素养就是将"立德树人"落实到化学教学中的完美体现。

小组合作学习在实践过程中仍有部分问题出现，所以小组合作学习在我国的发展仍需要广大教师不断探索与研究，提升自身能力，在教学过程中敢于创新，以培养学生核心素养为宗旨，以学生的全面发展为目标，将化学学科核心素养和小组合作学习有机结合，给教学改革注入新鲜的血液。

高校公共体育课程课堂有效教学理论与实践探讨
——以嘉应学院排舞课程为例

肖伟君①

陕西师范大学教育学院课程与教学论首席专家陈晓端教授在《大学有效教师与有效教学：特征与行动》一文中认为：有效教学就是能够引发、维持并促进学生学习进步而使其获得良好发展的教学。关于大学有效教学行动表现或实践样态，陈教授总结为十个方面：教学设计合理；教学准备充分；教学目标明确；教学内容丰富；教学方式多样；教学语言清晰；师生互动显著；学生参与积极；讲究教学艺术；教学评价全面。②《教育部关于印发〈高等学校体育工作基本标准〉的通知》（教体艺〔2014〕4号）指出：体育课程设置与实施必须严格执行《全国普通高等学校体育课程教学指导纲要》，为一、二年级本科学生开设不少于144学时（专科生不少于108学时）的体育必修课，每周安排体育课不少于2学时，每学时不少于45分钟。深入推进课程改革，合理安排教学内容，开设不少于15门体育项目。采用创新教育教学方式，指导学生科学锻炼，增强体育教学的吸引力、特色性和实效性。建立体育教研、科研制度，形成高水平研究团队，多渠道开展以提高学生体质健康、教学质量、课余训练、体育文化水平等为目标的战略性、前瞻性、应用性项目研究，带动学校体育工作整体水平的提高。③地方性本科院校公体排舞课应做到课堂有效教学，以满足学生成长发展需要，为学生成长发展提供和创造条件。

一、引言

排舞起源于美国西部乡村民间社交舞，是一种国际性的体育健身运动。它以音乐为核心，通过风格各异的舞步组合循环来展示世界各国民

---

①　肖伟君，嘉应学院体育学院副教授，研究方向为学校体育教育与训练。
②　陈晓端. 大学有效教师与有效教学：特征与行动［DK］. 2019 – 07 – 14.
③　教育部. 教育部关于印发《高等学校体育工作基本标准》的通知（教体艺〔2014〕4号）.

间舞蹈的多元化魅力。排舞集国际性、统一性、唯一性三大特征于一体。每首曲目都有其独一无二的舞码，同一支曲目全世界跳法相同。排舞不受区域、年龄、性别的限制，受到全世界各行各业人民的喜爱，年轻排舞爱好者占据整个人群的大多数。嘉应学院公体排舞课程是新开课程，深受广大学生喜爱。① 应基于核心素养背景，结合时代变化和学生特点，使地方性本科院校排舞课程成为有效教学课程。

二、地方性本科院校公体课程有效教学实践样态

（一）确定明确教学目标，设计合理教学内容

1. 确定明确教学目标

20 世纪 90 年代以来，世界主要发达国家和地区都进行了基于核心素养的课程与教学改革。学生在接受相应学段的教育过程中，逐步形成适应个人终身发展和社会发展需要的必备品格与关键能力。地方性本科院校公体排舞课程的教学目标也是培养全面发展的人。通过教学使学生掌握排舞运动的基本理论、基本技术和基本技能，提高学生身体、心理素质，培养学生的音乐素养以及审美与创造美的意识与能力。通过排舞的学习，使学生掌握排舞锻炼的知识和技巧，能够进行自我锻炼，并在实践运用中养成终身爱好体育的良好习惯。通过排舞的学习，培养学生勇敢顽强、团结互助、遵纪守法等良好作风与品质，以适应 21 世纪培养德、智、体、美全面发展的，高素养、高素质的创造型人才的要求。

2. 设计合理教学内容

我们的排舞课程教学内容主要来源于国家体育总局体操运动管理中心全健排舞曲目和全国排舞广场舞推广中心推广曲目。2019 年是中华人民共和国成立 70 周年，体育事业作为和谐社会建设中必不可少的组成部分，我们高校的排舞教学内容也是有目的性地选择了《舞动中国》《我爱你中国》《我和我的祖国》等具有强烈爱国情怀的经典曲目，还有《来吧，冠军》《幸福排舞》《大家一起来运动》等激情澎湃、充满正能量的曲目，以及世界名曲《月下凝望》《奔放的旋律》等曲目。我们坚持以学生为中心的发展思想，让全体学生动起来，推动排舞运动的开展，使学生有更多的运动感、幸福感。

（二）设计有效教学课堂，教学方式多样，师生互动

如何打造排舞课程的"金课"呢？龙宝新教授认为：好课 = 好教

---

① 邓嘉. 健身排舞的多元特征及其推广价值 [J]. 成都体育学报，2011（3）.

师＋学生配合＝高参与度的课堂＝有得＋有趣＋有感的课堂。① 这个也正是我们排舞课程正在追求的"金课"。在教学方式上要多元化，教师和学生都可以是课堂的主导者，在课堂上采用自主、合作、探究的教学方法。比如准备活动的安排可以分小组让学生自主选择活动内容，目的是达到准备活动要求，这样既可以丰富教学内容，又可以提高学生的创造性、主动性；在基本部分的教学可以采用教师传授舞码，学生编排不同上肢动作或者通过编排队形来演绎曲目，可以集体教学也可以分小组编排，这样可以充分发挥学生的创造性和练习积极性。在练习过程中教师巡回指导，可以通过提示、交流、讨论等方式加强师生互动，使学生在体育课里不是单纯模仿，而是探究性地主动学习。在学习过程中学生互相探讨，团结合作，互相帮忙，在实践中不断提高自己的能力。在放松运动里，可以通过形体、瑜伽、集体舞、拉伸练习等内容丰富课堂教学内容，使每一堂体育课都成为有效教学课堂。

（三）在教学过程中讲究教学艺术

杨建华博士认为：要坚信任何学生一定有适合他成长发展的教育途径和方式，没有找到这些途径和方式并不能证明它们不存在，要坚信自己只要持之以恒、坚持不懈，最终一定能够找到这些途径和方法；教师应坚信高超的教育教学艺术是在教最难教的学生中获得的，高超的管理艺术是在管最难管的学生和事务中获得的。② 当代大学生素质参差不齐，特别是地方性院校，有些学生音乐和舞蹈基础薄弱，有些学生协调性和表现力较差，有些学生练习的积极性不高，有些学生不合群。面对不同教学对象的不同情况，教师在上课的时候要讲究上课的教学艺术，做一个高情商的教师，找到适合方法来解决不同问题，以确保学生在课堂上的有效教学。段海军教授认为：对学生积极心理品质的关注成为育人方式的必然趋势。要关注学生心理健康，就要讲究教学艺术。

（四）教学评价全面

有效课堂教学还需要改变评价方式，即改变传统体育课评价方法。比如800米素质测试，除了日常校园训练以外，还可以利用 App 软件让学生进行线下运动，养成自觉锻炼的习惯，慢慢地成绩也会提高。又如排舞考试，除了教师评价以外，可以采用各小组互评的方法，对每个小组的优缺点进行评价，也可以组内成员互相评价。学生对教师的评价除了通过教务系统进行，也可以通过微信、邮箱等方式进行，这样可以更

---

① 龙宝新. 高校教师如何上出一堂"金课"［DK］. 2019 - 07 - 14.
② 杨建华. 大学管理创新与实践探索［DK］. 2019 - 07 - 13.

科学客观地评价教学课堂。

三、结语

纽曼曾经说过：一个健康的、灵魂健全的人做什么事情都更容易成功。我们公体课程的教学目标除了培养身体健康的人，也要注重人格培养。一些大学生敢于挑战权威，进行多元化价值追求，个性较强，但是抗挫折能力不足，遇事容易焦虑，自我期待高，与能力不匹配，意志力薄弱，缺乏吃苦精神。我们高校公体课程要加强有效教学，通过体育课的教学培养学生的爱国情怀、积极乐观的态度，通过小组合作培养学生适应社会的能力，通过探究学习培养学生善于思考、勇于挑战的能力，通过素质练习培养学生吃苦耐劳、勇于拼搏的精神。总之，高校公体课程任重而道远。

"数学分析"课程混合式"金课"的探索与实践

叶运华①

一、"金课"建设的背景

2018 年 6 月 21 日，教育部部长陈宝生在新时代全国高等学校本科教育工作会议中表示，对大学生要合理"增负"，提升大学生的学业挑战度，合理增加大学本科课程难度、拓展课程深度、扩大课程的可选择性，激发学生的学习动力和专业志趣，真正把"水课"变成有深度、有难度、有挑战度的"金课"。② 2018 年 11 月 24 日至 25 日，在广州召开的第十一届"中国大学教学论坛"上，教育部高等教育司司长吴岩描述了评价"金课"的"两性一度"标准，即"高阶性""创新性""挑战度"。"高阶性"指的是通过知识、能力、素质的有机融合，培养学生解决复杂问题的综合能力和高级思维。"创新性"是指课程内容能反映前沿性和时代性，教学形式呈现先进性和互动性，学习结果具有探究性和个性化。"挑战度"是指课程有一定难度，学生需要"跳一跳"才能够得着，对教师备课和学生课下有较高要求。③ 随着移动网络和互联网技术的发展与普及，线上线下混合式教学逐渐被学生和教师接受并广泛传播开来，为混合式"金课"的开展提供了技术支持。当今的世界，新知识、新技术、新应用层出不穷，对于数学师范生来说，培养学生自主学习的能力和团队协作精神，让学生掌握适应新时代教育技术需要，尤为重要。有鉴于此，我们在设置数学师范生专业基础课"数学分析"的过程中，精选课程教学内容，开展基于移动互联网的混合式教学模式，进行线上线下混合式"金课"的探索与实践。

---

① 叶运华，广东梅州人，嘉应学院数学学院教授，主要研究几何领域中的完全非线性偏微分方程。

② 陈宝生. 坚持以本为本　推进四个回归　建设中国特色、世界水平的一流本科教育 [EB/OL]. [2018 - 11 - 12]. https：//fgc. zufe. edu. cn/info/1018/1766. htm.

③ 吴岩. 建设中国"金课" [EB/OL]. [2018 - 12 - 22]. http：//www. sohu. com/a/2800 49005_ 273375.

二、"数学分析"课程混合式教学的必要性

（1）"数学分析"是数学师范生最重要的一门专业基础课程，对提高数学师范生的专业知识起着极其重要的作用。"数学分析"课程可让学生系统掌握微积分这套高度抽象、体系完整、应用广泛的数学工具，为学生其他专业课学习和以后从事数学教学工作打下坚实的数学理论基础，培养学生严谨的逻辑思维能力，能利用所学数学知识分析和解决实际生活中碰到的问题，培养学生的创新思维能力。同时，对学生以后考取数学专业的硕士研究生，或者对学生毕业后从事数学教育和科技工作，都具有极其重要的作用。对数学师范生来说，学好"数学分析"课程，增强他们的数学学科知识和教学能力，对他们以后从事教育教学有直接的决定性影响。要教好中学数学中的函数、不等式、排列组合和平面解析几何等内容，就要求中学任课教师有很好的分析数学的功底，教师教好和学生学好"数学分析"课程就显得尤其重要。

（2）嘉应学院"数学分析"课程教学的现状。"数学分析"课程理论深刻、体系严密、内容广泛，但课时相对不足，采用传统的黑板板书和教学课件 PPT 教学难以提高学生的学习兴趣。嘉应学院是地处梅州山区的一所综合性地方本科高校，大部分学生在高中是通过题海训练考进来的，数学专业基础比较薄弱，诸如反三角函数、三角函数的和差化积、积化和差公式等高考不考的内容和知识点，在中学阶段大都没有用心去学，数学知识结构不够系统完备。学生数学基础知识的积累和中学以来的机械性思维习惯难以适应高度抽象的"数学分析"课程的学习。真正喜欢数学的学生只占很小的一部分。大部分学生不喜欢动脑动笔，有比较明显的畏难情绪，学习上缺乏主动性和钻研精神。因此，结合地方本科院校数学师范生的实际，我们有必要改变传统的"数学分析"课程教学方式，使学生对"数学分析"课程产生更大的兴趣，更充分发挥学生的学习积极性和主观能动性。

（3）2016 年 6 月以后入学的数学师范生都需要参加教师资格证的考试，其中数学教师资格证考试科目"学科知识和教学能力"有大量的"数学分析"专业知识的考核内容。通过研究近几年"学科知识和教学能力"考题，不难发现关于"数学分析"的考试试题中，函数连续性、导数与微分、极限这三部分的题目数量最多，这些内容是教师资格证考试考查"数学分析"学科专业知识方面的重点。关于级数和积分的题目也在考题中时有出现，这些内容都是数学师范生在学习"数学分析"时比较难接受的，也是比较抽象的内容，传统的教学方法难以提高学生的学

习兴趣和学习成绩。通过实践和研究发现，对于这些专业知识内容采取混合式教学比较合适，采用超星"学习通"、"雨课堂"、"UMU"等手机App的线上线下混合式教学，能达到比较好的教学效果。

三、在"数学分析"课程中开展基于移动互联网的混合式教学探索

（1）在"数学分析"课程中开展基于移动互联网混合式教学的基础分析，可得到关于参与线上线下混合式教学学生有效的学情分析。通过问卷星平台，可对授课学生进行网络在线调查并提供下载、评价等服务，同时为教师提供在线科学设计问卷、收集教学数据、数据结果评价等功能服务。利用问卷星在线设计问卷，分析学生对移动互联网技术混合教学模式的具体需求。问卷调查对象为修读所讲授的"数学分析"课程班级的学生，了解学生智能手机拥有情况、对移动互联网技术的掌握程度、是否愿意接受使用移动互联网技术软件开展混合教学模式等。现在在校的大学生绝大多数都是"95后"，2019级新生甚至已经是"00后"了，这些学生对各种事物都充满好奇心，乐意接受新鲜事物，一般不会排斥基于移动学习的混合式教学新方式。

（2）精心构建"数学分析"课程的知识体系结构，分析各个知识点，找出适合开展基于移动互联网混合式教学的知识点内容，然后开始在"数学分析"教学课堂上针对这些知识点开展混合式教学实践。在实践过程中，要记录每节课的具体实施情况，思考不足之处以及改进方向。

（3）"数学分析"课程"移动学习平台"建设。目前已有不少基于移动互联网的免费教学App软件，比如超星"学习通"、"UMU"、"雨课堂"等。选择一个适合"数学分析"课程混合式教学实践的App软件作为"移动学习平台"，建设好线上课程教学和学习资源。手机App软件的线上课堂还要具有签到管理、答题、讨论、信息传送等功能，以实现师生之间的互动。线上课程教学和学习资源包括多媒体课件、电子教案、国内外名师的慕课资源、教师个人原创的教学微课视频、相关知识链接等多种形式。教学微课是以多媒体平台为载体，以视频、音频、图像、动画等形式记录教师围绕某一知识点展开实际操作的教与学的整个过程，学生可以通过观看丰富的教学视频现场实践练习。以教学微课数据包形成资源库，通过特定的网络平台显示方式，形成教与学的教学资源库群。

（4）加强授课教师的现代教育技术教学的培训，全面提升教师的信息化教学能力。

以"应用"为导向，积极学习研究移动互联网下的教学业务知识，立足教育创新发展，全方位提高信息化教育服务质量。至少掌握一种如

何利用手机 App 小程序组织互动教学的方法：运用手机 App 进行"数学分析"课程的课堂教学；组织师生互动交流、作业布置反馈、课后在线学习等，从而提高教学活动质量。掌握手机（平板）投屏方法，丰富课堂教学活动。通过手机投屏展示多媒体课件、演示 App 软件、展示学生活动、展示学生解题过程和结果，使课堂教学内容丰富直观。利用二维码变革教学信息传播方式。把网上海量的学习资源传送给学生，学生只要扫描需要的学习资源包对应的二维码即可获得相应学习内容。软件使用对师生来说并不困难，关键是要学习如何合理化、最优化地开展混合式教学，变以教师为主导的传统课堂教学为以学生为本的混合式教学。

（5）设计好基于移动互联网的混合式学习活动。基于移动网络的混合式学习活动设计将分"课前学生预习、课堂设计、课后实践练习、学生作业评价"四个步骤展开。①课前学生预习：教师充分利用移动互联教学 App 的优势，进行线上课堂管理，关注学生的特点，了解学生的需求；利用线上课堂，教师创建教学任务目标，通过把课堂中相关的教学内容、任务模块等学习资料以图文形式群发给学生，引导学生提前预习和准备课堂内容。②课堂设计：在课堂教学中，教师采用项目驱动教学方法，让学生首先对教学任务进行交流并分享课程预习情况。其次，教学过程主要采用任务驱动、教师讲授、教学课件展示、学生分组讨论等多种形式展开，同时鼓励学生以多种形式参与到教学设计中来，学生经过一系列教学过程，知识不断消化，技能得到不断提高。③课后实践练习：为提高课堂教学质量，巩固所学知识，教师通过移动互联网平台，把教学内容以图文、音频、视频等多媒体形式群发给学生，学生能够在课后通过手机智能终端不断复习和自学，加深对数学知识点的理解力。学生在课后碰到不能解决的问题，可以通过微信语音、微博留言等多种方式向教师咨询，教师也可以相应地给予及时的解答。④学生作业评价：教师通过对学生作业结果的评价，一是可以及时让学生明确自己对知识的掌握情况，巩固所学知识；二是通过评价达到激励学生学习动机的目的。

（6）为适应新时代教学对数学师范生能力的要求，可通过开展线上线下混合式教学，全面提高学生的数学核心素养。数学核心素养是一个有机的整体，对于高中阶段的学生来说，数学核心素养包括数学抽象、逻辑推理、数学建模、直观想象、数学运算和数据分析六个方面，在"数学分析"专业基础课程的教学中，可开展线上线下的混合式教学。通过校本教研、学习讨论、教学实验、展示交流等途径，"数学分析"授课教师要深刻认识数学学科核心素养的育人价值，把握数学学科核心素养与知识技能之间的关联，理解数学学科核心素养的内涵和水平划分，将数学学科核心素养的落实变成自己的自觉行动。要通过创设合适的学习任务、学习情境、学习活动等，把学生数学学科核心素养的养成渗透到日常课堂教学中，把知识技能的评价与数学学科核心素养达成状况的评价有机融合，完成课程标准中提出的学业质量的要求，落实立德树人根本任务。[①] 在教学中要加强学生的数学活动和数学实验教学，让学生体验数学定理的发现过程、数学概念和技巧的形成过程以及数学建模和数学运算能力的提高过程。比如，利用混合式教学让学生探索镭的衰变，第一、第二宇宙速度的建模与求解，报童卖报的最大收益问题，这些都有助于提高学生数学建模的核心素养能力。在平时的授课过程中，可制作微课视频，教会学生利用 Matlab 进行微分和积分的计算，绘制各类二次曲面、求解曲面积分等。通过视频动画的直观和学生的自主探索，最大限度提高学生的直观想象能力和数学运算能力。比如，我们在求重积分、曲线积分和曲面积分时，经常要想象曲面的情况，用语言叙述难以解释清楚，学生也难以想象，积分区域和几何图像在黑板上也不容易画出，而曲面内容又在空间解析几何中需要学习，因此可以利用手机 App 软件，先给微课视频让学生线下复习二次曲面等几何知识，再利用课堂上的宝贵时间组织学生讨论。比如在讲授曲面积分的几何应用时，为帮助学生计算空间曲面的面积和空间曲线的周长，可以用 Matlab 辅助教学，直观呈现空间图形。例如，我们要求椭圆抛物面 $z = x^2 + y^2$ 被平面 $x + y + z = 1$ 所截的椭圆的面积和周长。在课堂上演示如何绘制交线（如图 1 所示），让学生形成椭圆交线的直观想象后再来开始计算面积和周长，学生比较容易接受，理解程度和解题水平也会相应提高，能大大提高学生直观想象的核心素养，取得较好的教学效果。

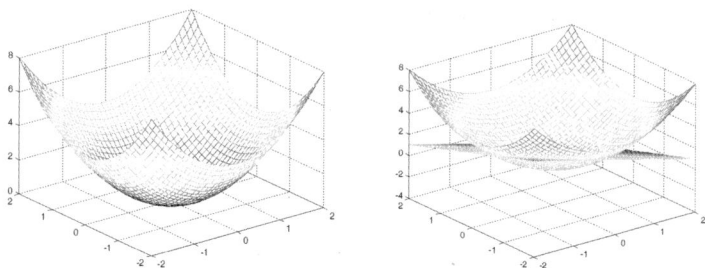

图 1　椭圆抛物面被平面所截的交线

① 罗增儒. 核心素养与课堂研修［J］. 中学数学教学参考，2017（8）：14－20.

（7）利用量化评价方法进行教学评价设计。教学评价设计要充分发挥对教学过程的监管和控制作用。"数学分析"课程授课教师可以一个月或一段时间统计手机软件教学平台后台反馈的数据，分析学生对"数学分析"课程知识的掌握情况，了解学生对所学数学分析知识的掌握程度和兴趣点，以及经常出现的问题，及时完善教学内容和教学方式，从而更好地满足学生的学习要求，提升学生的学习效果。对所教学生的教学评价包括两个部分，既注重网络在线学习评价，也考虑包括课堂表现在内的教学评价。从评价比重分配，网络在线学习评价可以占到整个课程评价的50%，主要是学生网络平台的考勤情况、学习态度，以及推送给学生的教学任务的完成效果。在线学习活动表现评价，包括在移动学习平台上进行的关键内容查询、消息提问、课堂上的抢答和回答情况、课堂上对平台知识的回顾等，以加权形式计入最终成绩，促进混合式教学的有效开展。另外，线下课堂学习考核评价亦要占课程总成绩的较大比例。

四、结语

与传统教学模式相比，利用超星"学习通"、"UMU"、"雨课堂"等手机软件开展基于移动互联网的线上线下混合式教学模式，打造混合式教学的"金课"，有很多的优势。对"数学分析"课程部分内容采取混合式教学，提高了学生的数学建模、直观想象和计算能力等数学核心素养，起到了很好的教学效果，为学生之后从事数学教师的职业生涯奠定了良好的基础。但其构建和实施并不是一件容易的事情，需要任课教师不断探索，不断实践，找到线上网络学习和线下课堂混合式教学的最佳结合点，充分发挥二者的优势，以达到知识传授、内化和应用的目的。

欲览太白明月，须访三秦名家

张恩德[①]

　　高师院校是教师教育的摇篮，它不仅肩负职前教师教育的重任，还承担地方职后教师专业发展的职责。在追求优质与卓越的教师教育语境下，高师院校不仅努力提升自身的教师教育理论研究水平，还努力打通相互疏离的职前职后教师的藩篱，在实现 U－S 多向融合中提升自身的实践水平与教师教育的领导力。嘉应学院作为以教师教育为主的地方百年老校，一直致力梅州基础教育的振兴与乡村教师教育的发展。近几年来，嘉应学院依托各类项目扎根于梅州基础教育与乡村教育，与中小学教师建立了鱼水关系，基本实现了职前教育与职后教育互惠互利的良性循环的大好局面。

　　嘉应学院学科教学论教师作为备受关注与重视的教师教育专业队伍，多次参加了香港、北京等地的培训，接受了各地名家的精神馈赠与智慧砥砺，其教师教育理论水平与实践能力得到大幅提升，也受到梅州市中小学教师的学术尊重。本次培训几经更改，多次商议，最终决定在陕西师范大学举行，也最终得以与合作学校领导老师共同学习。这既反映了嘉应学院校领导对陕西师范大学的深深景仰，对学科教学论教师的高度重视，也反映了对 U－S 合作的高度认同，顺应了教师教育的时代潮流。

　　本次培训时间虽然只有短短几天，但培训组织严谨合理，培训过程严肃活泼，笔者深感收获颇丰，现将研修反思汇报如下。

一、学术视野开阔，学术研究深邃

　　学术研究讲究厚积薄发，其形同冰山，成果如显露之荷冰，其学术积蓄势若水下之冰山。七位专家学术视野开阔，广泛涉猎于教育学、社会学、心理学、伦理学、教育哲学、教育技术学、美学等，其研究文献功力深厚，横贯古今中外，不仅将教育学史作为教育学术研究的论据，还将其作为研究的内容对象，使教育学史的方法与精神价值均得以人性的张扬。龙宝新博士作为三秦青年学者的杰出代表，共发表学术论文 250

---

　　①　张恩德，湖北黄石人，嘉应学院物理与光信息科技学院教授、副院长，教育学博士。

余篇，其研究广涉教育哲学、社会学、教师教育、教学论等，基于其本人的成长经历，他的研究接中国基础教育之地气，理论阐述气势磅礴。杨建华老师的研究横跨管理学与教育学，勾连高等教育与基础教育，其理论的可迁移性特别强。袁利平老师的课堂教学设计将传统的问题教学与当前的核心素养热点进行多向勾连，对传统的教学设计进行了现代改造，反映了其教学设计的宽阔视野与融通能力。陈晓端老师作为陕西师范大学的教育学大师，其研究具有非常扎实的史学功力，其提出的有效教学深深扎根于千百年的中华文化之根基，其研究由教育基本理论向高等教育生长、向教育实践领域生长。段海军博士的研究成果多见于国外SSCI 期刊，他基于扎实的心理学实证研究，寓教育研究于教学实践之中。冯加渔博士作为华东师范大学优秀博士代表，其研究文献功夫扎实，对古今中外的教育学史涉猎颇深。朱晟利博士的研究扎根于教学实践，因而研究多为有感而发，有感而论，敢于对人们笃信的教育假设进行理论思辨。

学术研究的深邃一方面得益于宽阔的研究视野，另一方面得益于学者们精心的学术构思、精妙的专业表达及学术敏感性。笔者阅读了各位名家的佳作，如龙宝新博士的《论自我调适型教师专业成长观》，其独特观点有："自我调适型专业发展观是第三种专业成长观，其实质是教育实践主体与教师主体间发生的一次相依相生、磨合互构、回环式互动的过程……（该教学观的）三个基本环节是：教育情境、实践环流和实践性理论……教师自构的实践性教育理论的出发点是置身于教育系统之内，遵循的是一种自下而上的理论生成路线，它更注重从教育实践自身发展需要视角来解释教育现象、形成行动策略，其与教育实践之间始终保持着内在互构关系，是教师高度认同、身体力行的一种理论形态。"① 又如龙宝新博士的《美国教师能力研究的主要维度与现实走向》中的观点有："美国教师能力研究的四个关键维度是：教师知识、文化要求、政治考虑与教学专长，每个维度都贯穿着'关注多样性'的基本精神。"② 《幸福：从概念到意蕴——兼论朝向幸福的教育之能为与难为》的观点有："从形式维来看，幸福就是一种知识、一种能力、一种体验……感知幸福的意

① 龙宝新. 论自我调适型教师专业成长观 [J]. 湖南师范大学教育科学学报，2013（6）：75 – 82.

② 龙宝新. 美国教师能力研究的主要维度与现实走向 [J]. 全球教育展望，2015（5）：85 – 96.

蕴与产生朝向幸福的行动是相辅相成的。"①《走向核心知识教学：高效课堂教学的时代意蕴》的观点有："每一'核心知识组块'都是沿着知识的主导功能——学习者发展这一主线串联起来的，其大致构成是：内核是核心知识，外围是调节性知识，夹层是背景性知识。"②

陈晓端老师对于有效教学进行了长期深入而卓有成效的研究，其《教师专业学习共同体的实践基模及其本土化培育》的观点有："新加入"的"新"不是指"身份"的新，而是指其所承载的"学习型课程"之新、"观点"之新；制度、任务、秩序都是暂时的、流变的，对专业学习共同体而言，最具象征性、本体性、稳定性的是共同体文化；秩序是专业学习共同体健康发展的基本要求，尤其是那些自然的、隐性的合作契约与互动方式。③《教学论对教学实践指导的困境、意义、方式和限度》的观点有："教学论是从反思和批判的角度对现实教学进行本质探寻和规律揭示，并以科学的逻辑体系、共性的原理和'善'的诉求来表征历史发展的教学应然图景。其对教学实践指导的方式为非线性指导、理想性引导与批判性反思，对教学实践指导的意义所呈现的普遍性原理是有限度的。"④

总之，陕西师范大学名家学术研究立意甚高，学术观点敏锐深刻，他们在教学论方面独树一帜，在全国均有较大的学术影响力，在有效教学、高端教学方面更是执学术之牛耳。

二、授业用心用情，求学求真求实

七位培训专家或近过花甲，或正当壮年，他们每人均以学者姿态、严谨的治学精神传道授业。如杨建华先生、陈晓端先生已花甲之年，连续站立讲授长达 2 小时之久，均将自己个人的学术精华与最新研究成果进行无私分享，其课间与学员交流言诚意切，坦然如故。龙宝新博士向我们分享了他坎坷的经历，他与笔者有太多共同的境遇，激起笔者诸多共鸣。龙博士的学术报告融入了他的人生、教学、科研心得，涵盖了许多充满正能量的关键词，如机会、价值、主动挑战、坚持、改变、穿越

①　龙宝新. 幸福：从概念到意蕴——兼论朝向幸福的教育之能为与难为［J］. 湖南师范大学教育科学学报，2008（1）：13－19.

②　龙宝新. 走向核心知识教学：高效课堂教学的时代意蕴［J］. 全球教育展望，2012（3）：19－25.

③　陈晓端，龙宝新. 教师专业学习共同体的实践基模及其本土化培育［J］. 课程·教材·教法，2012（1）：106－114.

④　陈晓端，毛红芳. 教学论对教学实践指导的困境、意义、方式和限度［J］. 教育研究，2016（5）：84－91.

等。正是得益于上述优秀品质与孜孜追求，龙博士才有"会当凌绝顶，一览众山小"的学术豪情，才有"闲庭信步，豪情万丈"的教学定力。在讲述"金课"的范型时，龙博士理论结合实例，生动展示了他对教育新思想的大力推崇与践行，以及对我国基础教育理论与实践的强大引领力与召唤力。他是一个勇于跟教学较真、跟学术较真、跟自己较真的人，他也在不断较真中如凤凰般涅槃。他认为优秀学科教学论教师应有"锐气、丰富的阅读量和一线教师体验"的观点引发了学员们的共鸣。

培训期间，学员们认真学习，积极思考，与培训专家之间进行了积极的学术交流，分享了诸多学术观点，对当前基础教育、核心素养、"金课"、教师教育、乡村教育进行了积极的探索，极大地激发了学员对教育与教学的想象力。学员之间不仅增强了了解，还分享了高校与中小学的相互诉求，达成了许多教育共识与理解。参加此次培训的中小学教师怀着对嘉应学院感恩的心情，感叹此次培训意义重大且机会来之不易。特别是梅县外国语学校廖雅翠校长更是激情满满，表示此次培训起到了较好的教学引领与激励作用。

三、践行融理通智，结缘合作共赢

通过此次培训，笔者感受最深切的是陕西师范大学在师范生培养、本科生教学投入方面确实下了大功夫，他们不是书斋式教育理论工作者，而是将教育理论真正与实践相融合，将教育研究的场域置于广大中小学之中。他们与中小学教师的合作方式、合作内容对我们未来的教师教育具有极强的引领作用，其操作性强、相对成熟与相对理性，有助于消除高校与中小学的诸多顾虑。

此次培训既加深了嘉应学院教师与陕西师范大学培训专家的理解与认识，也有助于彼此建立良好的学术合作关系与校际项目合作关系；同时，加强了嘉应学院学科教学论教师与梅州市合作学校的相互理解与认识，既有助于将来师范生实习见习工作的开展，也有助于学科教学论教师专业研究的深入拓展。

总之，本次培训达成了既定的目的，并为今后融通梅州市职前职后教师教育奠定了良好的基础，也有助于学科教学论教师化思为行，转识成智，积善成德，极大地促进了U-S的求真务实、合作共赢。

基于"实践创新"核心素养发展的高校自然地理综合实习课程改革初探

张丽娜①

2016 年 9 月 13 日，中国学生发展核心素养总体框架发布，结果显示：中国学生发展核心素养以培养"全面发展的人"为核心，分为文化基础、自主发展、社会参与三个方面，综合表现为人文底蕴、科学精神、学会学习、健康生活、责任担当、实践创新六大素养，具体细化为国家认同等 18 个基本要点。② 所谓的"中国学生发展核心素养"指的是，各阶段学生应具备的，能够适应终身发展和社会发展需要的必备品格和关键能力。③ 这里的"各阶段"既包括小学、初中、高中、大学等不同教育阶段，也包括人生的其他阶段。而不同阶段核心素养的敏感性和培养效果存在一定差异。换言之，某些核心素养在特定阶段可能更容易取得良好的发展效果。④ 然而，当前"核心素养"多见诸中小学教育的研究报道，而新时代本专科及以上高等教育则尚鲜见涉及。

党的十八大以来，习近平总书记高度重视创新发展，在北京大学考察时、在第十四次院士大会上、在同北京师范大学师生代表座谈时、在中国共产党第十九次全国代表大会上、在陕西考察调研时曾反复强调"创新""实践创新"。⑤ 习总书记指出"创新是第一动力，人才是第一资源"，他"希望广大青年珍惜大好学习时光，求真学问，练真本领……注重在实践中学真知、悟真谛，加强磨炼、增长本领"。的确，实践创造价值，创新引领未来。实践创新对于社会和时代进步，对于人的全面发展，

---

① 张丽娜，山东海阳人，嘉应学院地理科学与旅游学院教师，主要研究方向为学科教学（地理）、碎屑矿物与全球环境演变。

② 赵婀娜，赵婷玉.《中国学生发展核心素养》发布［EB/OL］.［2016 - 09 - 14］. http：//edu. peo - ple. com. cn/n1/2016/0914/c1053 - 2874231. html.

③ 林崇德. 学生发展核心素养：面向未来应该培养怎样的人？［J］. 中国教育学刊，2016（6）：1 - 2.

④ 周梅香. 高师学前教育专业学生核心素养发展探析——基于中国学生发展核心素养视域［J］. 高教论坛，2017（2）：90 - 95.

⑤ 张红. 习近平新时代青年教育思想的特征［J］. 社会科学家，2018（8）：151 - 155.

特别是新时代高校本专科及以上学生的成长与成才，具有举足轻重的作用。

培养具有创新能力和实践能力的高素质应用型或研究型专业人才，是高等教育的培养目标之一，是国家和社会对创新型人才培养的具体要求，也是新时代高校教育改革发展的重要方向。如今，随着新时代全国高等学校本科教育工作会议的召开①，在高校"双一流"建设战略、高校"双万计划"成功启动的背景下，基于"实践创新"核心素养发展的应用型人才培养和高校专业课程改革的呼声愈见高涨。作为高校地理科学（师范）专业核心课程的"自然地理综合实习"，也不例外。

然而，研究发现目前适用于国内外高校的自然地理综合实习模式，无论是最受重视和推崇的基地模式②，还是各部门自然地理实习课程分阶段轮流进行自然地理实习模式，基本均采取教师讲—学生听—教师做—学生看的方式进行③，而这十分不利于对学生发现问题、分析问题、思考问题及解决问题的实践能力和创新能力的训练和培养④。另有研究表明，当前大部分高校在自然地理综合实习教学过程中，有关学生的研究意识和创新意识教育也存在诸多问题⑤，例如：几乎所有高校仍仅坚持和奉行实习动员大会为野外实习教育第一站，而忽视新生入学教育和日常专业课程教学过程中有关野外实习教育的渗透融合，这往往会导致学生认为野外自然地理实习"与专业无关、与我无关、于我无用"，因而在野外实习过程中严重缺乏学习动力和兴趣，并且懒于观察、懒于思考、懒于分

①　陈宝生. 在新时代全国高等学校本科教育工作会议上的讲话［J］. 中国高等教育，2018（Z3）：4 – 10.

②　孙贤斌，张广胜，谭绿贵. 基于能力培养的自然地理野外实习教学改革研究［J］. 中国地质教育，2015（1）：126 – 128.

③　王新民，刘强，张凯. 地方高校自然地理野外实习教学探索——以天水师范学院地理科学专业为例［J］. 科教文汇（中旬刊），2019（7）：69 – 70；刘守江，胡翠华，张桥英，等. 高师地理教学中植物地理学实践教学模式改革与创新［J］. 高师理科学刊，2019，39（5）：107 – 110.

④　时振钦，朱文博，张广花，等. 高校地理野外实习教学效果评估［J］. 安阳师范学院学报，2019（2）：150 – 153；肖烨，黄志刚. 普通高校地理专业野外实习教学问题解析及对策研究［J］. 教育教学论坛，2018（39）：193 – 194.

⑤　肖烨，黄志刚. 普通高校地理专业野外实习教学问题解析及对策研究［J］. 教育教学论坛，2018（39）：193 – 194；周红杰. 论自然地理野外实习中的人文教育［J］. 内蒙古师范大学学报（教育科学版），2008（11）：93 – 95；于法展，张志华. 庐山自然地理野外实习的教学模式与教学效果评价［J］. 高师理科学刊，2007（2）：102 – 106；刘贤赵，王庆. 自然地理野外实习改革［J］. 实验室研究与探索，2003（6）：36，37，63；吴海中，陈保平. 地方院校地理学综合野外实践教学模式改革探究［J］. 高师理科学刊，2018，38（8）：106 – 110；刘富刚，张芳. 自然地理野外实习教学改革的思考［J］. 教学研究，2005（1）：52 – 54；程莉，那玉林. 包头市地理野外实习考察路线和内容的研究［J］. 中学地理教学参考，2018（16）：70 – 72.

析、懒于动手、东张西望①。此外，与德国的范例式、美国的"鼓励和倡导研究性"地理实践课教—学方式②相比，国内高校的自然地理综合实习均过于注重"验证"，而缺少设计性、研究性教学。最后，现行的实习成绩评定方式，基本均未重视对实习过程中学生实践创新思维、能力的考查③，特别是忽视了实习结束后学生基于实习成果的后续研究潜力的考查，这导致学生即使不认真听讲和参与实习，结课时通过借鉴或抄袭别人的报告，亦可获得相对理想的成绩④。综上可见，现行自然地理综合实习的实习模式、实践创新意识教育、教—学方式、成绩考评，均难以适应"双一流""双万计划"背景下基于"实践创新"核心素养发展需求的，地理科学专业应用型创新人才培养、师范专业认证及高校专业课程改革要求。

笔者在广泛查阅国内外文献的基础上，立足于嘉应学院地理科学与旅游学院"自然地理综合实习"课程多年的教学成果和经验，经过较长期积极审慎的思考和探索，认为基于"实践创新"核心素养发展的高校"自然地理综合实习"课程改革，可从以下几方面入手：

一、构建"沿途考察实习＋野外调查研究"的"研究型"实习模式

在庐山实习基地进一步优化牯岭镇（月照松林）、芦林一号、芦林湖、含鄱口、植物园、如琴湖、锦绣谷、花径—锦绣谷（仙人洞、天桥）、龙首崖、悬索桥、大月山水库、三宝树（黄龙寺、五龙潭）、五老峰等实习区、实习路线和实习点，优选出 1～2 个实习区域作为"研究型"实习试验区，结合当前自然地理学研究前沿内容，开展"以线串点、

①　孙贤斌，张广胜，谭绿贵．基于能力培养的自然地理野外实习教学改革研究［J］．中国地质教育，2015（1）：126－128；赵志根．《地质地理野外实习》中存在的问题与持续改进［J］．教育教学论坛，2018（32）：109－110；闫守刚，崔艳辉，许清涛，等．自然地理野外实习基地建设与野外实践教学模式改革［J］．白城师范学院学报，2013（3）：97－101；张绪良，明世顺．海岸带自然地理野外实习教学的设计及实现［J］．高师理科学刊，2006（2）：106－109．

②　周红杰．论自然地理野外实习中的人文教育［J］．内蒙古师范大学学报（教育科学版），2008（11）：93－95；刘贤赵，王庆．自然地理野外实习改革［J］．实验室研究与探索，2003（6）：36，37，63；郑庆荣，孙二虎，徐茂祥．自然地理野外实习模式与内容的设计研究——以管涔山实习基地为例［J］．忻州师范学院学报，2009（5）：64－67．

③　刘俊娥，薛志婧，朱冰冰，等．基于能力培养的自然地理野外实习教学模式探索与实践［J］．教育教学论坛，2018（15）：109－110；孙贤斌，张广胜，谭绿贵．基于能力培养的自然地理野外实习教学改革研究［J］．中国地质教育，2015（1）：126－128；黄小敏，叶新才．综合自然地理野外实习的教学模式改革与实践［J］．浙江旅游职业学院学报，2010（4）：84，86，99．

④　高礼安．斗篷山自然地理综合野外实习基地建设［J］．科学大众（科学教育），2016（6）：154；刘艳军．智慧型地理学人才培养导向下的野外实践教学模式探索［J］．地理教学，2018（10）：4－6．

以点托面的点、线、面结合"的"沿途考察实习＋野外调查研究"。同时，在南澳岛、阴那山、清凉山、石扇镇、梅西水库、平远南台山等处优选出 1～2 个实习区，以租车或者步行方式开展"沿途考察实习＋野外调查研究"，一区多线、一线多点，不走回头路，并且力争每一年或两年更换实习区和实习路线。通过以上方式，探索建立基于实习基地的"以线串点、以点托面的点、线、面结合"的"沿途考察实习＋野外调查研究"的"研究型"实习模式，提高自然地理实习的创新性、研究性，提高学生的创新意识和创新能力，助力"应用型、有特色、创新型、高水平"人才培养。

二、构建"入学教育—课程教学—野外实习"全覆盖"全程性"创新教育模式

以地理科学系教师、学业导师、学科基础课任课教师为主体，学院学生管理人员、野外实习带队教师积极配合，以新生入学教育为切入点，同时在专业思想教育、专业课程教学、野外实习过程中，始终注重"野外实习＋研究创新"意识的教育渗透。在新生入学教育和专业思想教育过程中，把地理专业的特色——野外实习作为重点教育内容之一，特别是邀请基于野外实习成功获得科技创新立项、公开发表学术论文、申报授权专利的学生现身说法，激发学生对野外实习和研究创新的强烈兴趣，充分调动学生渴望参加野外实习和研究创新的积极性和主动性。在大学期间的各专业课程教学组织和实施过程中，专业任课教师将理论、实验教学与野外实习进行科学、有效结合，特别是将学生基于野外实习成功获得支持的科技创新立项和公开发表学术论文、专利等成果，以专题或典型案例形式引入课堂教学，切实将野外实习的创新性成果渗透到日常教学中。通过探索构建"以新生入校教育、专业思想教育为起点，科学贯穿日常专业课程教学及野外实习"的"全程性"研究创新意识教育模式，切实将野外实习和研究创新教育始终贯彻于学生四年的大学日常学习和生活中，有效消除"实习与我无关、于我无用"的思想障碍，充分激发学生对野外实习和研究创新的强烈好奇、浓厚兴趣和热切期望，为提高教学质量和人才培养质量提供思想保障。

三、构建"实习前期教师教、授，中后期学生探索、研究"的教—学模式

前期，在庐山实习基地或梅州本土实习区内，指导教师选取足量、合适的实习点和实习路线，通过"定点讲授、示范—学生操作、练习—教师指导、纠错"方式，对岩石、矿物、构造、地质、地貌、植被、土

壤等自然地理要素的理论知识、野外调查方法等进行定点讲解、示范，并对每一个学生进行科学、规范的训练、指导和纠错。中期，在庐山实习基地和梅州本土实习区内，教师告知学生优选的"以线串点、以点托面的点、线、面结合（沿途考察＋野外调研）""研究型"实习试验区，布置实习研究任务，由学生自行查阅区域资料、设计野外实习及调研的路线和点，开展野外调查、样品采集、数据采集、现象观察、问题思考、现场讨论、分析解答，教师全程指导和纠错。后期，在野外实习总结及经验交流大会上，学生通过 PPT 阐述自己的研究题目、研究目标、研究内容、关键科学问题、研究方法、技术路线、可行性分析和预期成果，进行学院"本科人才创新基金"及学校"大学生科技创新课题"申报模拟答辩，并在教师指导下开展室内实验、测试分析、数据处理、论文发表、专利申请等工作。教师全程指导、纠错，充分锻炼学生自己探索未知世界、发现问题、思考问题、分析问题、解决问题的创新意识、创新能力和研究能力，构建"实习前期教师备课—定点讲授、示范—学生操作、练习—教师指导、纠错，中后期学生选定探究性任务—学生设计路线和方案—自行组织并开展野外工作—完成科技立项申请、室内实验、成果发表—教师指导、纠错"的教—学模式。

四、构建"创新意识、思维、能力、潜力"引领的实习成绩考评指标体系和机制

将过去简单的考核改革为指标体系考核，拟在"思想作风""专业素质""实习效果""后续研究发展潜力"四个一级指标的基础上，进一步尝试构建实习态度（实习准备、资料收集、指导书学习等）、思想表现（道德品质、团队意识、吃苦耐劳精神等）、组织纪律（请销假、自由行动等）；野外记录（内容、字迹、格式）、内容掌握（问答正确性、发言积极性、问题创新性等）、操作技能（规范与否、结果数据精准度等）、综合能力；实习报告（字数、内容、字迹、格式等）、实习汇报答辩（PPT 制作、汇报效果、答辩等）、野外实习总结；特别是后续研究项目的可行性（问题的科学性、合理性，内容的创新性、完整性，技术路线的可行性，相关研究条件的完备性，经费预算的合理性）、价值性（社会价值、学术价值、实践价值），科研过程的严谨性（野外工作是否真实可靠、数据是否真实可信、实验过程是否科学严谨）、成果性（论文及专利数量级别是否合理）等二级指标甚至三级指标，并最终构建"创新意识、思维、能力、潜力"引领下的以"思想作风、专业素质、实习效果、后续研究发展潜力"为一级指标的多级考评指标体系和考评机制，以实现

对学生进行较为规范、客观、公正的量化考核。

五、结语

教学效果及地理科学（师范）专业人才培养质量显示，基于"实践创新"核心素养发展的专业核心课程——"自然地理综合实习"教学改革，切实促进了地理师范生实践创新能力的提升，增强了地理科学专业人才培养成效，促进了新时代地理师范生的核心素养发展。同时，基于"实践创新"核心素养发展的专业核心课程——"自然地理综合实习"教学改革，切实强化了地理科学专业"野外实践"育人特色，增强了新时代地理师范生的野外工作能力，为其从事中小学地理学科教学和研学旅行工作奠定了良好基础。此外，基于"实践创新"核心素养发展的专业核心课程——"自然地理综合实习"教学改革，切实增强了地理科学专业"以赛促学"育人成效，极大提升了地理师范生承担科技创新项目、赢得科技竞赛、公开发表高水平学术论文、申请专利的数量和质量，为其进一步升学深造及从事相关研究工作奠定了坚实基础。今后，在习近平新时代中国特色社会主义思想指引下，在"以本为本，推进四个回归"新时代全国高等学校本科教育工作会议精神要求下①，在教育部启动高校"双一流""双万计划"的背景条件下，在嘉应学院积极探索地理科学专业学生"实践创新"核心素养发展的基础上，高校其他专业乃至整个高等教育也应该重视并深入研究"学生核心素养发展"，与中小学教育协同创新，培养"能手"人才②，共同引领全球教育标准，协同打造全球育人高地。

---

① 陈宝生. 在新时代全国高等学校本科教育工作会议上的讲话 [J]. 中国高等教育，2018（Z3）：4 – 10.

② 陈红旗. 优秀教学团队的建设与地方高师院校创新型人才的培育 [J]. 嘉应学院学报，2019，37（2）：106 – 109.

如何打造"心动"的课堂

巫喜红①

一、引言

在互联网时代下，现代教育技术方式与手段越来越多，越来越丰富，这对于大学课堂教学而言是一种机遇，也是对教师教学方法的一种挑战。教师的教学水平，影响着课堂教学质量和教学效果。提高课堂教学质量有多种方法或途径，比如教师强化课堂纪律、课前精心备课、设计教案以调动学生参与的积极性、改进教学方法等。如何打造一个"心动"的课堂呢？本文以计算机学科各专业的课程为例加以说明。

二、准备"心"的课

俗话说：台上一分钟，台下十年功。作为教师的我们，站在讲台上之前需要花很多功夫来准备讲课内容，在此，笔者总结了五"心"。

（一）初心

作为一名教师，我们的责任就是培养有理想、有道德、有文化、有纪律的社会主义建设者和接班人，最基本的责任是传道授业解惑。因此，我们要"不忘初心，牢记使命"，初心就是情怀，使命就是担当，只要我们怀着初心，承着担当，定能"演"好教师的角色。

（二）用心

如今的教学手段越来越多，如何让自己的课"动"起来，需要根据不同的学生对象、不同的教学任务，用心地应用不同的教学手段，比如项目驱动法、分组讨论法、演示法、自主学习法等。

（三）耐心

教育需要耐心②，耐心是一种爱学生的表现，是教育教学成功的保障。教师的耐心是在体验自我和执教工作中磨炼出来的，是在尊重学生的人格和理解学生的认知水平的基础上建立起来的。教师的耐心能够拉近与学生的距离，促进教师与学生心灵的互动与信任，对于"教"与

---

① 巫喜红，广东梅州人，嘉应学院计算机学院副教授，主要研究方向为算法理论、软件工程。
② 安佰明，贺学颖．教育需要耐心［J］．汉字文化，2018（7）：124.

"学"有促进作用。因此，在与学生交流的过程中，一定要耐心地解答问题。

（四）爱心

作为教师，我们要有"爱心"，即要有热爱事业、甘于奉献的精神，要有热爱教育事业的事业心，要有热爱学生的爱心。正是怀有这份爱心，才能做到敢于探索创新，乐于吃苦奉献，上好每一堂课。

（五）恒心

备好一堂课容易，要坚持备好每一堂课不容易，所以要有恒心和热情。持之以恒、兢兢业业，才能把最朴实的"传道、授业、解惑"做实、做好、做精。

三、演绎"动"的课堂

教师在台下花了很多功夫备课，接下来的关键是在课堂上，当面对学生时如何让自己的课堂"动"起来呢？

教师在课堂教学过程中要充分调动学生的学习积极性，让课堂能深深吸引住学生，也就是要让课堂精彩到使学生动心的程度。让学生动心的课，当然不是华而不实的课，而是务实有趣的。在此，笔者总结了五"动"。

（一）走动

大学课堂里，面对的学生，有时是100人左右。这样的大课堂，如何控制好课堂秩序，让学生少睡觉、少玩手机、多听课呢？教师在教室里来回走动是其中一种有效的方式。

（二）脑动

在课堂的教学活动中，要学生处于"学习"状态，而不是"被学习"状态，那么得让学生脑动。如何脑动呢？针对不同的课程性质，有不同的方式，在此列举如下：

1. 提问法

课堂教学光是教师"讲"，容易催眠学生，所以需要设计一些问题进行互动，以提供机会给学生动脑，提问法是最常用的，特别适合一题多解的情况。例如：如何分离一个整数的各个位数？

2. 讨论法

在解答较大问题时，以小组为单位，让学生围绕这些问题各抒己见，通过讨论或辩论活动来获得知识或巩固知识，其优点在于全体学生都参与其中，可以培养学生的合作精神，激发学生的学习兴趣。例如：结合自身经历或所知讨论设计一个购物网站需要用到哪些知识、设计哪些功能。

3. 任务驱动法

任务驱动法（task based learning，简称 TBL）是建立在建构主义学习理论基础上的一种教学方法①，其主要特点有②：①任务驱动法突出学习者的主体地位；②任务驱动法的核心因素是任务；③任务驱动法大多以团队协作的形式开展。例如：在"软件工程"课程中，学生以分组的形式对各组所提出的系统分任务进行讨论学习，最后完成各组的任务：开发计划书、可行性研究报告、需求分析报告、概要设计、数据库说明书、详细设计说明书、测试报告、用户手册等。

（三）激动

在此要说的"激动"，其实是"制造"稍有一些紧张的气氛。为什么这样说呢？因为要学生回答问题，那由谁来回答呢？随机抽签！这随机抽签，不是人为地随机抽签，而是采用笔者用 C 语言编写的一个小系统，其应用界面如图 1 所示，命名为"抽签系统"，也叫随机考勤系统③。

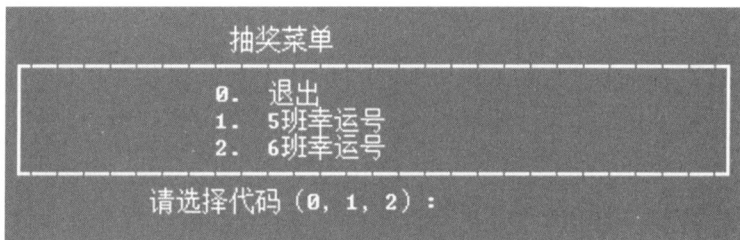

图 1　按照班级分班点名系统

"抽签系统"的功能是随机产生一个不重复的学生姓名，涉及的 C 语言知识有宏定义、函数、随机函数（应用时间种子）和文件，使用的程序结构主要是分支结构。笔者在讲授"程序设计基础"这门课时一开始便使用此系统，目的和作用是：①学生看了此系统后，发现 C 语言竟然能实现这些功能，容易产生学习兴趣，这对教师以后的教学有很大的帮助。②借助本系统可以在课堂上实现互动，因为随机产生的名单谁也无法预料，同时学生也会好奇、激动、紧张谁被抽中回答问题。③抽签的

---

① 王东旭. 任务驱动法在计算机教学中的应用 [J]. 中外企业家，2019（18）：146；方建平，吴宁，孙亚丽. 基于"任务驱动"的计算机辅助建筑设计课堂教学改革研究 [J]. 建筑与文化，2019（6）：171–172.

② 张平平，李侗. 计算机类课程项目导入任务驱动式教学改革 [J]. 计算机时代，2018（8）：76–78.

③ 巫喜红. 关于 C 语言课程教学方法的探讨与实践 [J]. 电子商务，2016（8）：82–83.

同时还可以进行考勤。此外，本系统可以应用到任何一门课程中，甚至还可以用于学生的课外活动等。从使用的效果来看，本系统对课堂教学确实有很大帮助。

（四）心动

任何一个学科知识都是一个系统的、连贯性很强的知识体系，在讲授课程时，如果能适当地应用本课程或后续课程的知识来辅助学习，将会激发学生对本课程的学习兴趣，产生一种"心动"的感觉——原来知识可以如此应用。在此列举两个计算机学科方面的实例：

实例1：在讲授"计算机导论"课程中的"不同进位计数制间的转换"时，除了用传统的教学方法向学生讲解转换原理外，还用 VC＋＋编写了一个小系统用于辅助教学。教学安排是这样的：讲授完相关内容后，随堂布置几道不同进制之间转换的练习题让学生练习，之后通过这个小系统来核对答案，并向学生说明这个系统是用 VC＋＋编写的，使他们明白专业知识如何应用。设计的进制转换系统界面如图2所示。

请在下面进行选择

2进制转8、10、16进制

10进制转2、8、16进制

8进制转2、10、16进制

16进制转2、8、10进制

图2　进制转换系统界面

实例2：在"数据结构课程设计"课中，把往年学生所做的优秀作业展示给学生，一是使学生明白作业不是应付交差就行，还可以做到如此完美，二是给学生一个努力的方向、一个学习的动力。给学生展示的其中一个作业是二叉树的有关知识，如图3所示。

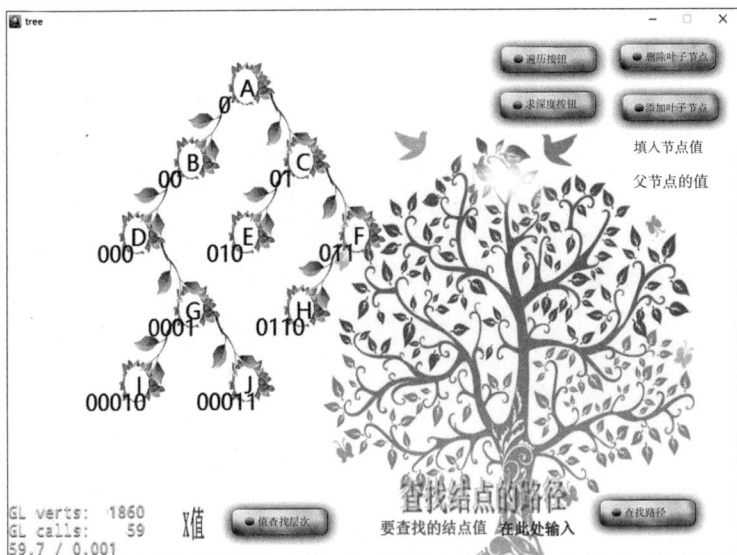

图3 二叉树知识

（五）手动

每一堂课的教学方式多一些样式，能提高学生学习的注意力、专注力，减少他们打瞌睡、玩手机的概率。既然学生喜欢玩手机，那我们就制造机会给学生玩，让他们手动起来。可利用在线考试网络资源，自主命题，将各章节的知识以客观题的形式呈现，对学生进行测试。此在线考试平台的名称是"竞考网"，此平台命题形式多样，包括考试时间、时长、是否公布答案等，其中有一个验证码，在考试前公布给学生。在课堂进行练习时，一般安排10～20分钟时间完成此考试，然后根据各题答题情况（如图4所示），对答对人数较少的题目进行讨论、讲解。

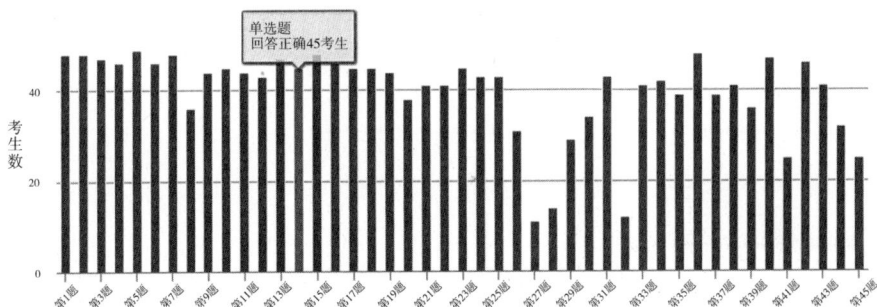

图4 各道题正确人数统计

四、结语

课堂前与后，各教师应用各自能量，展现各心，是为了课堂准备，为了教学质量的提升，为了拉近与学生的距离；课堂上，教师根据不同的学生及不同性质的课程，应用各种教学手段。这一切都是为了更好地"教"与"学"，课堂为学生而存在，教学为学习而存在。只要我们有敬业精神、乐业态度、专业水平，以及"捧着一颗心来，不带半根草去"的忘我精神，肯定能把我们的课上得令学生"心动"。

基于教师专业化进程下的教育实习探讨

杨仕立[①]

　　2018 年 1 月中共中央、国务院颁布的《中共中央　国务院关于全面深化新时代教师队伍建设改革的意见》指出："全面深化新时代教师队伍建设改革，目的是要培养造就党和人民满意的高素质专业化创新型教师队伍，要加大教师教育投入力度，推进地方政府、高等学校、中小学'三位一体'协同育人，逐步完善教师专业能力评价体系，全面提升学校领导者、管理者、一线教师、教辅人员的专业素质能力。"[②] 2016 年 3 月教育部印发《关于加强师范生教育实践的意见》（简称《意见》），遵循了教师专业化培养理念，坚持人才培养问题导向，凸显了教育部关于师范生教育实践的全方位思考。《意见》从目标、内容、形式、指导、评价、基地、经费等多方面对加强师范生教育实践进行了整体的规划与要求；强调师范院校要将师范生教育实践纳入整个教师培养之中，按照专业化培养理念进行统筹设计与实施。[③] 在此背景下，作为教师教育重要组成部分的教育实习应该选择什么样的发展路径呢？本文着重对教育实习的功能、内容、过程、管理等方面进行探讨。

一、教育实习功能趋于齐全多元化

　　教师专业化有着特定的内涵，主要包括专业思想的巩固、专业理念的更新、专业精神的升华、专业知识的拓展、专业能力的提升等方面。其中，教师的专业能力主要体现在学科教学能力、班级管理能力、教育研究能力、自主学习能力等方面。一个优秀的、专业化程度高的教师首先呈现的是扎实的专业能力。首先，在课堂教学中，既善于学习别人的长处，又能大胆创新，有自己独特的教育教学风格。其次，在班级管理

---

① 杨仕立，广东梅县人，嘉应学院创新创业学院副院长、讲师，研究方向为大学生思想政治教育、创新创业教育。

② 中共中央　国务院关于全面深化新时代教师队伍建设改革的意见 ［EB/OL］．（2018 - 01 - 31）．http：//www. moe. gov. cn/jyb_xwfb/moe_1946/fj_2018/201801/t20180131_326148. html.

③ 教育部关于加强师范生教育实践的意见 ［EB/OL］．（2016 - 03 - 21）．http：// www. moe. gov. cn/srcsite/A10/s7011/201604/t20160407_ 237042. html.

上，有着自己行之有效的工作方法，尤其是遇到突发事件时，能快速采取恰当的方法妥善解决问题，展现出高超的教育艺术和独特的教育智慧。最后，按照《广东"新师范"建设实施方案》提出实施师德养成教育工程要求，教师还要具有良好的职业道德和高尚的教育情怀。

随着教师专业化的发展，教师的专业任务不局限于"传道、授业、解惑"，其作为"教者""研究者""学习者"教师形象，还有着崇高的教育情怀、专业发展与自我完善等诸多要求。这一要求必将使教育实习的功能设计及定位趋于齐全：在教育实习动员会上，可邀请基础教育一线优秀教师、校长进课堂宣讲其孜孜以求的先进教育事迹所彰显的教育情怀，大力宣传爱岗敬业的新时代优秀教师形象；通过组织义教、"三下乡"社会实践等方式，增强师范生的社会责任意识和教师职业认同感。通过教育实习，师范生不仅教育教学能力得到锻炼和提高，还可以在实习过程中完成师德体验，感悟高尚的教育情怀；同时可以让师范生在备课听课教研、学生交流、家长访谈、班级素质拓展等实习活动中形成教育方法和教育智慧，强化教师专业能力。

二、教育实习内容不断丰富多样化

教师的专业发展除了对教师个体学科知识、教学技能、职业认同感有既定要求外，还包括教师参与学校、社会活动所承担的相关任务，如承担地方政府部署的创建全国文明城市、国家卫生城市，志愿者服务，各级运动会等任务，因此，教育实习的内容也需相应拓展和丰富，呈多样化发展。

一方面，传统的学科教学实习、班主任工作实习、教育调查研究等内容要得以继续巩固和强化；另一方面，凡是实习学校教职工参加的教研活动、公开示范课、工作会议、运动会、教师培训及参与社会管理等活动，也应安排师范生参加，纳入实习内容，增强师范生对实习学校的主人翁意识和作用，让其关心集体、关心组织，学会理解同事、理解学生，学会人际交往和沟通交流，学会统筹协调。

三、教育实习过程推进全程化

教师专业化的核心指标是专业知识和专业能力。任何专业都有自己专门的知识体系和技能标准，而未经系统学习和专门培训的非专业人员是很难掌握和理解的。刚刚毕业的师范生初为人师，走上讲台时可能还是会感到力不从心，不知怎样教学，基本都要经过3～5年时间的教学实践锻炼，才算找到门道。原因何在？通过反思，在于学生在校期间所学到的专业知识还没有融会贯通，在书本上所学到的学科专业基础理论、教育科学理论、科学文化知识等，更多的是停留在理论性认知层面，缺乏实践性的有机统一。而在日常的"三字一话""多媒体课件制作""备课说课""板书设计""试教试讲"等技能训练中，更多的是在观摩学习中"模拟"完成。新时代要求教师紧跟信息化、人工智能等新技术变革的发展步伐，充分运用信息技术和互联网平台，直面教学难题，知道传授知识的轻重点，懂得因材施教，积极有效开展教育教学。在开展师范生课程见习、教育实习的过程中，实习管理部门加强与实习学校的合作，组织师范生积极融入实习学校、协助实习指导老师开展科普教育、举办各类青少年科技创新竞赛等活动，提升师范生的科学素养和信息技术能力。

笔者所在单位于 2019 年 7 月中旬组织了校内主管师范教育的副院长、学科教学论教师、承担师范教育实践技能训练教师及校外实习基地教师代表 50 人赴陕西师范大学开展了学科教学论教师课程育人与理论创新高级研修班培训活动。培训专家反复强调的是，作为未来的中小学教师，要胜任教师岗位，必须要有扎实的专业知识、过硬的教师技能基本功、必要的教育情怀、教育事业心及与现代教学相适应、现代教学所需的相关学科知识和信息技术运用技能。

为了让师范生在步入教师岗位前能掌握扎实的专业知识和突出的专业能力，师范院校需要不断优化人才培养方案，加大实践教学力度，教育实践课程在课程体系中占有相当的比重，围绕教育实践内容体系，聚焦中小学新课程改革热点，在校期间不间断地到中小学开展实地见习、实习和研习，使全体师范生教育实践累计不少于 1 个学期。

四、教育实习组织合作实现共赢

教师教育是一个长期的专业发展过程，专业发展不能脱离教学，而教学肯定是在中小学中进行的。从这个意义上讲，在教育实习的管理上，地方教育行政部门、教师教育组织机构、实习学校在教师专业化进程中有着互惠互利、合作共赢的内在要求。[①]

通过协同合作推进教师教育，建立稳定的师范生实习基地，实行政府、高校、实习学校三位一体的教师培养合作共建机制，切实提高培养效果与质量。按照《广东"新师范"建设实施方案》要求，重点打造一批省级示范性教师教育实践基地。此外，在校级师范生实习基地的选择

---

① 李崇爱. 对教师专业化进程中教育实习三个基本问题的探讨［J］. 教育探索，2007（2）：73.

上体现多元化，既有珠三角地区优质学校，也有市区、各县城区条件好的学校，还包括部分民办学校与乡镇中小学甚至村完小，组织师范生在校期间通过教育见习、教育实习、教育研习等获得不同层次的教育教学实践经历，从而提高教育实习的全面性与广泛性。加强教育实习基地建设及教育实习组织工作，能促进三方共赢发展：能为师范生毕业后从事教育教学工作奠定良好基础，为学校培养合格人才提供有力保证；实习生能为实习学校带去新的知识、信息技术技能和理念，减轻学校常规工作负担，推动实习学校教育水平的提高。

五、教育实习严格管理规范化

教育实习是一个系统工程，环节多，参与面广，如果缺乏明确的实习目标，对教育实践缺乏系统指导，缺乏严格的实习评价机制，就会对实习成效产生消极影响，因此，应顺应教师专业化发展要求，加强师范生教育实习管理工作，强化教育实习的管理、评价与考核。

首先，要加强实习工作指导。教育实习是高校师范生人才培养课程的重要组成部分，是学生毕业必修学分。实行高校与实习学校双方骨干教师共同指导教育实习的"双导师"制度，严格落实实习培养任务，切实加强实习工作的指导。聘请一批优秀教研员及中小学（含幼儿园）骨干教师作为教师教育校外兼职指导教师，在师范技能竞赛、毕业论文等方面积极发挥作用。让师范生通过跟岗实习、校本研修、顶岗教学等方式，提升教育教学实践能力，提高教育实习的针对性与实效性。

其次，要严格规范实习工作的考核评价。考核评价是检查师范生实习成效的重要手段。师范院校要对照新时期教师资格证考核的标准，听取实习学校的反馈意见，建立一套具体的教育实习考核标准。评价方式注重两方面，既能突出实习工作的过程性评估，又能体现教育实践能力的结果性评价；评价能力主要包括实习生的专业态度、学科教学技能、班级管理能力、教学团队合作能力等多方面，体现全面性；评价主体涵盖教育对象、实习学校指导教师、师范学校指导教师、学生家长多个层面，体现多元性。各二级学院可通过全方位的评价方式，端正学生实习态度，严格规范实习流程，不断完善实习内容，增强实习效果，提高师范人才培养质量，以让师范生走上教师岗位后能够与工作岗位要求"无缝对接"。

信息化背景下高校新型
师生关系构建的探讨

王秋红①

在信息技术迅猛发展的今天，在当代世界观念大变革的今天，在知识信息大爆炸的今天，作为一名高校教师，应如何提高课堂教学效果，如何开展有效教学？通过聆听朱晟利教授的"学生核心素养发展与高校课程建设"、冯加渔博士的"指向深度学习的大学课程改革"、段海军教授的"基于核心素养培育的课堂教学模式创新"、陈晓端教授的"大学有效教学的行动样态"、龙宝新教授的"高校教师如何打造'金课'"、杨建华教授的"学校管理创新与实践探索"等精彩讲座，笔者感触颇多，受益匪浅。在这几天的培训中，笔者的认识得到了提升，思想得到了洗礼，深刻地认识到，教师是一份职业，更是一份责任，教师的专业核心价值是通过学生这个服务对象体现出来的，教师的重心在学生，一切要为了学生的发展。社会在不断地发展和变化，教育也要与时俱进，不断变革。

一、更新观念，树立新时代新型的师生观

段海军教授在其讲座中，通过深刻剖析时代特点和现阶段大学生的特点，认为新时代需要构建新型的师生关系。他认为，当今时代具有易变性（volatility）、不确定性（uncertainty）、复杂性（complexity）和模糊性（ambiguity），在这种大环境下，当代大学生虽然易焦虑，自我期待与能力不匹配，以自我为中心，缺乏吃苦耐劳的精神，容易产生代际隔阂，但是他们敢于挑战权威，个性张扬，容易接受新生事物。作为教师，只有深刻了解和认识自己的教学对象，才能够有针对性地开展教学，构建适宜的教学模式，选择合适的教学方式去开展有效教学活动。在这项活动中，教师只有知己知彼，才能百战不殆。因此，传统的师生关系亟须转型，新时代需要构建新型师生关系，在这种师生关系中，教师将传统

---

① 王秋红，嘉应学院教务处教务科负责人，主要研究方向为教育管理、教师教育。

的学生管理过程变为教练过程，在课堂教学中给学生充分的自由空间，挖掘出学生的潜力，积极引导学生自己去解决问题，培养学生解决问题的能力。

师生关系是学校教育教学活动中最基本的关系，教师和学生共同构成教学活动的主体，师生关系的好坏对学校教学质量起着直接的影响作用，甚至对学校人才培养质量起着至关重要的作用。在传统课堂中，教师是主动的，是支配者；学生是被动的，是服从者。随着人工智能时代的来临，高等教育大众化的普及，高校教师要更新观念，改变传统的"一言堂"现象，树立新型的师生观。在新的课堂教学模式中，教师要发挥主导者的作用，发挥出学生的主体作用，培养学生的合作与创新能力，让学生掌握解决问题的策略，将课堂真正还给学生。作为教师，正如冯加渔博士所言，亟须考虑的一个问题是"如何借助过去的教学，有效教育当下的学生，以期适应未来的社会"。

二、勇于创新，打造高效的课堂教学模式

时代的大变革，呼吁构建新型的师生关系，更需要打造高效的课堂教学模式，引导学生开展深度学习。根据《教育部关于狠抓新时代全国高等学校本科教育工作会议精神落实的通知》（教高函〔2018〕8号）精神，为振兴本科教育，提高人才培养质量，"各高校要全面梳理各门课程的教学内容，淘汰'水课'、打造'金课'，合理提升学业挑战度、增加课程难度、拓展课程深度，切实提高课程教学质量"。在这种时代背景下，高校教师如果再墨守成规，在教学方式和教学模式上一成不变，那就只能被教育改革的洪流所淹没。为了顺应时代的发展，培养适合社会发展需要的高质量人才，作为一名高校教师，应该有所担当，以高度的责任感和教育情怀，勇于创新，打破陈规，以舍我其谁的精神去进行课堂教学改革，打造高质量、高效率的课堂教学模式，建设一流的"金课"。在陈晓端和龙宝新两位教授看来，高校教师要开展有效教学，打造一流"金课"，教师教学设计要合理，教学内容要丰富多样，教学方式要多样化；在教学活动中，师生互动显著，学生参与积极，教师讲究教学艺术和策略。在朱晟利教授看来，为培养适应社会和时代发展的人，高校应该致力于发展学生核心素养，精心打造"能够适应终身发展和社会发展需要的必备品格和关键能力"的课程，而"培养学生核心素养是高校课程的重要目标"。那么，围绕这个目标，高校教师应该在课程设计上多下点功夫，首要一点，课程内容需要及时更新，能够体现前沿性和时代性，抛弃陈旧的知识；课程设计难度上要具有挑战性，要有一定的跨

度，让学生"跳一跳"才能够得着；在教学方式上，高校教师要抛弃"满堂灌""填鸭式"教学，课堂上要带着问题开展探讨性教学，引导和启发学生主动去思考问题和解决问题，着重培养学生探究和解决问题的能力，训练学生的创新思维，因此在教学方法上，高校教师要勇于创新和变革，让课堂活起来，呈现出先进性和互动性。

三、开拓视野，提升自我学习能力

现在是一个信息大爆炸的时代，信息知识浩瀚如繁星，作为高校教师，不仅要有专业的知识，还需要掌握教育教学艺术和方式方法，追踪时代前沿性学科知识，以学无止境的精神在自己的学科领域中不断提升自我学习能力，掌握最新知识。

首先，高校教师要不断增强自身的教学综合能力。教书育人是教师的本职工作，高校教师要抓好课堂，打造高效课堂，自身功力要先过硬。对于课程教学内容，教师要烂熟于心，精心设计教学过程，组织、加工和延伸教学内容；在教学方法上，要灵活多样，运用适宜恰当的方式调动学生上课的积极性，从而引导学生触类旁通。这些都需要通过实践和理论学习来提升教师自己的教学艺术。

其次，高校教师要随时跟踪教学改革方面的最新信息。随着《教育部关于狠抓新时代全国高等学校本科教育工作会议精神落实的通知》（教高函〔2018〕8号）等系列文件的出台，以及教育部提出的要打造"金课"、淘汰"水课"，吴岩司长提出的"两性一度"的"金课"标准等最新教学改革思想的盛行，高校教师要紧跟时代步伐，"课堂是'金课'教学的主阵地"，在课堂上，教师要适时地开展有效教学，切合课程实际，适宜地将"互联网＋"引入课堂教学，基于 Mooc/Spoc 实施线上线下翻转课堂、混合式教学方法变革。

最后，高校教师要深入、持续地开展教学研究，不断提高自我科研能力。高校教师要搞好教学，要在课堂教学中下功夫，更要将课堂教学实践经验进行积累和总结，勇于申报课题，将经验提升到理论高度，让教学和科研相互促进，不断完善自我，促进自我专业发展。

四、始抱初心，做好教学管理与服务工作

本次培训不仅有丰富的课程教学论方面的最新知识和信息，还有关于高校教学管理创新与服务方面的主体培训，笔者深感受益颇多。通过聆听杨建华博士的"学校管理创新与实践探索"专题讲座，笔者深刻认识到，教学行政管理岗位是为更好地培养学生服务的，我们在日常工作

中一定要始终抱着为满足学生成长发展需要，为学生成长发展提供和创造条件的初心去开展各项教学工作，要不断地反思自己的工作习惯、教学规范是否有利于学生，是否人性化；我们要充分利用自己所能掌控的资源和条件，积极主动改变现状，而非消极等待，或怨天尤人，从小事做起，以积极主动的情绪和态度研究各项问题，设计和寻找方法，尝试突破某些思维定式的烦琐程序，简化办事流程，让学生少走弯路，少花时间，做到为学生服务。

通过本次在西安的培训，笔者深刻感受到了大师的博闻强识，从他们的教学实践中见识到了理论与实践相结合的经典范例，也进一步丰富了自己的理论知识。通过本次学习，笔者深刻认识到了自己在理论学习上的不足，将以本次培训为契机，发挥学习的积极性和主动性，不断积累经验，去完善自己的专业能力和促进自我的专业发展。

基于核心素养的人文精神教育方法初探

廖大荣①

新一轮课程标准的修订，以培育发展学生核心素养为纲，突出思想政治学科核心素养的政治认同、科学精神、法治意识、公共参与四个要素。政治学科作为人文学科，是以培养学生人文精神、独立个性为目标的重要课程。作为政治教师，就应从思想政治学科情感态度价值观入手，不断探索、不断创新，从而有效地进行人文精神的教育。

一、转变传统的教学观念，突出人文精神的特点

传统教育理念是以教学内容的稳定性和单一性为基本出发点，以知识的记忆和复现为基本目标，强调对已有知识的记忆。因此，传统教育把掌握知识本身作为教学目的，把教学过程理解为主要是知识的积累过程，以知识掌握的数量和精确性作为评价的标准。而基于政治学科核心素养的新课程教学应通过课程改革打破传统教学思想的束缚，在教学过程中穿插一些必修课、选修课、学术讲座、参观学习以及社会实践等，在满足学生不同需求的同时加强人文精神的渗透，让学生能够真正地认识社会、适应社会、融入社会，在加深自身感受的同时拓宽他们人文精神的空间。例如，在讲授"拒绝诱惑　克制冲动"时，笔者先引导学生在课前查阅资料，了解毒品的危害，利用"禁毒进校园"活动，组织学生参加"珍爱生命、远离毒品"讲座，参观毒品实物展，提高对毒品危害的认识。课堂上通过投影让学生阅读吸毒者的故事，启发学生联系实际思考如何远离毒品，珍爱生命。这些都触及学生的心灵深处，使学生有感而发，认识到"毒祸猛如虎"的现实，有助于师生产生心灵上的共鸣。这些活动和教学形式激发了学生的学习兴趣和对社会现象、日常生活的思考，增强了学生的是非观、正义感、人道主义情感等，有效渗透了人文精神教育。

---

①　廖大荣，广东梅县东山中学教务科副科长，中学政治一级教师。

二、注重学情，以人为本渗透人文精神教育

现代教育心理学研究表明，"每个孩子都是一个世界——完全特殊的独一无二的世界"。在政治教学中应加强思想政治与学生成长特点的相互融合，尊重学生的个性差异，通过人文精神的培养开发学生心理、智力以及体能等方面的潜力，进一步强化教育的情感性，帮助学生塑造高尚的人格形象以及精神世界。我们要主动分析学生的个体特性、心理需要，整体设计和安排教学活动，创造性地处理教学要求与教学内容的关系，选择不同的途径和方式，使教育教学活动所产生的综合性教育影响能够与不同学生相适应，以促使个体发展达到其自身可能的最佳程度。如女生普遍善于形象思维，而男生善于逻辑推理；城市学生知识面较宽，而农村学生知识面较窄。应针对差异，充分发挥各人所长，适当引导，分类要求，同时有意识地去弥补其不足；坚持分层施教，无论从课堂问题的设计、作业的布置以及课外实践活动的开展，都要坚持分层要求。如对尖子生或具有特殊才能的学生，要给他们创造条件，向他们提出更高的要求，让他们向着更高的目标前进；而后进生或学困生，要着重从思想上引导，方法上指导，知识上辅导。只有这样，才能真正达到个性化教学目的：让每一个学生都抬得起头来，让每一个学生都成为最优秀的自我。例如，笔者在讲授"传统文化的继承"的内容时，让学生回家时用眼用心去观察和感受身边的传统建筑、传统习俗等，收集整理身边有哪些传统文化。不同地区的学生回来后，纷纷展示了自己的成果。有饮食文化：大埔学生给同学们展示了老鼠粄、算盘子、笋粄等的历史和做法，丰顺学生讲述了捆粄的由来，平远学生带来了脐橙、黄粄；有茶文化：大埔的单丛、清凉山的绿茶、平远的锅吉茶等；有建筑文化：大埔的泰安楼、花萼楼，梅县的南华又庐等；有节庆文化：兴宁的上灯文化、丰顺的烧火龙等。之后笔者播放体现客家特色文化的视频给学生观看，学生对这些熟悉的本土文化有着极高的热情，课堂气氛非常热烈。全体学生都能够积极主动参与到课堂教学中来，不仅在潜移默化中增长了知识，还增强了热爱祖国、热爱家乡的情怀，更好地传承了优秀的传统文化。

三、积极挖掘教材，寻找人文精神的切入点

在教学活动中要及时把知识纳入深刻的人文背景中去，做到知识和人文精神的融合。我们可以从情感的角度对教材进行加工和处理，挖掘教材蕴含的人文精神，充分发挥教材在情感态度价值观中的积极作用，

启迪学生的心灵。例如，在讲授"经济生活"时，从人文精神教育角度看，实际上人类的经济活动是一种人文活动。市场经济中的平等、公平、自愿、诚实守信等原则，实际上属于伦理道德的范畴，那么，坚守经济发展中的诚信原则，体现了一种极具人文价值的社会思潮。然而，近年来，诚实守信，这一起码的社会道德却渐渐被有些人淡忘，甚至置之脑后。于是假冒伪劣商品充斥市场，毁约、诈骗、故意欠款等失信行为层出不穷，甚至在招生考试中也存在着师生串通作弊现象。凡此种种社会现实蕴含着深刻的人文精神教育内容。因而以这些社会实例结合教材论证、分析，就使整个教学过程超出了纯粹对知识的把握，而是上升到人文精神的层面，并且形成了一种道德追求。

四、坚持人文精神教育和时政教育相结合

政治课承担着人文教育的重任，必须理论联系实际，以时政热点为突破口。结合时政教育，是学生了解当前国内外政治经济形势的有效渠道，有利于激发学生的学习兴趣，创设一个良好的学习环境，培养学生运用课本理论知识分析实际问题的能力，也是学生体验人文情感的一个过程。例如，在讲授"新发展理念"这一知识点时，笔者结合李克强总理回答记者有关环境污染问题时的表述"谈起北京和东部地区的雾霾天气，我心情也很沉重。要以更大作为和决心进行治理，特别是重点地区的人为因素。水污染和土地污染情况，要摸清底数，坚决整治"，从这一时政内容引出"人与自然、人与社会和谐""增强社会责任感"等人文精神的内容，达到人文精神教育的目的。

五、引导学生参加社会实践，在实践中培养学生的人文精神

参加社会实践是思想政治教学的重要途径，它不仅有利于通过实践使学生亲身体验生活，了解社会，感受到思想政治学科的实用价值，而且有利于培养道德情感和道德意志，内化人文精神，积淀人文素养。人文的内涵丰富，但核心在"人"，"人"的本质就是社会性。在教学过程中，应让学生通过社会实践活动体察社会、体察生活，丰富人文情怀，提高对自身的认识。例如，学校每年在高一暑假开展的"暑期社会实践活动"，让学生在实践中发现问题、解决问题，不但培养了学生的创新精神和实践能力，更重要的是培养了学生的团队协作精神和善于学习的能力。又如，笔者在讲述高中思想政治必修2第二课《民主决策：作出最佳选择》时，在学生已学习掌握民主决策相关知识和明确听证会的程序后，积极联系市发改局，选派学生参与或旁听"梅州市调整公办高中学

杂费标准"的听证会。在材料准备阶段，能培养学生的自主学习能力和收集有效信息的能力；在参与听证会过程中，能锻炼学生的表达能力、临场反应能力，引导学生培养团队精神和合作意识，提高学生运用知识分析和解决问题的能力，使学生在参与中近距离体验政治生活，在体验中感受民主决策的意义，在活动中增强和提升公共参与积极性、法治意识和政治认同感，实现知行合一。

总之，在政治课堂教学中，对学生进行人文精神的培养是十分必要的。伴随着新课程改革的不断深入，注重学生素质全面发展的人性化教学理念已经逐渐融入到各个学科的教学过程当中。通过人性化的教学理念加强学生人文精神教育，不仅能够帮助学生对知识结构进行系统透彻的理解，还能够增强学生的人文底蕴，提升他们的思想品德和人生价值观，从而达到人文精神教育的目的，培养核心素养。

参考文献

［1］杜时钟．人文教育论［M］．北京：人民教育出版社，2002.

［2］吴季松．知识经济学［M］．北京：首都经济贸易出版社，2007.

［3］约翰·奈斯比特．高科技·高思维：科技与人性意义的追寻［M］．尹萍，译．北京：新华出版社，2000.

小学学校管理与实践探索

——以梅县外国语学校富力城附属小学日常管理为例

廖翠雅①

小学管理是针对小学生日常学习和生活进行规范化管理的全过程，并具有一定的管理科学性和艺术性，是提高教学质量、学校安全稳定的保障性管理体制。良好的小学日常管理手段和措施，有助于为学生营造良好的学习环境。想要学生能在未来具有良好的价值观、人生观与世界观，就应当对学校的教学、育人、安全、文化以及方方面面采取正确的管理方法，将这些管理方法贯彻落实到小学生的学习生活中，这也是我们每一个教育工作者的重要任务。本文以梅县外国语学校富力城附属小学日常管理为例，简要探析小学学校日常管理中的一些措施和创新的举措，以期对小学学校管理与实践有所裨益。

一、传统小学学校日常管理中存在的不足

在现阶段的国内教育体系中，由于新课改的全面推动，教育领域发生了相当大的变迁，无论是在教学方面，还是在管理方面，都进行着一系列的改革。在传统的小学管理模式中，还存在着一些问题和不适应目前教育改革发展的地方。

（一）过度关注学生学习成绩

在传统的应试教育下，几乎所有的小学学校都优先关注学生的学习成绩，但是对于学生的日常管理教育则没有太大的重视。作为小学教育管理的主体，校园内的领导和教师，其服务的对象是每一个小学生。合理的校园管理不仅能够为学生提供基础的学习环境，还能够促使学生的综合素质得到迅速有效的提升，品德修养也会在这个过程中朝着正确的方向发展。许多教育主管部门和教育工作者认为，"一白遮百丑"，学生学习成绩是"一白"，简单认为，小学素质教育强调的是学生的发展，与管理没有太大的关系。

---

① 廖翠雅，广东梅县人，高中英语一级教师。现为广东梅县外国语学校富力城附属小学校长。

（二）管理制度不够完善

完善的管理制度是具体行动的基本保障，也是小学教育有效管理的前提。实践中，许多小学学校在制度方面存在许多不足，一方面表现为制度的缺少，在学校管理与学生教育等许多方面没有具体可行的相关制度，从而使教学管理工作的开展缺少制度保障，形成散乱无序的状态；另一方面表现为有的学校制度执行力度不够，虽然也有相关的教育管理制度，但在具体运用中形同虚设，只是停留在制度表面，没有真正发挥制度的功能，造成学校管理混乱，教育管理质量与水平不高，严重影响小学生整体能力的全面提升。

（三）规范管理品质不高

新时期的管理要求不断提升管理水平，要将管理过程的每一细节做到位，真正体现工作的科学性、规范化，才能促进整体工作的全面提升。现实却是不少小学管理出现粗枝大叶现象，只是从大的方面泛泛而做，不能很好地对学校具体工作进行细化，尤其是一些工作细节之处，缺少观察与解决措施，从而造成学校管理粗放，管理效率自然也就不会很高。

二、小学学校管理工作的具体实践

梅县外国语学校富力城附属小学（简称"富力附小"）是梅县区委区政府、区教育局为解决富力城住宅区学位问题而新建的一所由梅县外国语学校统一管理的公立标准化小学，学校于 2018 年 9 月新学期开学正式投入使用。富力附小自开办以来，确立了学校日常管理的一切运作都始终围绕"为孩子学习提供最好的条件"的观念，明确教育以教学为中心，教学以提高质量为中心，提高质量以课堂教学为中心，严格按照教学大纲和教育主管部门的要求，紧紧围绕梅县外国语学校小学部制订的教学计划、教学进度，以生为本，突出教学中心地位，因材施教，采取灵活的教法，向课堂教学要质量，依托日常管理打造特色教育品牌。

（一）创建良好校园环境

良好的校园环境与严密的管理工作将有助于共同构建有益于学生成长的校园外部环境。校园环境并非单指肉眼可见的校园教学设备与卫生环境，而是由教育工作者的素质、仪表以及学校人文环境、学习氛围等构成，多方面融于一体的校园总体环境的简称。校园良好环境的构建首先应当归功于校内的教育水平与教师素养，其次应当是严密的管理工作。作为教育管理者，我们应当为小学生提供一个快乐且知识氛围浓厚的校园环境，一方面让小学生能在这种环境下健康成长，另一方面还能优化自身的管理工作。通过良好校园环境的构建，可以为我们培养出更多具有核心素养的人才奠定良好基础。

校园环境是由校园所处的外部自然环境、校园内部的规划格局，以及校园建筑、雕塑、绿化和文化传播工具等各个方面组成的文化环境。校园环境包括校区地理环境及建筑布局、校区艺术景点、校园文化传播设施等。学校的一草一木、一桌一椅都时刻影响着学生身心成长发展。富力附小是新开办的，没有文化积淀，没有历史底蕴，没有现成的文化传承元素。从文化传承的角度来说，没有积淀，缺乏可提供的延续元素，对内涵的提炼尚有一定的难度。但对文化的构建来说，"一张白纸可以描画最新最美的图画"，空白本身又是一种优势。我们充分利用校区的空白墙面、空地，将社会主义核心价值观、校规校纪、名人名言、客家先贤、励志故事等，通过建设文化展示墙、展示板、雕塑等形式，对小学生开展德育文化、艺术文化熏陶。文化展示墙、展示板、雕塑等不仅起到了美化学校、点缀校容的作用，同时也以独特的物质形态陶冶、激励着莘莘学子。通过建设净化、美化、优化的校园环境，使师生坚持学习科学文化与加强思想修养的统一，坚持学习书本知识与投身社会实践的统一，坚持实现自身价值与服务祖国人民的统一。

（二）完善校园管理制度

"没有规矩，不成方圆。"如果说适宜的管理观念是管理工作的重要基础，那么，完善的管理制度就应当是小学管理工作的重要践行标准。想要在现有的制度与环境下对小学管理工作进行创新，就应当先行完善目前的小学管理制度，使现行制度能与校园环境匹配，发挥最大的效率。在管理制度完善过程中，应将小学生的安全管理放在首位。此外，应当在现今的管理制度上加入一些关于素质教育的元素。作为教育管理者，我们应当切实做到严格把关管理制度，并对管理制度中存在的缺漏及时进行完善，对于小学学校管理工作践行者来说，应当严格执行管理制度中的管理条例，实现"无缝管理"。除此之外，校园管理工作还需要学生与学生家长的配合，家长需要明白校园管理工作的重要性，并且配合学校落实这些管理制度，使学生能在家长与教师的正确引导下快乐成长。

富力附小自开办以来，通过主动探索，集体酝酿，逐渐建立起学校的规章制度，覆盖了学校日常教学、教育、后勤、行政管理的各个环节；同时，着重抓好制度的落实，制度面前人人平等。此外，坚持民主管理，把学校教育、教学的各类问题交由全体教职工集体讨论，听取他们的意见建议，集思广益，从而全面激发教职工的工作热情和积极性，为学校教育教学质量的全面提升奠定有力的基础。

（三）推行以人为本理念

以人为本是目前科学发展观中倡导的核心理念，它要求学校管理水平与教学质量能在现有基础上不断提升。由于目前素质教育是我国重大教育改革方向，所以在小学管理工作中，我们也应当做到以人为本，并以身作则，为下属教育工作者与学生做出良好榜样。由于小学生处于人生的启蒙阶段，他们在生活与学习中犯一些小错误是难免的，这就需要教育工作者在对学生的小错误进行纠正时，将"严格"与"关爱"这二者相结合，保证在对学生进行教育的过程中，不仅不会损害学生幼小的心灵，还能在对学生的教育方面起到应有作用。根据以人为本的教育理念，合理的奖惩制度也应当成为小学管理工作中的一部分，并在对学生的管理上发挥应有作用。除此之外，在对教师的管理中，我们这些教育管理者应当注意教师个体的差异性，在管理中换位思考，理解教师的艰辛，使教师的教学积极性能被充分调动起来，从而更好地建设校园。

富力附小自开办以来，以生为本，突出教学中心地位，因材施教，采取灵活的教法，向课堂教学要质量，力求每个教学环节的理论支撑都做到清楚明白。一方面主抓班主任。"火车跑得快，全凭车头带。"班主任工作是学校教育教学工作中一个非常关键的环节。学校将事业心、责任心强，或者有过班主任工作经验的教师安排担任各班班主任。另一方面主抓师德建设。把对教师思想教育作为首要任务来抓，教育教师爱岗敬业，关心爱护学生，不断增强教书育人的情感投入。除此之外，还抓教学能力。通过科组会、教研会，开展集体备课，博采众长，提高教学水平；通过组织教师上示范课、参加优质课比赛，提升课堂教学效率；采用"请进来、走出去"的形式，组织全员听课，不断强化每一位教师的技能。

三、小学学校管理的创新探索

新课程改革对于小学管理的诸多方面提出了更为严苛的要求。这就要求小学学校管理者必须从自身的管理理念出发，坚持做到与时俱进，改革创新，在促进学生身心全面发展的同时保证学校自身的科学有序发展。

（一）坚持素质教育

素质教育的主阵地无疑在课堂，未来社会要求新型人才具有综合的能力，以更好地适应社会转型的实际，不仅要学习一门扎实的专业知识，也要广泛掌握其他知识，养成多方面的能力，成为一个"多面手"。这就要求在对小学生的培养中树立素质教育理念，将学生的德、智、体、美、劳等方面作为培养学生的重要内容，克服传统的应试教育观念，在具体教学实践中开足开齐课程，将国家课程、地方课程及校本课程有机结合，并严格落实到位，确保学生在具体的学习教育活动中既学习到专业知识，又培养了综合能力，成为一精多专的新型人才。管理也是塑造，这是素质教育的核心观念。作为管理者，需要转变教育理念，为学生全面成长创造良好条件，更新教育体系，实现理论实践相结合。最大限度提升教育品质，已经成为小学管理的重要发展方向。

为了全面实施素质教育，引导学生德、智、体全面发展，富力附小依托学校基础设施和办学条件的逐步完善，在保证学生学习成绩的同时，积极探索学生素质全方位提升的路径，活跃校园体育、艺术文化。第一，突出外语教学。自开办以来，除开设教育主管部门要求的标准课程外，学校从小学一年级就开始实施英语教学。在教学中，积极创设情境，鼓励学生开口说英语，注重培养学生英语听说能力。第二，突出融合社会。为切实加强学校与社区联动，引进先进的社区活动教育理念，学校充分依托外国语办学优势与富力城社区服务的资源，利用周末或假期，积极组织学生参与社区书香阅读、亲子课堂等，丰富学生的课余生活，提升校园和社区的人文素养。第三，丰富第二课堂。结合学校的实际，注重学生体育、艺术等能力的培育，以"办学特色鲜明，教育教学质量优异，人才培养多元"为目标，全力打造特色学校。在课程设置方面，根据学生不同的兴趣爱好开设了足球班、山歌班、英语话剧班、合唱班、棋艺班、诗歌吟诵班、葫芦丝班、手工班、舞蹈班等第二课堂课程。通过举办体育文化节、艺术文化节、科技文化节、少儿读书月等活动，丰富学生课余文化生活。

（二）注重德育为先

思想品质是一个人的立足之本，只有在思想品德层面有良好品质，才能进行正常的学习与工作。小学生身心及思维发展不成熟，正处于人生发展的重要路口，加强小学生良好的道德品质教育，对促进小学生身心发展及能力培养，具有重要的促进作用。在学校管理实践过程中，要将小学生的德育放在教育的首位，通过课堂课程教学、主题活动、综合实践探究、榜样力量及自主学习等形式，加强对小学生良好品质的培养，让小学生从小树立良好的道德观、价值观与人生观，为小学生的健康成长保驾护航。德育要避免说教，需要在多元教育活动中，对学生展开思想渗透。小学德育活动形式众多，读书会、演讲比赛、主题班会、歌咏竞赛、公益活动等，都是学生比较喜欢的活动形式，可为德育全面介入创造条件。

实践中，富力附小在抓好学生学科文化知识培育的同时，注重家校融合，引导学生德育素质的养成。我们围绕学习和践行社会主义核心价值观，着力培育小学生爱国、爱党、爱人民，引导小学生健康快乐成长。一方面，营造良好的校风学风。在学校日常教育管理中，我们围绕"尊师、守纪、勤学、善思"的校风学风，下大力气培育师生积极进取、博学善思的精神风貌。平时，通过校讯通、家长会、学校网站、"给家长一封信"、微信群、QQ群等反复宣传，向家长和社会传递富力附小的校风学风，使之渗透、内化到全体家长、师生员工的思想和行为意识之中。另一方面，构建丰富的德育培养载体。通过举行国旗下的演讲、主题班会、主题教育讲座等，不断丰富德育培养载体。围绕重要时间节点，在全校范围内开展道德实践和社会实践活动，通过开展"扣好人生第一粒扣子""争做新时代好少年""传承中华传统美德""学雷锋标兵""清明祭英烈""小手拉大手·共创文明城""七一·童心向党——庆祝党生日"等主题教育活动，引导师生爱国、爱人民、爱社会主义精神，传承优秀文化。

（三）注重留心细处

在学校教育管理过程中，每一堂学习、每一次交流、每一次活动、每一声叮咛等无不蕴含着教育的力量，在小学教育管理中，要注重从教育的细节入手，从学生的课堂学习、生活、业余活动等各个方面加强教育，从教师方面加强认识，强化教师自身榜样的教育力量，为学生树立无形的教育形象，促进教育质量提升。对学生的教育管理从每一个细节入手，本着事无巨细原则，时时处处都对学生形成一种教育的力量，全方位展开对学生的教育管理，全面提升学校教育管理水平。班级管理呈现繁杂性，特别是班主任工作，事无大小都需要亲力亲为，而且要注重细节处理，让每一个管理细节都成为教育契机，这样的教育管理才是高效的。

实践中，富力附小注重细节管理。一方面，突出家校合作的核心要素。通过设立家委会、召开家长会、举办家长开放日活动，突出家庭教育的中心地位。通过引导学生家长参与学生学习管理，帮助学生养成良好的学习习惯；通过共同分析学生学习、生活中出现的问题，探讨哺育学生健康快乐成长的诀窍；通过邀请家长参与校园值日活动，协助学校开展交通安全、用火用电安全、防溺水安全等方面的教育，共同架设孩子成长的桥梁。另一方面，加大宣传力度。通过广播电视、校园网站、微信公众号，充分向家长和社会展示富力附小的办学成果和办学特色。积极参与政府主导的"创文"工作，营造良好的舆论环境，树立良好的社会形象，不断扩大学校在社会上的知名度、影响力。

总之，小学学校管理工作的实践与创新应当结合教育观念转变、校园环境建设、管理制度优化、贯彻以人为本理念等方面进行。作为教育管理者，要坚持做到与时俱进，在促进学生身心全面发展的同时也要保证学校自身的科学有序运作。教育主管部门和教育工作者要不断总结经验，适应新形势，并以科学创新的态度，做好各个教学部门的管理工作，完善学校管理工作的每一个环节，使学校管理工作有序执行，使小学管理工作能真正做到服务于师生，最终为国家人才的培养打下良好基础。

参考文献

［1］张维全，张芹. 小学班级管理中"严"与"爱"的结合［J］. 华夏教师，2017（16）.

［2］孙蔚，李翠翠. 浅谈小学管理模式艺术创新［J］. 统计与管理，2015（8）.

［3］周海滨. 浅议以人为本管理模式在小学管理中的应用［J］. 科教文汇（下旬刊），2015（2）.

［4］梅县外国语学校富力城附属小学 2018—2019 年度工作总结［R］. http：//www. gdmxfls. com/index. php？ m = content&c = index&a = show&catid = 171&id = 226&from = timeline&isappinstalled = 0.

着眼核心素养，创新教学模式
——核心素养视域下初中历史课堂教学模式创新

杨幼平①

现如今，为了更好地在各个学段各个学科课堂教学中全面落实立德树人的教育根本任务，各个学科教师将发展学生的核心素养作为学科教学的重头戏。之所以如此，是因为发展学生的核心素养是全面落实立德树人教育根本任务的一项重要举措。

在核心素养视域下，教师教学工作的重点发生了转移，因此课堂教学模式也必须要与时俱进地进行创新。唯有如此，教师才能够依托课堂教学新模式，更好地发展学生的学科核心素养。

2019 年 7 月 12 日至 17 日，笔者有幸参加了嘉应学院学科教学论教师课程育人与理论创新高级研修班的培训，聆听了陕西师范大学段海军博士"基于核心素养培育的课堂教学模式创新"的讲座，受益匪浅，感触颇深。

而这，也使得笔者对核心素养视域下初中历史课堂教学模式的创新产生了新的思考。初中历史学科教学中发展学生的核心素养包括时空观念的建构、史料实证能力的培养以及历史理解能力的发展等。下面笔者将在理论联系实际的基础上，围绕核心素养视域下初中历史学科教学模式的创新谈一些粗浅的认识。

一、在思维导图教学模式中建构正确时空观念

时空观念，说到底，是指在特定的时间联系和空间联系中对事物进行观察、分析的意识和思维方式。对于初中学生而言，在历史学习过程中，如果离开了特定的时间联系和空间联系，就会对相关事物的理解产生偏差，甚至产生误解。因此，教师要通过创新教学模式，引领学生卓有成效地建构正确的时空观念。

思维导图，是一种图文并茂且能够表达发散性思维的有效图形思维工具。初中历史教材中林林总总的知识点离不开特定的时间和空间。为

---

① 杨幼平，中学历史高级教师。现任梅州市学艺中学副校长。

了让学生联系特定的时间和空间卓有成效地识记相关历史知识点，教师不妨巧妙地利用思维导图，它可以将林林总总的历史知识点脉络清晰地展现在学生面前。

例如，为了让学生更为清晰地了解"先秦时期"，教师可以引领学生绘制一幅图文并茂的思维导图，具体如图 1 所示：

先秦时期(距今 170 万年—公元前 221 年)

【先秦】中国历史学名词。指秦朝以前的历史时代，起自远古人类产生时期，至公元前 221 年秦灭六国为止。

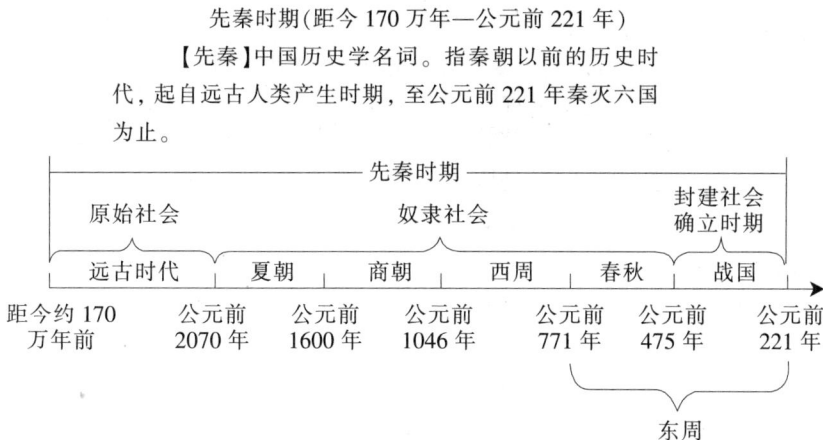

图 1　先秦时期思维导图

透过这张思维导图，学生就能够凭借时空联系对"先秦时期"这一概念有比较清晰准确的理解。从思维导图的文字表述中，学生可以得知"先秦"是指秦朝以前的历史时代，起自远古人类产生时期，至公元前 221 年秦灭六国为止。这张思维导图的数轴图能够向学生清晰完整地展现"先秦时期"经历的三个主要阶段，即原始社会、奴隶社会和封建社会。不仅如此，这张思维导图还对"远古时代、夏朝、商朝、西周、春秋和战国"等时间节点进行了清晰的标注。而这，也就使得学生围绕"先秦时期"这一知识点，在不知不觉之中建构了正确的时空观念。

由此可见，思维导图就好比是一个"时空坐标系"，能够准确无误地将某个历史事件放置在特定的历史时空节点上。如此一来，学生对于某个历史事件的理解就会更加透彻，学生的历史时空也就会不知不觉地建构起来。

二、在辩论交流教学模式中形成史料实证能力

史料实证能力是指学生对获取的历史资料进行辨析，并在此基础上恰如其分地运用可信史料努力重现历史真实的态度与方法。培养学生的

史料实证能力是初中历史学科教学中发展学生历史核心素养的基本任务之一。

为了更好地培养学生的史料实证能力，初中历史教师必须要在紧扣教材教学内容的基础上，紧密结合学生的实际学情，适时适度地创新初中历史课堂教学模式。实践证明，辩论交流教学模式有助于培养学生的史料实证能力。辩论交流教学模式，其实就是让学生围绕某一历史知识点有理有据地进行辩论与交流。而为了能够在辩论交流过程中有理有据地辩论，学生必然会自觉主动地获取相关的历史资料。而这，也正是培养学生史料实证能力的一个过程。

以部编版九年级历史下册《俄国的改革》这一课为例，教师可以在课堂上组织学生围绕"改革是强国之路，只有改革创新、与时俱进才能顺应历史发展潮流，才能自立于世界民族之林"这一主题展开辩论交流。为了提升辩论交流教学模式的实效性，教师可以布置一项课前预习作业，即让学生在课前广泛搜集与"彼得一世改革"和"俄国农奴制改革"相关的内容。以搜集这些内容为契机，学生不仅可以有的放矢地预习这部分内容，还可以循序渐进地发展自身的史料实证能力。另外，教师还要鼓励学生在课前搜集一些与"改革"相关的其他历史知识点，如日本的明治维新、我国的戊戌变法以及商鞅变法等。在教师的指引下，学生通过拓展这些知识，就能够更进一步地认识到改革创新是一条强国的必由之路。

理越辩越明，道越论越清。归因于学生围绕相关历史知识点展开的激烈辩论与思想碰撞，所以学生能够更为全面、透彻、深入、细致地理解相关知识点。与此同时，学生也就能够逐渐形成良好的史料实证能力。

三、在自主探究教学模式中发展历史理解能力

关于学生历史理解能力的培养是一个历久弥新的问题。历史理解能力是一种思维模式的展现，是指从历史实际的角度客观地看待和理解过去的事情。对于学生而言，倘若缺乏良好的历史理解能力，那么，他们自然也就无法从历史实际的角度客观地看待和理解过去的事情，他们对于相关历史知识点的理解也就自始至终处于浅尝辄止阶段。

自主探究是新课程倡导的一种基本教学模式。在自主探究教学模式中，每一位学生都会表现得特别积极主动。也正因为每一位学生在自主探究过程中的积极主动，所以他们在自主探究过程中遭遇的各种学习困难也就会迎刃而解。依托自主探究教学模式，教师不仅可以循序渐进地培养学生的自主学习能力，还可以卓有成效地发展学生的历史理解能力。

　　"美国内战"是部编版九年级历史上册中的一部分内容。在教学这部分内容的时候，为了让学生深入了解"美国内战爆发的原因"，教师可以设计这样一项自主探究活动：让学生在自主研读教材内容和"美国南方种植园"的图文基础上，自主探究与分析美国内战的背景。在学生自主探究与分析的基础上，教师可以引领学生更进一步地总结归纳美国内战的背景：在政治上，美国独立之后建立了北方资产阶级和南方种植园主阶级的联合政权；在经济上，美国逐渐形成了南北两种不同的经济制度。显然，在这项自主探究活动中，学生对于美国内战爆发的原因有了深层次的认识。与此同时，学生的历史理解能力也顺其自然地得到了逐步提升。

　　由此可见，凭借自主探究模式，学生的历史理解能力可以得到逐步发展。而随着学生历史理解能力的逐步发展，学生对于相关历史知识点的理解也会不断向纵深挺进。

　　总而言之，步入教育新时代，每一位初中历史教师要在着眼发展学生历史核心素养的前提下，以教材教学内容为焦点，以学生实际学情为参考，以全新的教学手段为支撑，适时适度地创新初中历史课堂教学模式。初中历史课堂教学模式与时俱进的创新，不仅能使课堂教学的效益得到大幅提升，还能使学生的核心素养得到全面发展。而随着学生核心素养的全面发展，立德树人的教育根本任务也就能够在初中历史学科教学中不折不扣地得到落实。

参考文献

　　［1］王燕飞. 立足核心素养，优化初中历史课堂教学［J］. 华夏教师，2017（2）.

　　［2］缪洪明. 基于核心素养下初中历史课堂教学的优化研究［J］. 新课程（中学），2017（7）.

课堂在于互动

——浅析语文课堂教学中的师生互动

房访平①

2019 年 7 月 12 日至 17 日，笔者在陕西师范大学参加了嘉应学院学科教学论教师课程育人与理论创新高级研修班，有幸聆听了各位教授的精彩讲课，印象最深刻的是陕西师范大学教授、博士生导师龙宝新的"高校教师如何打造'金课'"。他的教育理论对于指导高校以及中小学课堂教学很有意义。他用通俗易懂而又形象生动的语言概括了课堂教学的真谛，那就是："亲友要走动，生命要运动，课堂要互动。"

"课堂要互动。"一语道破当前课堂教学的生命和活力所在。学生是教学的主体，教师是教学的主导。尽管古有"教学相长"之说，但我国长期的封建伦理过于强调师之权威和学生在课堂上对师长的绝对遵从，使得"教学"过程变成了教师单向授课的"独角戏"，而学生主动参与教学的成分很少，形成了"满堂灌"教学模式。于是我们经常看到这样的教学现象：教师根据教材、考纲设计出一堂内容充实的课，一节课讲了45 分钟，学生则"马不停蹄"地记了 40 分钟的笔记。虽然大多数教师会在授课结束时追问学生一句"大家还有问题吗"，但很少有学生站起来问个"为什么"。这样的教育把我们的学生培养得"勤奋"但不会思考、"谦逊"但缺乏创新。

那么，怎样才能让学生自觉地投入课堂，与教师进行互动呢？笔者认为要做到如下几点：

一、放下架子，平等对话，让学生敢于互动

苏联的苏霍姆林斯基曾说过："课堂上一切困惑和失败的根子，绝大多数场合下都在于教师忘却了：上课，这是教师和儿童的共同劳动，这种劳动的成功，首先是由师生关系来确定的。"民主平等的师生关系是营造互动氛围的前提。在课堂教学中，教师是学生的学习伙伴，是指导者和领路人，教师的最大智慧和最佳艺术是如何最大限度地调动每个学生

---

① 房访平，中学语文高级教师，现任大埔县大麻中学副校长。

积极投入学习活动，并在活动中充分地表现和表达。

中学生的认识往往带有各种情感色彩，常常表现出的不是用理智来支配情感，而是用情感支配理智，有时甚至用自己的好恶来决定一切。在教学实践中，我们都有这种体会：一位学生喜爱某位教师，他对该教师所教的学科也会特别喜欢，就会努力学习这门学科，学习成绩也会相应地提高；反之，该学生不喜欢某位教师，那么对他所教的课一般也不感兴趣，上课时，往往不能认真听课，成绩也会出现退步。可见情感对学生的认知行为有很大影响。因此教师在教学过程中应努力建立一种相互平等、相互尊重、相互信任的师生关系，形成民主和谐的教学气氛，使学生能够与教师一起选择、设计和完成多种教学活动，做到主动参与、全员参与和全程参与，提倡学生做学习的主人，让学生在一个欢乐、和谐、宽松的支持性环境中学习，在这个社会群体中充分展示自己的智慧光彩。

心理学研究表明，压抑、紧张、沉闷的课堂教学环境不能满足学生学习的需要，学生往往会产生害怕、烦闷、厌恶、紧张等消极的态度和体验；相反，积极、民主、和谐、生动、活泼的课堂教学环境，会使学生产生满意、愉快、互助的态度和体验，从而充分地发挥自主性、创造性和开拓性。正如美国心理学家罗杰斯所说，成功的教学依赖于一种真诚的理解和信任的师生关系，依赖于一种和谐安全的课堂教学气氛。和谐的师生关系永远是第一教学原则，具体做法有：

（1）教师要放下架子，和学生平等对话。

（2）教师要放开眼界，关注学生的多元发展，在课堂评价时，不只要评价学生对问题解答正确与否，更要关注学生积极的思维和勇敢的表达，并对此给以鼓励性的评价。

（3）教师要鼓励学生用自己喜欢的方式学习，鼓励学生畅所欲言，让学生感到课堂是自由的。

（4）教师要延迟判断，给学生提供机会，即使学生回答得不正确，也不批评、不讥讽，让学生感受到课堂是温馨的。

二、创设情境，激发兴趣，让学生乐于互动

爱因斯坦说："兴趣是最好的老师。"孔子说，"知之者不如好之者，好之者不如乐之者"，学习的最高境界是乐学。如果知识内容能使学生产生兴趣，那么学生就会主动地、兴趣盎然地参与其中，使课堂活跃起来、互动起来。

为了调动学生学习的积极性，我们不仅要把学生的学习由"学会"

转为"会学"，还要让学生从"要我学"转为"我要学"，要使学生"愿学、好学、乐学、勤学、独学"。因此教学要用具体的、有趣的、富有挑战性的素材引导学生投入教学活动中。教师要精心创设有效的学习情境，让学生在情境中"怦然心动"，在活动中"百感交集"，感知"豁然开朗"，觉察到"妙不可言"，进而不知不觉地爱上课。

在调动学生的兴趣，从而让学生积极互动上，笔者尝试了几种方法：

1. 用音乐渲染课堂气氛，激发学生的兴趣

研究证明，青少年学生听觉敏锐，善于模仿。听音乐会促进知识的输入，还可以增强语感和语言文化的熏陶，激发学习的兴趣和动机。如在欣赏高中语文古代诗歌《春江花月夜》时，播放一首古筝《春江花月夜》，会立刻激起学生的丰富想象，使学生产生强烈的求知欲；在讲述白居易的《琵琶行》时，播放配乐朗诵《琵琶行》，定能让学生对主人公的命运产生同情，加深理解诗歌内涵，激起"同是天涯沦落人，相逢何必曾相识"的共鸣！

2. 善用语言艺术，使学生主动参与

在课堂教学这个教学大"舞台"上，教师既是"导演"，又是"演员"，与学生（演员）共演一台戏。教师要为学生积极学习、主动参与课堂教学营造一种轻松、活跃的课堂气氛，让学生沐浴在情感艺术的享受之中，从而激发学生参与课堂，获得最佳的教学效果。在激发学生参与课堂的方法中，语言是最普遍、最直接、最常用的教学手段。课堂语言应当讲出色彩，讲出声响，讲出形象来。如在教授戏剧《雷雨》时，笔者教学生根据不同的角色语言进行朗诵，尽量模仿人物的性格特征，把人物扮演得生动传神，有身临其境之感。教师也扮演其中的一个角色，并精彩演绎。在这节课上，教师的作用是当好"导演"和"演员"，引导学生扮演角色，当好"演员"，走进角色，积极参与，从而理解文章的主题思想、语言魅力和艺术特色。

3. 用影视激发思维，用互动营造活力

师生互动，生生互动，对营造良好的学习氛围至关重要，但境与人之间的互动也同样应该重视。在教学中，教师有意识地运用多媒体，插播一段影视剧，定会让学生身临其境，"真真切切"地感悟情节，开辟语文课堂教学的新天地，将学生引领到声情并茂的境地，从而开阔学生的视野，拓宽学生的思路，激活学生的思维。当学生和教师一同创设并成为情境的一部分，在其中思考、活动并达到忘我境界时，便进入了一种人境融合的理想状态。这样，才能真正体现语文课堂教学的效益，体现"教育培养人、文本陶冶人"的教育本质。

高中课文《阿Q正传》只节选其中两章，学生对于全篇小说缺乏了解，难以把握阿Q的复杂性格，自然难以理解小说的时代背景和深刻的主题思想。于是在讲课前，笔者利用多媒体播放严顺开主演的电影《阿Q正传》，学生的注意力被影片充分吸引，思绪完全融进影片之中，学生可以从影片的镜头中，了解阿Q可笑、可悲、可怜的言行举止和扭曲人格。在看完电影的基础上，笔者再与学生一起互动，学生之间热烈讨论阿Q的性格特征，甚至争论起形成这种性格的种种原因。这时，学生的积极性便被充分调动起来，纷纷发言，把自己的看法和观点毫无保留地说出来，课堂也就充满了活力。

三、讲究方法，手口并用，让学生善于互动

"授人以鱼，不如授人以渔。"让学生养成良好的学习习惯，在活动中从实际出发，启发学生探究知识的来龙去脉，用简单明了和通俗的语言，巧妙引导学生一步步深入研究。在研究问题的课堂教学中，应少一些知识再现性问题，多一些思考性问题。在获取知识的过程中，应给学生多一些时间和空间，让他们多一些领悟的过程，少一些死记硬背。只有沿着科学的思路，提炼出方法，课堂才会充满探究的氛围，才生机勃勃。

萧伯纳说，你有一个苹果，我有一个苹果，互相交换，各自得到一个苹果；你有一种思想，我有一种思想，互相交换，各自得到两种思想。纵观各种新的科研成果的开发、创新思想的提出，都不是一个人想出来的，而是在一个团体中，各种想法相互交流、碰撞的结果。在教学过程中，更加需要这种交流互动。而怎么做才能让学生主动地加入到这种交流互动中来呢？笔者认为要做到以下几点：

1. 给学生"动口权"

人生来就有求知欲望，青少年有着强烈的好奇心，而好奇产生问题，创新始于问题。在传统课堂教学中，往往由教师提出问题，学生被动地接受问题、剖析问题、解决问题。殊不知，"问题"是"教师的问题"，未必是"学生的问题"，这从表面看是学生解决了问题，但不一定真正收到从释疑到训练思维的效果。孔子曰："疑是思之始，学之端。"亚里士多德也有句名言："思维是从疑问和惊奇开始的。"学贵有疑，疑是探索知识的起点，小疑则小进，大疑则大进。有疑问才能思考，从而有发现和创造。知识是在思考中增长的，在解答疑问时创造和更新。大量教学实践证明，将提问的权利还给学生，让学生自己发现并提出问题进而解决问题，可以有效吸引学生的注意力，有利于活跃课堂气氛，激发学

生的求知欲和创造力，让学生充分体验参与之乐、思维之趣、成功之悦。这比教师主观设计问题更能激发学生学习的主动性和积极性，激活他们的思维。所以教师在教学过程中，要善于根据课文设疑，引导学生积极思考，加深对课文的理解和把握。

如教学《鸿门宴》一文时，在学生基本能翻译全文的基础上，笔者提出的"项羽的兵力远胜刘邦，为什么最后刘邦能打败项羽？"引起了一场大讨论。"仁者见仁，智者见智"，多种答案汇集课堂。这时笔者再略做点评，让学生逐步形成"发现问题—主动质疑—讨论—教师评点"的学习模式，让质疑成为他们深入思考的引线。这样教学，不仅能提高学生对语言文字的感悟能力，更能激发学生主动学习、主动探索的积极性，让学生成为学习语言的探索者、实践者。

2. 给学生"动手权"

荷兰著名教育家弗赖登塔尔强调，学习唯一的方法是实行"再创造"，也就是由学生自己去发现或创造，教师的任务是引导和帮助学生进行再创造，而不是把现有的知识灌输给学生。这就要求我们在课堂教学中充分发挥学生的主体作用，鼓励学生动手，让学生在亲身实践中去体验、去感悟。

如在《沁园春·长沙》的教学中，涉及毛主席的生平、思想、言行、书法等，要想让学生真正掌握和理解诗歌的思想内容，就必须使学生了解毛主席的相关背景资料。在这个课例中，学生通过各种途径（如上网、去图书馆）查询相关资料。在课外交流的基础上，由每个学习小组推荐大家感兴趣又比较重要的资料，通过投影展示，由大家共同筛选出有用资料。笔者又叫学生动手临摹毛主席的草书，感受毛体的"龙飞凤舞"，体会毛主席的豪放性格，以帮助学生理解课文。

3. 给学生"动脑权"

学生敢于互动问答正是智慧火花的闪现。但是如何激疑、科学设问才能达到我们预定的教学效果？教师琐碎且无意义的问题，以及为了提问而提问的现象，往往会导致"启"而不"发"。这就需要从学生实际出发，结合教学内容，准确把握课堂教学节奏。提出的问题要能引起学生的思考，有一定的深度。也就是说，要注意分寸，所提的问题不能低于或过分高于学生的水平。根据苏联心理学家维果茨基的"最近发展区"理论，要让学生"跳一跳把果子摘下来"。如果问题太简单，不能引起学生思考，那就等于白说；如果问题太难，超过学生的心理认识发展水平，会挫伤学生的学习积极性。

如在讲授课文《祝福》时，笔者就把"祥林嫂是怎么死的"这一问题交给学生自主去解答。学生根据自己的认知，从不同的角度对祥林嫂的死因进行探究，有人认为她是被柳妈逼死的，因为柳妈叫她捐门槛，捐了却不让祭祀；有人认为她是被鲁四老爷害死的，因为鲁四老爷使她无家可归；有人认为是"我"害死了她，因为她听了"我"对于灵魂的分析感到害怕，从而绝望而死；也有人认为祥林嫂死于自杀。有一千个读者，就有一千个哈姆雷特。答案丰富多彩，智慧火花绚丽夺目。教师要充分尊重学生主体，鼓励学生敢于向权威挑战，勤于开动脑筋，善于发散思维，不寻求答案一律，只在乎有理有据。

4. 给学生充分的自主学习时间

在课堂教学中，时间是最重要的学习资源。一个教师对时间如何分配，直观反映了这个教师的教学观如何。苏霍姆林斯基说过，自由支配的时间是学生个性发展的必要条件。有的教师没有给学生足够的时间，讨论、研究匆匆而过；有的教师只是机械使用课件，照着课件灌输，照着图文解说，根本没有互动；有的教师把互动合作当成一种点缀，只用了两三分钟时间，还没有等学生真正进入学习状态就草草收场，或者为了赶时间忽视部分学生的言论。据统计，有80%以上的教师会提前结束原定给学生互动的时间，马上进入总结环节，这样会使学生刚刚投入思考的状态瞬间被打破，刚刚萌芽的智慧火花生生被掐灭，学生的创造力、深层次的潜能受到打击。教师忽视了对活动的评价，或只是简单地给予"好""不错"等语言表扬，效果自然不好。

总之，师生互动是课堂教学的灵魂。没有互动，教和学就无从谈起；没有互动，课堂就会失去光彩，教学就会失去效果。

我们还需要长时间探索和实践来完善课堂教学，在师生互动的学习乐园中，融会贯通，不断碰撞，创造火花，让课堂教学在师生互动中"焕发出生命的活力"！

教师教学自信心的培养策略

杨耀新①

工作需要自信心，不相信自己，任何工作都做不好。在教学上，如果缺少了自信心，就会缺少前进的动力。教学自信心是教师上好课的前提，建立与提高教师的教学自信心对做好教学工作有着十分重要的作用。以下是笔者对教师教学自信心培养的具体策略。

一、克服障碍，创建自信心

有些教师由于缺乏成功的经验、客观的期望和评价，加上消极的自我暗示、生理或心理上的缺陷、恶劣的生活境遇等，导致了自卑心理的产生。这种心理常表现为抑郁、悲观、孤僻。如果任其发展，便会成为人的性格的一部分，难以改变，严重影响人的社会交往，抑制人的能力发展。那么，如何克服这种心理障碍呢？

首先，要有意识地选择与那些性格开朗、乐观、热情、善良、尊重和关心学生的教师交往。在交往过程中，你的注意力会被他人吸引，会感受到他人的喜怒哀乐，跳出个人心理活动的小圈子，心情也会变得开朗起来，同时在交往中，能多方位地认识他人和自己，通过有意识的比较，可以正确认识自己，调整自我评价，提高自信心。其次，要不断提高对自我的评价，对自己做全面正确的分析，多看看自己的长处，多想想成功的经历，并且不断进行自我暗示、自我激励："我一定会成功"，"人家能做到的，我也能做到"，等等，经过一段时间的锻炼，自卑心理会被逐步克服。最后，要想办法不断增加自己成功的体验，寻找一些力所能及的事情作为试点，努力获取成功。如果第一次行动成功，使自己增加了自信，然后再照此去做，获取一次次的成功，随着成功体验的积累，自卑心理就会被自信取代。特别是在当前基础教育课程改革实验的大潮下，教师更应积极参与学校及上级主管部门组织的各种教研活动，常听别人的课，常请别人听自己的课，锻炼自己的意志，培养自信。学

---

① 杨耀新，广东兴宁人，初中物理高级教师，现任兴宁市实验学校教务处主任。

校领导、教研部门也应多为教师提供展示他们教学才能的舞台，让他们在多次参与中逐渐克服心理障碍。

二、加强沉淀，夯实自信心

新一轮基础教育课程改革要求教师教学行为必须进一步完善，教师不再仅仅是"传道、授业、解惑"者，而上升为学生学习的促进者、教育教学的研究者、课程改革的接受者和开发者。要实现这些转变，就要求教师转变观念，提高综合素质。就课堂教学而言，当观念转变之后，教师科学文化知识底蕴深厚与否十分重要。常言道：要给学生一杯水，教师要有一桶水。当学生的学习方式发生改变后，教师所要具有的就不仅仅是一桶水，而是一缸水、一池水，还必须是活水。作为一名新时期的教师，在具备高尚思想品德、良好身体素质的同时，必须更加注重知识的沉淀。因此，教师只有不断学习，更新自己的知识，调整自己的知识结构，使自己具有广博、浑厚的文化底蕴，才能在课堂教学中站稳脚跟，树立良好形象，奠定教学自信心。教师应如何提高自己的学习能力呢？

1. 改进教法，培养良好的学习习惯

学习能力不同的教师有不同的学法，应尽量学习比较成功的教师的学习方法。改进教法是一个长期性的系统积累过程，一个人只有不断地接受新知识，不断地遭遇挫折产生疑问，不断地总结，才能不断地提高。"不会总结的教师，他的能力就不会提高，挫折经验是成功的基石。"自然界适者生存的生物进化过程便是最好的例证。学习要经常总结规律，就是为了进一步的发展。

2. 培养学习兴趣

"兴趣是最好的老师"，而学习兴趣总是和成功的喜悦紧密相连的，如听懂一节课，掌握一种教学方法。因此，在平时教学中，要多体会、多总结，不断从成功（哪怕是微不足道的成绩）中获得愉悦，从而激发自己学习的热情，提高学习的兴趣。知识能开阔人的眼界，这是一条公理。人在不断地学习过程中变得更有深度，这是一个漫长的过程，是一个长年累月潜移默化的过程，而不是一朝一夕、一蹴而就的事情。定力也是修炼出来的。它是在长期的学习与观察、不断的思考与总结中沉淀心智，在面对外界诱惑、突发事件、危险事件时，能够冷静睿智地面对，想出应对策略，而不是惊惶失措。要具备深厚的专业知识和广博的科学文化素质，具有强烈的创新意识和创造能力，在课堂教学中才能胜任

"课堂学习的组织者、引导者与合作者"，也才能在学生的心目中不断地提高威信，增强教学的自信心。

三、钻研教材，增强自信心

课前准备不足，是造成教师自信心不强的另一原因。由于对课程标准的要求不明，对教材的编写意图理解不清，对教材挖掘不深，因此教学的盲目性、随意性较大，只能按教材教、照教案讲，教学十分呆板，不敢越雷池一步，更谈不上创新了。引导教师深入挖掘教材，理解教材，创造性地使用教材，可使教师的教学减少盲目性、随意性，久而久之，就会增强教师教学的自信心。

1. 教师要把握整个学段的教材

每个学段的教师，不管是教哪个年级的，都要把本学科整个学段的教材拿到手，对照新课标认真地研读，在理解的基础上画出知识树，写出教材分析。然后以教研组为单位，人人演讲，每个人把自己画的知识树（或知识结构图）投到银幕上（或画到黑板上），讲解自己对教材的理解和处理设想。通过研讨，相互都有启发和收益。在集体研讨的基础上，教研组共同设计出本学段本学科的知识树，张贴于教室的墙壁上。

2. 教师要把握整册教材

有的教师在假期拿到新教材后，往往急于备好下学期两周的新课来，对后边的知识甚至连看都不看。有的教师讲第一章不看第二章，讲第一节不看第二节。真正有经验的教师要先通读整册教材，对照新课标，了解编者的意图和知识的前后联系，画出整册书的知识树，写出教材分析。然后按照前边的路子，仍然以教研组为单位进行研讨，共同设计出本册教材的知识树，张贴于教室墙壁。

总之，把握教材是一个教师永远的基本功，在当前课程改革中，教师不要忽视对教材的钻研。

四、驾驭课堂，提高自信心

教师教学的最终目的是促进学生的发展，现代教学要求师生互动、学生互动、合作学习、探究学习、主动发展。因此，教师要牢固树立"以学生为本，以学生的发展为本"的教学理念，明白"教学有法，教无定法"的道理，不断搜寻、分析课堂中学生反馈来的各种信息，根据学生的实际及时调整自己的教学，努力做到既不限制学生的思维，又使教学工作紧紧围绕教学目标，向着有利于学生的方向发展，在不断的教学磨炼之中提高自己驾驭课堂的能力，由此不断提高教学的自信心。课堂教学是教学的基本形式，是完成教学任务的基本途径，也是提高教学质量的基本保证。从时间上讲，教师的教和学生的学，绝大部分都是在课堂中进行的。因此把握好课堂教学是教学工作的中心环节。作为一名教师，必须上好每一堂课，但是在实际教学中经常会看到这样的现象：有些教师的课堂教学趣味盎然，深受学生欢迎；而有些教师的课堂教学枯燥乏味，学生不愿意听。究其原因不难发现，凡是上课效果好的教师都有较强的驾驭课堂的能力，相反，那些讲课效果不佳的教师在这方面则有明显的不足。那么，如何提高驾驭课堂教学的能力呢？

1. 要狠下功夫

精心设计、严密构思、认真备课，写好每一堂课的教案。备好课是上好课的前提，教师要认真对待自己的每一堂课。大量事实证明，越是水平高、有经验的教师，越重视备课。总之，备课要做到"心中有教材、心中有学生、心中有教法、心中有目标"，既要遵循规律，又要大胆创新。

2. 采用举例教学法

恰当举例是一个很好的方法。把精挑细选的具有典型性的实例贯穿于教学过程，用现实事例来论证课本原理，既可巩固书本知识、引发学生兴趣，又使课堂生动活泼。

3. 掌控好课堂教学环节

好的开端是一堂课成功的一半。可利用教师"变位讲课法"引起学生的警觉。教师在较长的非板书时段内走下讲台，在教室内变位讲课，以引起学生的注意。由于教师授课的方位发生变化，给学生视觉、听觉都带来新感受，同时，教师在变位讲课时，如能伴之以视觉效果、手势效果的使用，更能拉近师生之间的时空距离和情感距离，从而使课堂教学效果妙不可言。教师上讲台切忌神情紧张，讲话时务求言简意赅；还应视学生听课的神态、情绪做必要的重复或瞬间的停顿，特别应注意采取启发式教学方法，适时指导学生的学习方法，加强教与学的相互呼应，加强师生的双向交流，活跃课堂教学气氛，启发学生积极思维，真正把知识学到手。

五、教学相长，发展自信心

教师要明白"青，取之于蓝，而青于蓝；冰，水为之，而寒于水"的道理，时刻有被学生在课堂问倒、辩倒的心理准备，豁然大度，从容应对，虚心学习。只有这样，才能逐渐建立民主、和谐的师生关系，才能教学相长，逐渐发展自己的教学自信心。师生关系应当是一种民主、平等、互尊、互爱的和谐而亲密的关系。在师生关系的相互作用中，作为教师应该是学生的良师益友，关心、尊重、爱护学生，作为学生也应该有积极的态度，只有这样才能建立起和谐良好的师生关系。那么作为教师本身，应当如何去做呢？

1. 重视学生的主体地位，建立良好师生关系

建立良好的师生关系，教师起着主导作用。因此，每一位教师要先转变观念，卸下师道尊严的权威，俯下身子，去聆听学生的心声，从教学的指挥者转变为参与者，从决定学生应该学什么、怎样学的主宰者转变为与学生合作学习的伙伴。学生虽然是未成年人，但他们同样是独立、有潜力、有主观能动性的人，教师要克服过去那种把成人对教学的认识方式强加给学生的做法，去研究学生、帮助学生，保持与学生平等的姿态，做学生的合作者。可见，只有重视学生的主体地位，才能建立起良好的师生关系，从而在教学中形成和谐、平等、民主的新型师生关系。

2. 转变教学观念，在改进教学方法上下功夫

要在教学中及时了解学生的学习情况，把他们的学习成果及时反馈给他们。在这一过程中，教师的点拨和鼓励，甚至善意的批评，都将激励他们，强化他们的学习兴趣，使他们享受到和谐氛围下学习的乐趣。教学方法的改变是教育观念改变的具体体现，是建立和谐师生关系的关键。

3. 要关爱学生，以情动人

寓情于教、以情动人是教学中教师经常采用的教学方法之一。教学是教师教、学生学的双向活动，也是师生之间进行情感、兴趣、能力的心理交流。爱是建立和谐师生关系的桥梁，只有师生关系处在关爱、平等的和谐氛围之中，学生才能直面教师，放心地投入到学习之中，去体验、完成教学任务。在教学中要形成和谐的师生关系，就必须采用多种方法进行交流，比如在教学中善于运用表扬和批评的手段，经常和学生谈心，体贴和关爱学生。同时，要充分发挥教学中直观情感的优势，比如合理运用形体语言。形体语言在建立和谐师生关系中有着润物无声的效果，眼睛是心灵的窗口，眼神的运用可以使师生在无声的交流中达到心有灵犀一点通的境界，它是建立和维持和谐师生关系的桥梁和纽带。只有在这种和谐的氛围之下，学生才能够自觉而愉快地接受教师的教，产生自觉学习、乐于学习的意愿，从而达到使他们热爱学习、追求目标、全面健康发展的目的。教师只有充分认识到自己角色的内涵，才能营造出良好的氛围，协调好师生关系，创设和谐的教学环境，灵活地运用教

学方法，合理地运用评价方式，最终取得教育教学的成功。作为一名教师，应该正确认识这种客观存在的关系，积极地认识、研究、改善，教学相长，才能提高自己的教学自信心。

　　总之，作为教师，必须遵循一定的教学规律，参照上述策略来培养自己的教学自信心，使自己树立起信心，不断增强自信心，以取得教学上的更大成功，体验自信对自己教学成功的重要意义，最终自信地走上讲台，自信地面对人生。

浅谈高中数学教学中对创造性
思维能力的培养

黄宏山①

高中数学是一门抽象性较强的学科，在培养学生创新能力方面具有较大的作用，当今社会发展对素质教育的要求也在不断提高，对学生创新能力的培养提出了更高的要求。为此，高中数学教学应该改变传统的教学模式，加强教学方式的创新，注重学生的主体地位，促进学生逻辑思维和非逻辑思维的综合发展。

一、营造良好的课堂教学氛围

在传统教学中，教师对学生的教育只是单方面地进行教学知识的传授，并不重视学生对知识的领会，导致课堂教学效果难以提升。在新课改要求下，教师在向学生讲解教学问题时，需要对学生进行引导，让学生积极参与到教学活动中并成为教学的主体，对学生的思考能力和竞争力给予充分的肯定。要想提升学生的创造性思维，首先，应该营造良好的教学氛围，教师应该加强与学生之间的交流和沟通，创建和谐的师生关系，从而保证课堂氛围更加融洽。其次，教师应该做好课前准备工作，科学设计课堂问题，利用课堂问题激发学生学习的积极性和主动性。例如，在讲解有关概率的知识内容时，教师先让学生探讨抽奖先后顺序的安排是否有失活动的公平性。一些学生认为顺序排在前面的学生占据优势，还有学生认为按照顺序安排抽奖是公平的。在学生进行激烈的讨论之后，教师再根据概率知识对抽奖现象进行分析，最终得出的结论是先后顺序不影响抽奖结果的公平性。这样的教学方式不仅能够营造良好的教学氛围，还能够激发学生学习数学知识的积极性和主动性，让学生主动思考问题，有利于他们思维能力的拓展和发展。

---

① 黄宏山，中学数学一级教师，现任平远县平远中学教导处主任。

二、利用多媒体进行高中数学教学

将多媒体技术应用到高中数学教学中，教师可以将教学讲解的视频上传到网络上，学生可以在家学习教师在网络上共享的教学资源，将自己不懂的问题带到课堂上让教师帮助解决，从而实现教学知识的学习和拓展。但是，多媒体教学作为一种新颖的教学方式，还需要进一步在实践中不断完善，为此，教师可先将学习资源上传到网络上，然后给学生布置任务，通过布置任务的方式让学生有目的地进行学习，从中找到学习的重点内容和重点知识。教师在课堂上就可以根据学生的学习情况有针对性地回答学生提出的问题，通过学生之间的交流以及学生和教师对问题的探讨，使他们对所学的知识点实现更好的拓展，最终提升学生的创造性思维能力。

三、加强对学生想象力和观察力的培养

在高中数学教学中，要想更好地培养学生的创造性思维能力，锻炼学生的想象力和观察力是非常重要的。学生在分析问题和解决问题的过程中，观察力的高低直接影响其对习题中信息的获取。培养学生的想象力，就是让学生在学习过程中将自己大脑中已有的知识进行加工，从而生成一种新型的知识体系，想象本身是学生思维的过程，通过想象力可以突破学生思维的限制，使他们将已有的知识和经验加工成新的事物，对于学生创造能力的发挥也有很大的帮助。在高中数学教学中，教师应该加强对学生的引导，让学生从多个角度思考问题，在此基础上，教师还应该告诉学生解决问题不能够仅仅拘泥于原有的思维模式和解题方式，需要大胆地进行创新，从而为创造性思维能力培养奠定坚实的基础。例如，在学习三角形的判断时，给出："$\triangle ABC$ 为直角三角形，$c^2 = a^2 + b^2$，如果 $c^n = a^n + b^n$（$n > 2$），求解 $\triangle ABC$ 为何种三角形。"由于题目给出的条件比较抽象，学生按照常规思维模式思考问题，很难快速地解决问题，也无法得到结论。因此，在此过程中，教师应该加强对学生的引导，不断启发学生，让学生在解题的过程中假设"未知数 n，a，b，c 为常数，令 $n = 3$，$a = 1$，$b = 1$，$c = 1.26$"，以这样的数值为基础，让学生画出三角形的草图。等学生画完图形之后，教师让学生观察图形，得出"是锐角三角形"，然后让学生大胆想象，既然假设条件下得出的是锐角三角形，那么在"$c = a^n + b^n$（$n > 2$）"条件下得出的图形是否也是锐角三角形呢？通过这样的引导，不仅能够激发学生的学习兴趣，还能够促进学生创造性思维的发展。

四、在高中数学教学中加强学生质疑能力的培养

高中生对任何事物都充满好奇心，在学习的过程中如果能常常质疑，会让学生的思维处于活跃的状态，有利于学生的思维发展。因此，作为高中数学教师，应该抓住学生的这一特征，在教学中对学生加以引导，使他们能够进行各种质疑探究活动，在解题中促进学生能力的发展，从而掌握更多的知识。引发学生的质疑能够促进他们积极动脑和动手，有助于培养学生主动探索的精神。数学教学中激发学生质疑的有效方式就是鼓励学生大胆提问题，在解题中发现别人难以发现的问题，教师在此过程中要对学生进行科学的引导，给学生介绍质疑的方法，有效提升学生学习数学知识的水平。

五、结语

培养学生的创造性思维能力是一个系统性的工程，在日常教学过程中，教师应该有计划地培养学生的创造性思维能力，并且将教学策略切实落实到每一节课程中，为学生的学习奠定坚实的基础。